公共事业管理概论（第三版）

An Introduction to Public Affairs Management

徐双敏 主　编
张远凤 副主编

北京大学出版社
PEKING UNIVERSITY PRESS

图书在版编目(CIP)数据

公共事业管理概论 / 徐双敏主编. —3 版. —北京：北京大学出版社，2020.1
21 世纪公共管理学规划教材. 公共事业管理系列
ISBN 978-7-301-30998-8

Ⅰ. ①公… Ⅱ. ①徐… Ⅲ. ①公共管理—高等学校—教材 Ⅳ. ①D035

中国版本图书馆 CIP 数据核字(2020)第 002372 号

书　　名　公共事业管理概论（第三版）
GONGGONG SHIYE GUANLI GAILUN（DI-SAN BAN）
著作责任者　徐双敏　主编　张远凤　副主编
责 任 编 辑　徐少燕
标 准 书 号　ISBN 978-7-301-30998-8
出 版 发 行　北京大学出版社
地　　址　北京市海淀区成府路 205 号　100871
网　　址　http://www.pup.cn
新 浪 微 博　@北京大学出版社　@未名社科-北大图书
微信公众号　北京大学出版社　北大出版社社科图书
电 子 邮 箱　编辑部 ss@pup.cn　总编室 zpup@pup.cn
电　　话　邮购部 010-62752015　发行部 010-62750672　编辑部 010-62753121
印 刷 者　天津中印联印务有限公司
经 销 者　新华书店
730 毫米×980 毫米　16 开本　18.25 印张　316 千字
2007 年 10 月第 1 版　2013 年 3 月第 2 版
2020 年 1 月第 3 版　2024 年 8 月第 8 次印刷
定　　价　52.00 元

第三版前言

本书第二版出版后的六年是我国公共事业管理领域改革发展最快的六年，党的十八大以后，政府确定了“放”“管”“服”三管齐下的改革方针，即中央政府向地方政府放权、上级政府向下级政府放权、政府向市场和社会放权，同时要加强事中事后的监管，扩大公共服务。在这样的改革方针指导下，“政事分开”“事企分开”“政社分开”新举措相继出台，并被加大力度推行。在这样的改革背景下，不仅事业单位的分类改革进入了快车道，而且社会组织的改革和发展也进入了快车道。本书第二版中的一些内容与中国的改革实践“脱节”的问题日益明显，这是我们修订教材的基本动因。另外，在教学研究中，我们对这个极富中国特色的公共事业管理有了新的认识和体会，也希望借再版的机会写出来，求教于各位同行和广大的读者。

这次修订的主要工作包括以下几个方面：第一，依据我们对公共事业管理的新认识，对教材的体系结构进行了较大的调整。教材整体还是沿用“总分总”的结构框架，在导论之后增加了理论基础一章，作为指导全书展开公共事业管理研究的理论依据，接着用两章的篇幅介绍公共事业管理的主体，然后分别介绍教、科、文、卫、体等领域的公共事业管理，最后一章展望了公共事业管理现代化的改革前景。这样的结构更为清晰和精练。第二，新增了研究事业单位的编制管理、登记管理和人事管理的内容；新增了对各类社会组织的登记管理、评估管理，以及境外非政府组织境内活动管理的内容。这些内容在同类教材中还没有看到过，但又是公共事业管理实践中的核心内容。第三，依据最新的改革文件和资料对教、科、文、卫、体等领域的内容进行了重要的修改。第四，替换和更新了全部案例（读者可以扫描书中的二维码获得）和参考文献。

本书第三版仍由徐双敏任主编、张远凤任副主编，两人共同确定修改原则，拟定修订大纲。徐双敏组织协调全部修订工作，最后统稿。具体参加各章撰写和修订的是：王科、徐双敏编写第一章，魏萍修订第四章，曾婧婧修订第五章，刘婧修订第七章，苏忠林修订第八章，张远凤修订第九章，其余各章由徐双敏撰写、修订。梁宁宁、毛东来、陈鹏州、刘明源、陈欣悦、罗怡然等承担了资料更新工作。

在修订过程中,我们参阅了大量有关著作和文献,使用了许多案例,恕不在此逐一列举,谨对各位作者一并致以真诚的谢意。同时,我们对出版本书的北京大学出版社特别是徐少燕编辑表示由衷的感谢。

徐双敏

2019 年 8 月于武汉

第二版前言

本书第一版2007年10月出版后,得到全国各兄弟院校师生及广大读者的厚爱,在同类教材不断出版的情况下,到2012年7月已经印刷3次。考虑到近年来行政体制改革的不断深化、相关理论研究领域的拓展,以及我国公共事业领域改革实践的发展,教材需要跟上时代的步伐,需要反映新的理论研究和改革创新成果,我们进行了修订。修订的内容主要是:第一,在我国的非政府公共管理主体中增写了有关基金会及其管理的内容。第二,补充、完善、更新了公共事业各个领域改革的相关内容。如运用最新的资料和最新的理论研究成果,改写了有关我国事业单位改革的目标、方法、时间安排等内容,改写了我国科技、教育、文化、卫生、体育等领域的改革目标、内容,在第七章特别反映了美国近年医改的成果。在我国公共事业管理的法律制度部分,充分反映了国家最新的相关法律法规。第三,校对、更新了书中所使用的资料和数据。书中尽量使用了权威机构公布的各种最新数据,同时对各种专业概念进行了校对,删除、替换了一些已经被淘汰的概念。第四,对案例和参考文献进行了重新审定,替换上了一些更合适、更有时代意义的案例和文献。

本书第二版仍由徐双敏任主编、张远凤任副主编。徐双敏提出并拟定修订大纲,组织协调全部修订工作,最后统稿。张远凤参与修订大纲的拟定,协助组织工作。具体参加各章修订的是:徐文修订第五章,翟桔红修订第六章,刘婧修订第七章,苏忠林修订第八章,张远凤修订第十章、第十二章,其余各章由徐双敏修订。陈尉、宋元武、吴翠承担了案例和参考文献的更新工作。

在修订过程中,我们参阅了大量有关著作和文献,使用了许多案例,恕不在此逐一列举,谨对各位作者一并致以真诚的谢意。同时,我们对出版本书的北京大学出版社特别是徐少燕编辑表示由衷的感谢。

徐双敏

2012年11月于武汉

前　言

公共事业管理作为本科专业出现在教育部的学科专业目录里不过十年时间，作为公共事业管理专业主干课程的“公共事业管理概论”建设的时间当然就更短了。自1998年公共事业管理专业开设以来，其在国内的发展速度是超常的。现在全国高校大约有三分之一开设了公共事业管理专业，我们所在的中南财经政法大学是从2000年起开设这一专业的。公共事业管理专业的开设，使“公共事业管理概论”课程和教材建设被提上日程。在多年教学及相关科研的基础上，我们充分借鉴、参考同行专家的有关研究成果，充分吸收了近年我国事业单位改革的成果，编写了这本教材。在编写中，我们把握了以下几点：

第一，关于教材的学科地位，“公共事业管理概论”是公共事业管理专业的主干课程。明确这个定位，就意味着本教材必须突出专业特色，它不应该与“行政管理学”或“公共管理学”有重复，也不应该与“管理学”有重复，因为它们也都是公共事业管理专业学生的必修课和基础课。本教材的学科空间原则上是中国特有的事业（单位）管理，但是本课程又不局限于中国的事业单位，因为我们研究的是“公共事业管理”，而不是“事业管理”，两者的区别应该主要体现在管理主体的扩大与管理方法和手段的创新。这与世界范围的新公共管理理论和实践的发展趋势是一致的。

第二，关于教材的研究对象，“公共事业管理”顾名思义就是对公共事业进行管理，现在国内多数教材基本上也是持这样的观点，即把本课程的研究对象确定为公共事业，但公共事业的范围到底怎样确定却是有分歧的。综观国内现有的不同版本的教材，除了对科技、教育、文化、卫生等几个领域的认同是比较统一的之外，有的增加了公用事业，有的增加了社区管理，有的增加了基础设施、公共住房、环境、社会保障等。本教材则将“公共事业”的外延确定在教、科、文、卫、体五个领域，依据的是国务院2004年修订的《事业单位登记管理暂行条例》对事业单位的界定。这个官方权威性管理文件中列举的是教、科、文、卫四个领域，但我们考虑到中国的体育管理特色是比较鲜明的，有必要单独设章，而且体育单列，总体上并没有超出权威管理文件界定的范围。

第三，关于教材的政策性和规范性，本教材忠实反映党中央、国务院的相关改革文献精神,并以国家相关管理法律、法规为定义各个基本概念的科学依据。作为一门新兴的课程,学术界对本课程所涉及的基本范畴、逻辑框架等最基本的问题都还没有形成统一的认识,我们认为这些分歧甚至重大对立的存在是正常的,新兴的学科、课程往往正是通过对这些分歧的讨论、争论走向成熟的。但是,教材应该是严肃的、规范的,教材最终教给学生的应该是他们走上社会后能够运用的理论和知识。因此,本教材也十分注意反映我国改革的新成果以及改革中出现的典型问题。

第四,关于教材的基本内容,本教材主要包括公共事业管理对象(客体)、公共事业管理主体、公共事业、管理活动的主要内容和公共事业管理的发展趋势五部分。具体安排是:教材第一部分是导论,实际上是对公共事业管理对象(客体)的研究。在这一部分,我们提出了一个重要的观点,即公共事业管理具有双重内容,管理客体既包括公共事业,也包括管理主体中的非政府公共组织自身。教材第二部分包括第二章、第三章,是对公共事业管理主体的研究。其中,第二章从一般意义上研究公共事业管理的主体,认为管理主体可以分为政府和非政府公共组织,其中政府是主导。第三章是研究我国的非政府公共组织。教材第三部分研究中国的公共事业,包括第四章至第八章,这五章分别研究了科技、教育、文化、卫生、体育五个领域的事业管理,研究了每一个领域的基本概念、特点,对国外的管理模式的借鉴,以及在我国的发展沿革和改革现状。教材第四部分从管理学的角度研究对公共事业进行管理所必需的规划、组织、协调和控制等活动,包括第九章至第十一章,这三章分别具体研究了决策、法律制度、技术和方法。教材第五部分是第十二章,对公共事业管理的未来发展趋势进行了展望,同时强调政府的主导作用。

第五,关于教材的学习辅助资料,为方便师生使用本教材,本教材在每章前面列有“本章目的”“本章重点”,结束列有“本章小结”“思考题”“案例”和“参考文献”。本书正文后有五种本课程涉及的非政府公共组织的管理性法律法规附录。这样齐备的教辅资料,相信可以为使用本教材的师生提供最大的便利。

我们把本教材的主要使用对象定位为高等院校公共事业管理专业以及相关专业的本科生。此外,本教材对于实际从事公共事业管理的工作人员也有参考和使用价值。

本教材由徐双敏担任主编,负责提出并拟定编写大纲,组织协调全部编写工作,最后统稿、改写、定稿,确定并改写了多章的案例;张远凤担任副主编,参与大纲的拟定及校稿工作。具体参加教材编写的有:徐双敏(第一章、第三章)、杜治洲(第二章)、蔡放波(第四章)、徐文(第五章)、翟桔红(第六章)、刘婧(第七章)、苏忠林(第八章)、梅继霞(第九章)、张远凤(第十章、第十二章)、邓光平(第十一章)。此外,徐文负责部分案例的收集选编工作,邓光平负责收集全部附录,王雪莲、杨晓燕提供了第一章和第三章的编写资料。

本教材在编写过程中,参阅了大量有关著作和文献,使用了许多案例,恕不在此逐一列举,谨对各位作者一并致以真诚的谢意。同时,我们出版《公共事业管理概论》的设想是在北京大学出版社中南办事处的全力支持下才得以实现的,在此也对北京大学出版社中南办事处特别是该办事处的张昕编辑表示由衷的感谢!

徐双敏

2007 年元月于武汉

目录

导　论

【本章目的】

掌握公共事业的基本特性,掌握我国公共组织的四种基本类型,并在此基础上明确本书所研究的公共事业管理的双重内容;在掌握管理学一般理论的基础上,掌握公共事业管理不同于企业管理、行政管理的特点;了解学习本课程的意义和一般方法。

【本章重点】

1. 公共事业的内涵
2. 公共组织及其分类
3. 公共事业管理的双重内容
4. 公共事业管理与企业管理、行政管理的区别

第一节　公共事业和公共事业管理的基本含义

一、事业和公共事业

"事业"作为一个专有名词早就出现在汉语词汇中了。在《易经》中就有"举而措之天下之民,谓之事业"的文字,显然那时起,"事业"就是指具有公益性的事情。这个关于"事业"的基本含义一直沿用至今。

(一)"事业"的特殊含义

"事业"是现在人们经常使用的词。《现代汉语词典》对它的解释是:"人所从事的,具有一定目标、规模和系统而对社会发展有影响的经常活动。"①比如文化事业、革命事业。但是公共事业管理学研究的事业显然不是这个含义。《现代汉语词典》对事业还有一个解释:它是指没有生产收入,由国家经费开支,

---

① 中国社会科学院语言研究所词典编辑室编:《现代汉语词典》(第7版),商务印书馆2016年版,第1194页。

不进行经济核算的事业(区别于"企业")。比如文化、教育、卫生等。公共事业管理学研究的事业就是这个含义的事业。但《现代汉语词典》的这个解释已经不够准确了,改革开放以来,我国的文化、教育、卫生等事业已经不完全由"国家经费开支",也需要进行经济核算,而且还被允许实行一定限额的收费。不过这个解释还是为我们理解中国特定语境下的"事业"和"公共事业"提供了基本途径。

本书所讨论的中国特定语境下的"事业"通常是与"企业"相对而言的特殊概念。企业进行物质财富的生产,同时以营利为目的,为实现此目的就必须进行成本核算。而事业主要进行非物质财富的生产,不以营利为目的,曾经因此被认为不必进行成本核算。应该这样理解本书所谓"事业":它是指人们所从事的,具有公益目的、对社会发展有重要影响的经常性社会服务活动。

(二)公共事业的特征

所谓公共事业,是指以实现社会共同利益、满足社会公共需要为目的,直接或间接为经济发展和社会生活提供服务的社会活动。

公共事业的特征可以用公共物品(public goods)理论来解释。经济学家斯蒂格利茨(Joseph E. Stiglitz)曾这样定义公共物品:"公共物品是这样一种物品,在增加一个人对它的分享时,并不导致成本的增长,而排除任何个人对它的分享都要花费巨大成本。"①本书借鉴这个经典的定义,认为公共事业都具有以下特征:

第一,公共性。公共事业是为了满足社会共同需要的产品和服务。尽管有时公共事业的服务对象不是全社会的所有成员,而只是社会的特定成员,但它肯定不是社会的个别成员或特权成员所专有的。

第二,公益性。公共事业的目的是满足社会的需要,在社会效益和经济效益之间更强调社会效益。

第三,非营利性。公共事业不以营利为目的。改革开放以前,我国事业单位所从事的公共事业需要的资金全部由国家财政安排。改革开放以来,虽然部分公共事业的经费来源多元化了,但事业单位不允许以营利为目的还是基本特征之一。

第四,非物质性。公共事业是向社会提供服务和劳务的,这些服务和劳务一般不具有物质形态,而且提供服务的过程与消费服务的过程往往是同步的。比如教育服务,教师教学的过程就是生产或服务的过程,学生听课就是消费或

① 〔美〕约瑟夫·E.斯蒂格利茨:《经济学》上册,姚开建等译,中国人民大学出版社1997年版,第147页。

接受服务的过程,教与学一般是同时发生的。

二、几个与公共事业相近的概念

在国内,与“公共事业”这个概念相似的有“公用事业”“公共事务”等概念,但是实际上它们的内涵、外延以及运作方式都与公共事业明显不同,一字之差却相差甚远。

“公用事业”是完全不同于公共事业的一个概念。“公用事业”是城市管理中的一个专有名词。公用事业是城市基础设施和市政服务事业的通称,比如城市自来水、电力、煤气、供热和公共交通事业等。这些事业服务于城市生产、流通和居民生活的方方面面,一般由国家或城市财政投资兴办,由专业公司经营,实行独立的经济核算。

“公共事务”是外延远大于公共事业的概念。“公共事务”一般被认为是与私人事务相对的很大的概念,它所包含的内容可以是物质形态的,也可以是非物质形态的。有学者认为,公共事务是指涉及全体社会公众整体的生活质量和共同利益的一系列活动,以及这些活动的实际结果。① 根据这个定义,公共事务既包括公共财产、公共交通设施等公共物品,也包括文化、教育、社会保障等公共服务,甚至还要包括公共自然资源、公共信息资源这些有形、无形的公共品。这些公共事务有的是政府投资的,有的不是,还有的是天然的,显然这个范围就太大了。

公共事业可以被译为“public affairs”或“public service”,但是这两个概念的实际含义与公共事业都还是有明显出入的。“public affairs”即“公共事务”,这个概念在西方使用得比较多,但是西方的公共事务实际包括政府工作和公共服务,而中国的“公共事业”是不包括政府工作的,所以这个概念大于本书公共事业的含义。在找不到与公共事业完全对应的英文术语的情况下,考虑到中国的事业单位与政府和财政有相当密切的联系,将公共事业译为“public affairs”也是一种常见的选择。另外,“public service”中的“service”是“服务”的意思,主要突出了“公共事业”非物质性生产的特质,但是与中国公共事业的实际含义相比还是有明显的局限,所以翻译时不建议使用这个概念。

---

① 参见张良:《公共管理学》,华东理工大学出版社 2001 年版,第 3 页。

三、公共事业管理的内涵

(一) 公共事业管理的定义

“公共事业管理”顾名思义就是对公共事业进行管理,现在国内多数教材基本上也是持这样的观点。但是本书的观点却有所不同:一方面,本书要区分公共事业管理的一般含义和本书研究的含义的范围;另一方面,本书认为,公共组织的多样性决定了政府对公共组织的管理也应该属于公共事业管理的范围。

所谓公共事业管理,就是政府对公共组织进行规范,同时为促进其发展以满足社会公共需要,所进行的规划、组织、协调和控制的活动。

(二) 公共事业管理的主体

公共事业主要包括教育、科技、文化、卫生等领域的公益服务活动,参与提供这些服务的主体是以实现公共利益为目标的公共组织。

现实中的公共组织类型是多样的。其中,政府是最大、最权威的公共组织;此外,还有各种形式的非政府组织及社区组织。在中国,政府之外的公共组织主要包括事业单位、社会团体、社会服务机构(民办非企业单位)、基金会,以及各种社区组织。

事业单位是中国特有的公共组织。事业单位是国家为了社会公益目的,由国家机关或其他组织利用国有资产举办的社会服务组织。事业单位是我国提供公共服务的主体。由于事业单位是中国特有的,所以还没有确定的与之对应的英文译文。现在一般有“public service unit”“public institutions”“institutional units”“non-profit organizations”几种不同的译法。

社会团体是公共组织中的一种类型,它是社会成员自愿组成,为实现会员的共同意愿,按照本组织的章程开展活动的非营利性社会组织。西方国家一般称之为非政府组织。由于社会团体的工作能够分担政府的职责,所以社团的工作一般也可以得到政府的资助。

民办非企业单位是自然人、法人或其他社会组织利用非国有资产举办的、从事非营利性社会公共服务活动的社会组织。民办非企业单位的概念是中国特有的,但这种公共组织类型在其他国家并不鲜见。民办非企业单位在组织性质、活动方式等方面与社会团体有许多共性,也是社会自我服务的一种组织形式,一般也可以得到政府的扶持。2016 年《中华人民共和国慈善法》公布施行,正式使用“社会服务机构”的概念。“社会服务机构”的主体就是民办非企业单位。

基金会是利用自然人、法人或其他组织捐赠的财产，从事公益事业的非营利性法人。基金会是在世界各国都比较普遍的公益性组织形式，国外的基金会主要是从事慈善事业。

在中国，这些非政府公共组织在提供公共事业所涉及的各个领域的公共服务中，发挥着越来越重要的作用。

(三) 公共事业管理的双重内容

公共事业管理具有双重内容，即管理客体既包括公共事业，也包括管理主体中的非政府公共组织自身。

由于公共事业都是不能由市场自动提供的公共服务，所以公共组织在提供时就需要进行宏观的规划和组织，政府在必要时还要使用行政权力。

又由于公共组织数量众多且具有多样性，所以公共事业管理主体自身也是管理对象。也就是说，需要对各类非政府公共组织的组建、活动和发展进行规制，需要确定各类非政府公共组织在提供公共服务中的地位和作用，确定它们各自的活动方式、活动范围，以及它们彼此之间的关系等。在公共组织中，政府是起主导作用的，同时也是唯一可以管理规制其他公共组织的组织。

第二节 公共事业管理与其他管理的区别

一、管理的一般理论

关于“管理”，很多学者从不同的角度给出了不同的定义。按照学者们所强调的重点的不同，我们可以将几种有代表性的观点划分为以下几个派别。(1)“过程派”。持这种观点的学者认为管理是一个过程。其代表人物行为科学之父亨利·法约尔(Henri Fayol)认为：“管理是由计划、组织、指挥、协调及控制等职能为要素组成的活动过程。”①(2)“决策派”。持这种观点的学者认为“管理就是决策”②。美国诺贝尔经济学奖获得者赫伯特·A.西蒙(Herbert A. Simon)是其代表人物。(3)“目标派”。持这种观点的学者认为：“管理是设计和维持一种环境，是集体的人们能够有效地完成目标的过程。”③现代著名管理

① 蒋青主编：《世界一流管理学名著精缩》，新疆人民出版社2000年版，第11页。

② 杨静光编著：《古今管理理论概要》，中共中央党校出版社2005年版，第4页。

③ 〔美〕哈罗德·孔茨、海因茨·韦里克：《管理学(第9版)》，郝国华等译，经济科学出版社1993年版，第2页。

学家哈罗德·孔茨(Harold Koontz)是其代表人物。另外,还有学者把管理定义为提高效率的一整套现代的方法。

综合这些观点,本书给管理下的定义是:管理是为了实现组织的特定目标,科学合理地配置各种资源、协调各种关系的活动过程。这个定义至少包含了以下几方面的内容:管理一般是针对组织而言的;管理的目的是实现组织在特定时期、特定环境下的预期目标;管理的本质是对资源进行配置和协调;管理的中心是人,是管理者和被管理者;管理的活动是管理职能的行使,随着科技的发展,管理职能的行使方式将越来越丰富。

(一) 管理的基本职能

在管理学研究领域中,关于管理基本职能的观点很多。比如,早期的管理理论关于计划、执行和控制三大基本职能的观点;法约尔把管理活动分为计划、组织、指挥、协调和控制五项职能的观点;古利克(Luther Halsey Gulick)提出管理有七项职能:计划、组织、人事、指挥、协调、报告和预算;哈罗德·孔茨和西里尔·奥唐奈(Cyril O'Donnell)在他们的管理学畅销书中则把计划、组织、人员配备、指挥和控制职能也作为管理的基本职能。纵观管理的发展历史,横看当今的管理派别,本书采用学界广泛认可的,认为管理包括计划、组织、领导和控制四大职能的观点。

计划职能是各级管理的首要职能,也是其他管理职能的基础。计划是为了实现决策所预先确定的目标,预先进行的行动安排。① 计划的目的是经济、合理地使用组织资源。计划需要解决组织的目标问题,我们通常所谓的战略计划、战术计划、作业计划,区分的就是组织在不同的时间和空间所要实现的目标。计划还要解决组织实现目标的方式问题,我们所谓的财务计划、人事计划、业务计划等,就是解决这一问题的计划。传统的计划以定性计划方法为主,如目标管理法和滚动计划法。随着科技的发展、社会的进步,尤其是计算机和因特网的发展,逐步将计算机、运筹学等引入管理学,加强了计划的科学性和客观性。

组织职能是又一项重要的管理职能。组织的主要内容就是建立管理系统和被管理系统,在这个过程中需要对有形的资源,如人、财、物,进行科学、合理的配置,同时也要对各种无形的资源,如权力、品牌、关系等,进行有效的配置。通过组织职能的行使,可以建立管理系统和被管理系统内部明晰的责权关系、高效优化的组织结构以及协调有序的工作秩序。而组织的科学性又往往与管理幅度、管理层次、集权与分权、职位与职权等概念密切联系。

---

① 参见周三多主编:《管理学》(第二版),高等教育出版社 2005 年版,第 111 页。

领导职能是管理中最经常运用的职能。领导是通过影响他人行为实现组织目标的过程。领导影响他人的方式主要是带领、指挥或引导、激励。领导职能实现的前提是有追随者,有职位或专长或人格赋予的影响力,有明确的目标。在现实中,不同组织层级的领导职能是不一样的,而且领导职能的行使效果与领导者个人的素质有密切的关系。也就是说,不同的人在同一职位上的表现会有很大不同;或者说,同样的人在不同职位上的表现也会不同。

控制职能是对管理过程进行调节的职能。控制是保证静态的计划与实际动态的作业稳定结合的过程。在计划的执行过程中,不可避免地会受到诸多因素的影响,尤其是内外部环境的不断变化,常常会导致组织或成员的行为偏离组织目标,这时就需要行使控制职能。控制的主要内容一般包括制定行为和行为结果的衡量标准、纠正偏差。而管理中最主要的控制方法,就是经费控制、过程控制和人员控制等。高层管理需要综合性较强的控制,而基层管理的控制则更具体、更具时效性。在行使控制职能中最关键也最困难的是适度分权和授权,集权固然可以保证控制力,但难以充分发挥各级部门和员工的积极性,所以适度的分权和授权是提高组织效率所必需的。在分权和授权时又要保证可控性,避免因分权和授权不当给组织造成不必要的损失。

(二) 管理的要素

管理是一个由若干要素组成的复杂的有机系统,它的主要构成要素有管理主体、管理客体或对象、管理目标、管理职能和管理方法等。

管理主体是指从事管理活动的人员。管理人员分为高层管理者、中层管理者和基层管理者。高层管理者主要负责制定目标、分解目标并分配任务,同时也担当着监督控制的角色。他们处于管理的最高层,是组织的核心人物。后两者一方面具体指挥、激励、监督一般人员的工作,另一方面也是高层管理者的管理对象,接受高层管理人员的领导和控制。也就是说,他们既是管理主体,又是管理客体。不同层次的管理人员共同构成了组织的管理主体。

管理客体是指管理活动所作用的对象,也就是管理的对象。一般说来,管理客体包括了组织可以动用的所有有形和无形的资源,如人力资源、物力资源、财力资源、信息资源、关系资源等。管理的核心是“人”。人力资源的开发与管理已经成为现代社会组织提高竞争力的一个重要方面。因为人是可以价值增值的生产要素,是创新的源泉,也是利润和效益的直接创造者。伴随着信息社会的到来,信息资源的价值体现在越来越多的方面,也成为各类组织日益关注的对象。

管理目标是组织为自己确定的、在特定时间范围内利用各种可利用的资源要求取得的成效。从一般意义上说,管理目标是组织行动的基础和依据,所以管理活动都有目标,没有目标的管理是无效的。管理目标既包括短期的、可量化的具体目标,也包括涉及组织长期发展规划的、不可量化的战略目标。前者服务于后者,后者的实现有赖于前者。一般来说,管理目标的实现有赖于管理的计划、组织、领导和控制各职能的科学行使。需要指出的是,管理目标本身又可以作为一种管理的制度或方法。目标管理自20世纪70年代中期由彼得·德鲁克(Peter F. Drucker)提出以来,已经成为一种被广泛采用的、有效的管理方法。管理目标与目标管理联系紧密,但不是一个概念。

管理职能是指管理者在管理过程中发挥的重要作用。具体地说,包括计划职能、组织职能、领导职能和控制职能。四项基本职能相互依赖、相互补充,成为管理活动的主要表现。

科学的方法体系是现代管理的特征之一。管理方法从广义上说包括三个层次:一是哲学意义上的方法,它指认识论和方法论,如我们坚持的唯物辩证法、自然辩证法等;二是宏观领域上的方法,如经济方法、法律方法、行政方法、思想教育的方法等;三是具体操作层面的方法,如平衡计分法、量表考绩法等。

(三) 管理学的分类

有学者曾经把管理学通俗地解释为是研究人们如何正确地做正确的事。管理虽然是人类社会从来就存在的一种社会活动,但是由于它并不直接生产物质财富,它的价值从不为人们承认到为人们承认并给予关注,再到独立为一个专门的学科门类,经过了相当漫长的历史。但与哲学、法学、经济学相比,管理学这个学科还十分年轻。近百年来,管理学的发展是非常迅速的,不仅按照对管理学研究内容的理解不同,出现了前述的科学管理、组织管理、行为管理、数量管理、系统管理、权变管理等不同的学派,而且按照管理学涉及的领域、管理的主体、管理的方式等不同的划分方法,还建立了更多的分支学科。按管理领域的不同,我们可以将管理划分为经济管理、工商管理、社会管理、旅游管理、教育管理、体育管理等。按管理主体的不同,我们可以将管理划分为企业管理、政府管理、非政府组织管理等。按管理方式的不同,我们又可以将管理划分为目标管理、过程管理、标杆管理、绩效管理、战略管理、质量管理等。

在教育部印发的《普通高等学校本科专业目录(2012年)》中,管理学这个学科门类下设了管理科学与工程、工商管理、公共管理、农业经济管理和旅游管理等九个一级学科,本书所研究的公共事业管理是公共管理这个一级学科下属的九个二级学科中的一个。公共事业管理学显然是属于按照管理领域划分类型的专门管理学。

二、公共事业管理区别于企业管理

公共事业管理与企业管理的根本不同在于管理客体的性质不同。公共组织及公共事业所具有的非营利性和公益性的特点,决定了公共事业管理与企业管理的不同。

(一)管理目标不同

企业的营利性决定了其管理目标总是围绕经济效益而设定。企业作为提供私人物品的组织,以实现利润最大化为管理的根本宗旨,所以企业管理的目标相对单一。企业管理的各项具体目标,如提高企业竞争力、提高产品市场占有率、提高顾客满意度等,实际都是围绕实现利润最大化这个总目标展开的。现在为了实现可持续发展的目标,企业也会兼顾社会效益的目标,但其最终的目标仍然是经济效益。

与企业不同,公共组织的非营利性决定了其管理目标的多元性和多重性。管理的多元目标,是指管理时需要兼顾政治、经济、社会等多个方面的目标;管理的多重目标,是指管理时需要兼顾中央、地方、部门等不同层级的目标。公共组织作为提供公共物品的组织,从根本上说,它的目的是提高公众的生活质量。一方面,现代社会的高度分化使得公众对公共物品的需求也呈现多样性和多层次性,所以公共事业管理目标是多元和多重的;另一方面,由于生活质量不是一个确定的量化指标,而是包含着主观因素和时代特点的概念,所以,同一时期不同地区的公众需求,以及不同时期同一地区的公众需求,都是不同的,这也决定了公共事业管理目标是多元和多重的。

与企业将追求社会效益作为追求经济效益的手段根本不同,公共事业管理也会追求经济效益,但它任何时候都必须将追求社会效益放在首位。追求经济效益也是为了向纳税人或组织成员负责,以实现社会效益。

(二)管理权力的来源不同

企业管理的权力来源于生产资料的所有权。资本发展的历史表明,生产资料的所有权与企业的管理权从来都是联系在一起的。即便20世纪建立了现代企业制度、现代企业实行“两权分离”即所有权和经营管理权分离以后,企业的经营管理权也还是由企业的产权所有者以委托形式授予的。所以,企业的经营管理权最终还是属于企业生产资料的所有者。

而公共事业管理主体的管理权力则实质是公共权力。在我国,公共事业管理的主体构成比较复杂,我们需要逐一分析。政府作为公共事业管理最重要的主体,其管理权力就是公共权力,这个事实是比较清楚的。事业单位的管理权力实质与政府一样,也是公共权力,因为事业单位的人、财、物也都是由政府提供的。而社会团体的情况就比较复杂了。一部分行政化的社团、基金会,尤其是部分全国性社团和部分公募基金会,由于也是被纳入国家或地方事业单位的正式编制,工作场所也是政府提供的,所以应该把它们视同事业单位,它们的管理权力实质当然也是公共权力。那些非行政化的社团和民办非企业单位,则依照谁出资谁享有管理权的原则,共同出资共同享有管理权。它们用民主的方式决定管理权或经营权的行使者,同样用民主的方式自主决定本组织的重大事项。

(三)管理手段不同

对企业而言,管理内容多数是可以量化的,即便顾客满意度这样的定性指标也可以用量化方式处理。在市场经济条件下,只要遵循平等竞争的基本规则,奖优罚劣都可以收到显著的效果。但是,公共事业管理的内容却多数具有非竞争性,或者具有不完全的竞争性,甚至公共组织就是凭借对公共权力一定程度的垄断来提供公共物品和公共服务的,所以,竞争原则也好,奖优罚劣也好,不是总能有效的。在公共管理过程中更多地需要运用法律的、规制的、政策的手段。

(四)管理结果的衡量标准不同

企业生存的市场竞争环境和自身的营利性,决定了其管理目标总是围绕经济效益设定,即便垄断性企业,其垄断程度也远低于政府的垄断行为。所以,企业总是可以根据竞争的需要,从内部或外部找到提高管理绩效的参照系,确定绩效管理的标准数值。

公共组织却不同,公共事业管理的标准往往不容易确定。一方面,公共组织的垄断性使管理标准难以确定。公共组织的生存环境是法律规定的,所以是绝对安全、稳定的,而且是缺乏竞争的。尤其是政府从来是以社会管理者的身份出现在社会生活中,政府自身没有自我约束的动力,所以也不容易制定出严格、科学的管理政策。另一方面,公共组织的工作弹性使管理标准难以确定。由于公共物品和公共服务的提供多数是唯一的,而且弹性非常大,比如文化、体育、科技等工作,所以不能预先设定刚性指标。即便设定了,一般也是硬件设施方面的,而且还容易流于形式,成为管理的败笔。

三、公共事业管理区别于行政管理

行政管理是指国家行政机关为实现社会公共利益而对国家政务与社会公共事务进行的管理。行政管理与公共事业管理在很多方面重叠,但是也存在着明显的不同。

（一）管理主体不同

行政管理的主体是政府机关，而我国公共事业管理的主体是政府、事业单位、社团、社会服务机构（民办非企业单位）、基金会等公共组织。行政管理具有决策职能，而公共事业管理则主要是执行和服务。随着社会的发展和政府职能转变的推进，非政府组织在公共事业管理主体中所占部分将逐步扩大，非政府组织在公共事业管理中的作用也将越来越重要。

（二）管理对象不同

行政管理的客体涵盖了所有的国家事务和社会事务，包括政治、经济、文化和社会事务等。公共事业管理的对象主要是社会事务以及一部分经济事务，主要涉及科学、教育、文化、卫生、体育及基础设施等方面的社会事务。所以，公共事业管理的管理范围远远小于行政管理的管理范围。

（三）管理方法不同

行政管理最主要的管理方式是行政方式和法律方式，这些方式都是具有强制力的，而且是以命令和服从为基本特征的。公共事业管理则是以国家相关的政策和法律为依据，在运用行政的、法律的、经济的传统管理方法的同时，更多地使用社会化的方法。西方新公共管理运动表明，对公共事务的管理更多地运用合同外包、特许经营、补助、凭单等社会化方式，可以打破公共组织，尤其是政府的垄断，从而极大地提高公共物品供给和公共服务的绩效，满足公众的需求。

（四）管理主体的财政地位不同

行政管理各部门以及作为行政系统和事业系统的一部分的事业单位，经费依赖于国家财政。而公共事业管理主体中的非政府组织在经济上实行独立核算、自收自支、自负盈亏，它们也通过有偿服务的收费维持其正常运转，在经济上具有相对的独立性。

第三节 公共事业管理的研究意义和方法

一、研究公共事业管理的意义

公共事业管理是中国式现代化的重要组成部分，它涉及面很广，直接关系着公民的物质生活和精神生活的质量，对我国的政治经济体制改革、和谐社会的构建以及社会的全面进步都有着十分重要的作用。因此，在我国政治经济快速发展、国际地位日益提升的今天，研究公共事业管理有着十分深远的意义。

(一) 有利于整体提高人民的生活质量

党的二十大报告指出,中国式现代化是全体人民共同富裕的现代化。① 提高人民生活水平、造福于民,是历届政府努力的目标之一。公共事业是直接关系人民生活质量的事业,研究公共事业管理,就是要通过建立有效的公共事业管理体制,通过健全相关的法律法规,充分利用公共资源,充分发挥各种公共组织的作用,促进社会公共物品和公共服务的供给,从而整体提高人民的生活质量。

(二) 有助于促进现代公共事业管理体制的形成

我国传统的事业管理体制是在计划经济与高度集中的行政管理体制下形成的,国家依据计划经济体制和国家"计划一切、管理一切"的要求,配置事业资源、垄断事业服务,形成以公有制、公益性为特征的公共事业生产与供给模式。改革开放以后,随着经济和社会的发展,我国的公共事业管理体制有了一些调整,但相对于政府行政体制改革和经济管理体制改革,公共事业管理体制改革严重滞后,公共事业管理体制更多地保留了计划体制的特征,与我国社会主义事业的发展还存在着很多的不适应,亟待改进。世纪之交,在科学发展观的指导下,我国政府开始了由经济建设型政府向公共服务型政府的转变。与此同时,政府职能也在继续转变,政府正在从以经济职能为中心转变为经济和社会职能并重,其重点是实现公共服务的多元化、社会化和市场化。要提高公共事业管理的效率,建立现代的、科学的公共事业管理体制是重点。而研究公共事业管理,就有助于促进现代公共事业管理体制的形成。

(三) 有利于推进政府管理体制改革

建立现代公共事业管理体制本身就是政府管理体制改革的组成部分。一方面,研究公共事业管理,有利于重新界定政府和非政府组织在公共事务这一领域的角色和职能,把政府从直接办事业的局面中解脱出来,明确事业单位及其他社会团体、民办非企业单位、基金会等公共事业管理主体的权利与责任,真正实现政事分开,保证公共事业正常高效地运营,从而真正实现政府从全能政府到有限政府、从管理到治理的转变。另一方面,研究公共事业管理,也有利于减轻公共事业管理对政府财政的依赖性。探索公共事业管理中相关经费的预算约束和有效监督管理方式,是公共事业管理体制改革的重要方面,所以这项研究也有利于增强公共事业本身的"造血"功能,从而减轻财政负担。

① 习近平:《高举中国特色社会主义伟大旗帜 为全面建设社会主义现代化国家而团结奋斗——在中国共产党第二十次全国代表大会上的报告》,人民出版社 2022 年版,第 22 页。

(四) 有利于促进社会的整体协调发展

社会是一个有机的整体,是由相互影响、相互依赖的多个方面组成。经济建设是社会发展的根本动力,但是我们也不能忽视公共事业方面的协调发展。经济建设的发展程度决定社会公共事业的发展程度,公共事业的发展也会推动经济建设的发展。所以,对公共事业管理的研究有助于促进经济社会的协调发展。

另外,通过研究公共事业管理,降低公共物品和公共服务的供给成本,使更多的社会成员平等享受改革和发展的成果,有利于协调公共利益和个人需求之间的关系,缓和社会矛盾。

对公共事业管理的研究还可以促进当前利益和长远利益之间的矛盾的解决。市场经济的发展在自发状态下,往往是以社会的长远利益为代价的。通过公共事业管理的研究,鼓励和支持越来越多的非政府组织参与到公共事务的治理中来,可以有效促进社会长远利益的维护,这是仅靠政府难以办到的。

(五) 有利于促进国家与社会互动关系的形成

研究公共事业管理是为了促进公共事业管理的多元化、民主化。公共事业管理的未来趋势是,政府为公共事业发展提供制度、规范和部分经济支持,各公共管理主体建立相对独立的经济核算制度和管理机构,通过政府与非政府公共组织在不同领域的合作和协调,共同促进我国公共事业的发展。

二、公共事业管理的研究方法

作为一门新兴的、跨学科的、应用型的学科,公共事业管理的研究方法也是跨学科的、多样性的。鉴于该学科是建立在管理学、行政学、社会学、经济学等学科的基础之上,在研究方法上也可以借鉴这些学科。

(一) 案例分析法

案例分析法是指通过对一定时期内某一领域发生的情形或事件进行客观的描述,发掘事件本质,总结经验教训,以期对该领域内的理论和实践产生一定指导作用的研究方法。这种研究方法最早应用于医学教学,随着各种学科的交叉发展和相互借鉴,案例分析法已经成为多种学科的主要研究方法之一。案例分析法应用于公共事业管理的研究是很有必要的,它不仅有利于学生对公共事业管理有一个客观的了解,也有利于启发学生思维,同时还是学生与老师交流的一种重要途径。在实际选择案例时应注意以下几点:首先,公共事业管理案例是对公共事业管理中所存在的问题或事件的记叙;其次,公共事业管理案例所描述的问题及其基本发展轨迹必须是真实的;最后,公共事业管理案例所描述的内容具有时间性,是对已发生的公共事业管理情景的描述。①

(二) 比较分析法

比较分析法是指通过对不同事物或者同一事物的不同发展阶段进行比较,找出其中的共同点、本质或者是规律性的东西的研究方法。我们可以根据比较分析的内容进一步分为纵向比较和横向比较。前者是对同一问题的不同历史时期或不同发展阶段进行比较,后者是对同一问题在同一阶段不同区域或不同种类进行比较。公共事业管理这个概念出现的时间并不长,但其所涉及的内容却不是新的。对我国不同时期、不同管理体制下的公共事业管理的比较分析,以及对国外公共事业管理的比较分析,都有利于我们认清公共事业管理的改革方向,加深理解公共事业管理改革的必要性和紧迫性,促进我国公共事业管理的新发展。

(三) 试验分析法

试验分析法是指根据客观现实,通过模拟试验,将研究涉及的各种因素、发展过程在小范围内呈现出来,探寻现实世界中各种有用的数据及面貌的研究方法。这种研究方法源于自然科学领域的实验室。在当代管理活动中,试验方法已经成为摸索经验、进行决策的强有力的工具。社会科学领域的试验分析法与自然科学领域的试验分析法有所不同。在自然科学研究中,各种研究数据必须做到尽可能地精确,否则不能保证研究结果的精确性。然而在社会科学中,由于存在诸多无法量化和不确定的因素,试验不可能追求数据精确,试验分析更多情况下需要依靠定性的分析来完成。不过,试验分析法在管理学科的应用,还是为管理科学的理论和实践创造了一条新的重要途径。管理领域比较常用的试验方法有对比试验、可行性试验、模拟试验等。② 这些方法也同样适用于公共事业管理的研究。

【本章小结】

公共事业是以实现社会共同利益、满足社会公共需要为目的,直接或间接为经济发展和社会生活提供服务的社会活动。公共事业具有公共性、公益性、非营利性和非物质性的特征。公共事业管理则是政府及各类公共组织为促进公共事业发展,对各类公共事业主体进行规制,以及对各类公共事业的发展进行规划、组织、协调和控制的活动。公共事业管理区别于企业管理,也不同于行政管理。

---

① 参见郑文范编著:《公共事业管理案例》,高等教育出版社 2004 年版,前言。

② 参见王俊柳、邓二林编著:《管理学教程》,清华大学出版社 2003 年版,第 13 页。

公共事业管理主体包括各类公共组织。其中,政府是最大、最权威的公共组织;此外,还有各种非政府公共组织,主要包括事业单位、社会团体、社会服务机构(民办非企业单位)、基金会及社区组织。我国的公共事业管理与政府的行政管理密不可分,公共事业管理体制是政府行政管理体制的组成部分。

【思考题】

1. 什么是公共事业?
2. 公共事业有什么特征?
3. 怎么理解公共事业管理的内涵?
4. 公共事业管理有什么特点?

【参考文献】

1. 崔运武主编:《公共事业管理概论》(第三版),高等教育出版社 2015 年版。
2. 娄成武、司晓悦、郑文范主编:《公共事业管理学》(第三版),高等教育出版社 2015 年版。
3. 苗丽静主编:《公共事业管理新论》,清华大学出版社 2014 年版。
4. 〔美〕斯蒂芬·罗宾斯、玛丽·库尔特:《管理学(第 13 版)》,刘刚、程熙鎔、梁晗等译,中国人民大学出版社 2017 年版。
5. 王曙光、刘海涛主编:《公共事业管理学》,中国财富出版社 2014 年版。
6. 赵立波:《中国特色公益服务体系研究》,人民出版社 2015 年版。
7. 朱仁显主编:《公共事业管理概论》(第三版),中国人民大学出版社 2016 年版。

案例

大刀阔斧推进事业单位改革

第一章　公共事业管理的理论基础

【本章目的】

通过本章的学习，了解公共物品理论、新公共服务理论及合作治理理论的主要概念和基本内容；掌握公共物品（服务）的基本特征及其分类，了解公共物品生产和供给的多种方式；了解公共服务的内涵及基本特征，理解新公共服务理论提出的基本原则；了解合作治理理论中治理与善治的基本含义，理解影响合作治理的主要因素。

【本章重点】

1. 掌握公共物品的特性及公共物品的分类
2. 掌握公共物品的多种供给方式
3. 理解新公共服务的主要原则
4. 理解治理与善治的含义

第一节　公共物品理论

在研究公共事业管理的对象时，需要借助公共物品理论。这个理论提出的关于区分私人物品（Private Goods）和公共物品（Public Goods）的两个基本特征，为我们研究公共事业的特质和管理途径提供了极大的便利。我们这里所讨论的公共物品实际上包括公共服务，即所有的产品，包括物质形态和非物质形态。为了简便，本书统称它们为“公共物品”。

一、公共物品的特征和分类

（一）公共物品的概念

“公共物品”的概念最早由瑞典经济学家林达尔（E. R. Lindahl）在1919年提出的。萨缪尔森（Paul A. Samuelson）1954年在《公共支出的纯理论》（“The Pure Theory of Public Expenditure”）一文中，将所有产品分为私人物品和公共物品两类，同时比较系统、清晰地指出了公共物品的主要特征是非排他性、非竞争性，这也是划分两类物品的标准。公共物品特征的揭示就建立了公共物品的理论。

公共物品理论是不断完善的。公共物品理论提出后,学者们发现将社会上的物品划分为公共物品和私人物品是不够的,因为还有许多物品介于公共物品和私人物品之间,只具备两个特征中的一个(要么消费不竞争,但收益具有排他性;要么消费竞争,但收益仍具有非排他性),这就很难将它们归类。美国学者詹姆斯·布坎南(James M. Buchanan)针对前者提出俱乐部物品(Club Goods)理论,埃莉诺·奥斯特罗姆(Elinor Ostrom)针对后者提出公共资源性物品(Common Resources)理论。他们的理论给研究者以重要的启示。现在这些介于公共物品和私人物品之间的、只具备非排他性和非竞争性两个特征中的一个特征的物品,都被称为"准公共物品"(或者"混合物品")。准公共物品理论完善了公共物品理论。

基于以上研究,经济学家们为公共物品做了各种界定,其中得到广泛认可的是著名经济学家斯蒂格利茨的定义:"公共物品是这样一种物品,在增加一个人对它的分享时,并不导致成本的增长,而排除任何个人对它的分享都要花费巨大成本。"①本书使用这个经典的定义,即认为公共物品是相对于私人物品而言的,公共物品(服务)是具有消费的非竞争性和收益的非排他性的物品(服务)。

(二)公共物品的特征

萨缪尔森认为整个产品世界可分为两类:私人物品和公共物品。确定公共物品最显著的特征是,效用的不可分割性、消费的非竞争性和收益的非排他性。

效用的不可分割性是指,公共物品是向社会整体提供的,其效用不能被分割,也不能在消费者(受益者)之间再分割和转让,比如国防、外交等。对于私人物品来说,效用是可分割的,比如食物是可以分而食之的。而路灯、国防这样的公共物品就只能作为一个整体来消费。必须指出的是,这个特征同时意味着,有些公共物品并不是所有人都需要的,或者并不是所有人都真实消费了的。

消费的非竞争性是指,消费者的增加不会影响其他消费者的消费水平,反之,消费者的减少也不能降低公共物品的成本,比如路灯。对于私人物品来说,消费是具有竞争性的,消费量是具有累加性的,总量确定后,增加一个人的消费,就意味着其他人的消费必然减少。比如一件衣服,张三穿着时,李四就不能穿了,除非张三脱下,李四才能穿。

收益的非排他性是指,在技术上没有办法排除拒绝为公共物品付费的消费

---

① 〔美〕约瑟夫·E.斯蒂格利茨:《经济学》上册,姚开建等译,中国人民大学出版社1997年版,第147页。

者(受益者),仍然可以以国防、外交为例。私人物品是严格排他的,你的房间里要开电灯,就必须缴电费,否则,供电公司就会拒绝为你的房间提供照明电。但是,享用路灯的人并不一定是当地的纳税人,享用国防、外交成果的人甚至不一定是本国人,技术上很难将某个消费者识别出来,排除在外。

由于效用的不可分割性和收益的非排他性可以理解为一个事物的两个不同维度,所以人们也往往将这两个特征视为一个。

形成消费的非竞争性特征的原因在于这类物品的消费容量,这类物品的消费容量足够大,每个消费者的消费都不足以影响其他消费者的消费,当消费者增加时,其他消费者的消费水平也不会受到影响。形成收益的非排他性特征的原因在于技术上确定物品产权的不可行,或者成本过高。

(三)公共物品的分类

依据公共物品的两个基本特征,可以将产品划分为四种基本类型(见图 1-1)。

排他性 \ 竞争性	有	无
有	私人物品	俱乐部物品
无	公共资源性物品	纯公共物品

图 1-1　公共物品分类示意①

俱乐部物品和公共资源性物品只具备两个特征中的一个,属于准公共物品。

俱乐部物品是消费上具有非竞争性,但是又可以比较容易地做到收益排他的物品,比如公路、桥梁。这类公共物品的消费容量是有限度的,会因为消费者的增加趋于拥挤,消费者的效用也趋于递减,这时可以采取收费的方法限制消费。消费者缴费后就可以正常消费,如同加入了俱乐部,所以称为俱乐部物品。

公共资源性物品是与俱乐部物品特征相反的物品,即消费上具有竞争性,收益上又很难做到排他,比如公共渔场、公共牧场等。到渔场捕鱼这样的消费是典型的竞争性消费,渔业资源是固定的,张三多捕鱼了,就意味着其他人能捕到的少了。但是,要限定消费又是困难的:要么因为渔场面积太大,产权很难界定,比如公海;要么因为做到竞争收费,成本过高,几乎不可能。

公共物品相对于准公共物品,也可以称为“纯公共物品”。纯公共物品是同

① 参见许云霄:《公共选择理论》,北京大学出版社 2007 年版,第 76 页。

时具备消费的非竞争性和收益的非排他性特征的物品，比如国防、外交。一般来说，公共物品有三个重要的特点：第一，公共物品包括物质形态和非物质形态，物质形态的以实物形式存在，非物质形态的一般被称为公共服务，比如灯塔、国防、法律、制度、教育、医疗等；第二，公共物品一般规模巨大、投资收回缓慢，甚至难以收回，如地铁、高速公路等；第三，公共物品可能不是最终消费品，而只是中间必需品，比如天气预报、电信卫星接转站等。需要特别指出的是，公共物品又分为地区性的公共物品和全国性的公共物品，比如路灯、灯塔，它的消费者是地区性的。

二、公共物品政府供给的必然与局限

研究公共物品就是为了解决公共物品的供给问题。古典经济学家曾认为，政府是理性的、至善的、唯一的公共物品的提供者。但是，现实中政府也会“失灵”，公共选择理论就对“政府失灵”进行了深入的分析。

（一）“搭便车”与“市场失灵”

市场机制可以提供人们所需的许多物品，尤其是私人物品。但是，对于具有与私人物品完全不同特性的公共物品来说，市场在配置资源时就明显失灵了。因为公共物品的特性必然导致“搭便车”现象的发生，所以没有市场主体愿意提供公共物品。

所谓“搭便车”（free rider），是指消费者不需要支付任何成本，就可以享受到与支付者完全等价的公共物品效用。由于公共物品是非竞争性的和非排他性的，所以一个人对某个公共物品的消费并不妨碍其他人对这个物品的消费，同时也无法阻止一个没有付费的人消费本应付费的物品，这就使得“搭便车”成为可能。“搭便车”一般有两种情形：一是消费了公共物品后，个人丝毫不支付任何成本；二是在此时此处消费了公共物品后，没有在此时此处支付成本，而是在其他时间或地点支付成本。

从公共物品供给的角度看，“搭便车”心理直接导致每个消费者都想让别人来提供公共物品，自己免费消费，所以最终的结果就只能是没有人愿意提供这样的物品，于是市场失灵了。

这样的情况下，政府责无旁贷地成为责任者。在公共物品的供给中，政府的优势在于：第一，课税优势。政府可以运用特有的普遍强制性征税，税收直接影响生产行为和消费行为，从而达到调节资源配置的目的。第二，遏制“搭便车”和节约交易成本的优势。政府直接运用公权力的强制性，制定和施行特殊的政策法规，可以有效遏制“搭便车”情景，还可以大大降低市场主体间或买卖双方反复博弈的交易成本。第三,财政实力优势。一方面,政府实力雄厚,可以承担社会一般主体无法承担的公共物品供给成本;另一方面,政府独有的货币权力可以助力政府承担由于提供公共物品而产生的巨额债务。

总之,政府能够以自己特殊的地位整合社会资源,成为诸如道路、桥梁、国防、外交等公共物品的供给者。

(二)公共选择遇到的"政府失灵"

一些投资规模大、成本回收周期长、经济效益低,但是又是国计民生必需的项目,比如高速公路、公共信息、国防等,依靠市场机制是不可能供给的。政府是这些公共物品"天然的"提供者。而政府在提供公共物品的时候必然会经过决策,决策的过程就是公共选择(public choice)的过程。

在公共物品理论形成以前,人们都是把政府提供公共物品的问题归入财政税收问题研究的。人们认为,公共物品的公共性决定了它们只能由政府提供,政府也把提供这些公共物品作为设计税收政策的重要依据。但是在现实生活中,政府决策会遇到公共选择的困难。现代国家的公共选择有直接民主和间接民主两种形式。

直接民主会遇到投票悖论问题。直接民主就是公民通过直接投票的方式将个人偏好转化为社会偏好。但是,在通过"多数原则"实现个人选择到集体(社会)选择的转换过程中,不可能得到稳定一致的结果,而只能得到一个"循环的大多数"。结果,在这些选择方案中,没有一个能够获得多数票而通过,这种情景被称作"投票悖论"(the voting paradox)。它对所有的公共选择问题都是一个固有的难题,所有的公共选择都难以避开这种境地。

间接民主则会遇到利益集团、政党政治、官僚体制等更多的困难。间接民主的实质是公民(选民)选举自己的代表(议员),代替自己参与投票,即进行决策。显然,间接民主的决策成本会远低于直接民主,现代国家间接民主一般都是以代议制形式实行的。在间接民主中,被选举出来的代言人(议员)本质上也是理性经济人,可能遇到的风险包括:第一,投票人的偏好与公民的偏好不会完全一致,也就是说,代言人未必真能够代表选举人的偏好;第二,在政党政治的政治环境中,投票人的公共物品偏好还会受到所在党派政治取向的影响;第三,政府公共物品供给决策必须经过官僚体制(bureaucracy),这种体制是自上而下科层式的,对市场的价格、效率等并不敏感,理性决策也会存在制度缺陷;第四,从投票方式看,即便是间接民主本质上同样会遇到投票悖论。

公共选择的困难最终表现为:政府决策不能达到预期的公共目标;政府机构和公共预算扩张;公共物品供给的低效率,甚至会出现政府寻租活动。学者们把这些现象的出现称为“政府失灵”(government failure)。政府失灵就是指政府为弥补市场失灵而对经济、社会生活进行干预的过程中,由于政府行为自身的局限性,及其他客观因素的制约而产生的新的缺陷,进而无法使社会资源的配置效率达到最佳状态的现象。

三、公共物品的供给方式

20 世纪 80 年代以来,西方国家持续开展的新公共管理运动为提高公共物品的供给绩效、解决市场失灵和政府失灵提供了重要的经验。新公共管理运动的改革思路是,将政府的职责和政府履行职责的方式分离,使政府运用市场机制履行提供公共物品的职责。所谓市场机制,就是竞争、核算成本、顾客导向等。所以,现在公共物品,包括部分准公共物品,供给的方式是多样的,主要分为政府直接供给、政府间接供给、合作供给、社会供给四类。

(一)政府直接供给

政府直接供给公共物品有直接生产直接供给和直接生产多种供给两类方式。

由政府直接生产直接供给的一般是纯公共物品,如国防、外交、环保等。政府直接供给又分中央政府直接供给和地方政府直接供给两种形式。中央政府直接供给的是涉及全国范围或跨区的公共物品,比如国防、外交、大江大河的开发与防涝等。地方公共物品一般由地方政府供给,或中央和地方共同承担供给,比如城市设施、消防、图书馆、博物馆等。

政府直接供给方式主要有三种:一是免费供给,主要是纯公共物品,完全免费,比如国防、外交,还有公园、图书馆等;二是使用者付费,主要是在天然垄断行业,比如自来水、煤气等,它们也有准公共物品的性质;三是内部市场,这些主要是准公共物品,比如有线电视、移动电信等。

(二)政府间接供给

政府间接供给公共物品是指政府利用市场机制实现公共物品的供给,即政府通过规范市场秩序、调整预算安排、制定政策引导或抑制,引导私人部门、社会组织、志愿者、个人等多样的主体都参与到公共物品的供给中,以提高公共物品供给的效率,同时提高公众的满意度。政府间接供给公共物品的方式主要有政府和社会资本合作、特许经营、政府参股、经济资助等。

1. 政府和社会资本合作

政府和社会资本合作简称 PPP(Public-Private Partnership)模式,也可以直译为公私伙伴关系。它是指在公共服务领域,政府采取竞争性的方式选择具有投资、运营管理能力的社会资本,双方按照平等协商原则订立合同,由社会资本提供公共服务,政府依据公共服务绩效评价结果向社会资本支付定价,所以也称为"合同外包"或"购买服务"。PPP 模式的优势在于,使合作各方达到比单独行动预期更为有利的结果,即政府的财政支出更少,企业的投资风险更轻。不同国家的 PPP 模式的具体内容不同,中国政府鼓励和引导社会资本参与基础设施和公用事业建设运营。

PPP 模式的主要特点是,政府对项目中后期建设管理运营过程参与更深,企业在项目前期科研、立项等阶段参与更深。政府和企业都是全程参与,双方合作的时间更长,信息也更对称。现在我国政府更支持这样的模式。

2. 特许经营

特许经营就是政府赋予社会资本对某一项目建设经营的特许权,特许期内由社会资本全权负责建设与经营,特许期满后政府可以收回项目。现在特许经营主要有 BOT 模式和 BTO 模式。

BOT 模式(Build-Operate-Transfer)也可以直译为"建设—经营—转让"模式。这个模式中,政府不需要对公共项目进行投入,只是通过特许经营就可以获得公共项目的建设效益。当然,投资者也因为拥有一定时期的特许权而获得极大的投资机会,并赚取利润。所以 BOT 投资方式能使多方获利,具有较好的投资效果。

BTO 模式(Build-Transfer-Operate)也可以直译为"建设—移交—运营"模式。它是指社会资本为公共设施融资并负责其建设,完工后即将设施所有权移交给政府,随后政府再授权该社会资本经营该设施的长期合同,使其通过向用户收费,收回投资并获得合理回报。

BTO 模式与 BOT 模式的不同在于,社会资本建设公共项目向政府移交的只是所有权,而项目实体仍由社会资本运营。

特许经营的优势是在政府财政紧张时,不需要政府的先期投入,就可以进行公共项目的建设和经营。但是,由于在特许期内政府没有干预权,一旦前期合同不够完备或情势有变,政府会在公共服务目标实现上有很大的风险。

3. 政府参股

政府参股就是政府在社会资本投资生产的某些公共项目中,用参股方式来提供资金支持。政府参股又分为政府控股和政府入股。政府参股的方式有:收益分享债券、收购股权、国有企业经营权转让、公共参与基金等。政府参股的比例是可调整的:一般在项目建设初期,政府股份较多;一旦项目进入正常经营,能获得较稳定的正常利润,政府便可以逐步抽回资金转向其他项目。

政府参股主要适用于投入较大的基础设施类公共项目,如机场、高速公路、铁路、电信系统、港口等。一些重大公共项目要确保政府控股。

4. 政府补贴

政府补贴(Government Grants)也可以称为经济资助,主要是对一些难以盈利的公共物品生产,政府通过补贴、优惠、贷款、减免税收等形式鼓励和引导社会资本生产。从资金来源上,可以分为中央财政补贴和地方财政补贴;从资金形式上,可以分为货币补贴和非货币补贴;从补贴形式上,可以分为财政拨款、财政贴息、税收优惠、无偿划拨非货币性资产几种。

财政拨款是政府无偿拨付给企业的资金,通常在拨款时明确规定了资金用途,所以通常称之为"专项资金"。比如,财政部门拨付给企业用于进行技术改造的专项资金、鼓励企业安置职工就业的奖励资金等。

财政贴息是政府根据国家宏观经济形势和政策目标,为支持特定领域或区域发展,对承贷企业的银行贷款利息给予的补贴。财政贴息主要有两种方式:一是财政将贴息资金直接拨付给受益企业;二是财政将贴息资金拨付给贷款银行,由贷款银行以政策性优惠利率向企业提供贷款,受益企业按照实际发生的利率计算和确认利息费用。

税收优惠的主要形式是税收返还。税收返还就是政府按照国家有关规定采取先征后返(退)、即征即退等办法向企业返还税款。除税收返还外,税收优惠还包括直接减征、免征、增加计税抵扣额、抵免部分税额等形式。

无偿划拨非货币性资产。比如行政划拨土地使用权、天然起源的天然林等。

(三)合作供给

合作供给就是通过公共物品和私人物品的联合,来供给公共物品。

有一些公共物品的消费是与某些私人物品的消费密切关联,甚至是互补的。在这样的地方,就可以通过公私合作的方式实现公共物品的供给。比如开发商建设一个商住楼盘,在小区里同时设置中小学,楼盘就会升值。再如大型商城建成后,如果建设和维护好了周边的公共绿地,会大大改善商城周边环境,提高商城人气。中小学、公共绿地等典型的公共物品通过私人的方式供给,而私人愿意提供这些公共物品,是因为这些公共物品可以显著提升私人物品的价值。

在合作供给中,政府的职责主要是:第一,政府为保证私人提供公共物品的高效,应对公共物品的产权予以明晰;第二,为保证私人供给公共物品的可持续性,要落实对提供公共物品的私人企业的减税、补贴等优惠政策;第三,政府有责任对私人企业的活动加强监管,以切实保护公共物品消费者的权益。

(四)社会供给

社会供给是指由社会组织即非政府组织(非营利组织)供给公共物品。社会组织的基本特征就是非政府性、非营利性、自愿性和组织性,所以它们非常适合成为公共物品的供给主体。从组织形式上看,国外的社会组织包括各类非政府组织、志愿者组织,以及社区组织;国内的社会组织除了民政部门确认的社会团体、民办非企业单位、基金会三类组织以外,还包括社区居民自治组织,如居委会、村委会等。

社会组织在提供地方性的,尤其是社区性的公共物品方面有特殊的优势,比如提供社区的治安消防、成人教育、扶贫济困、养老托幼等公共服务。从已有的成熟经验看,社会组织提供的公共物品中,公共服务类更多,提供的形式也是多样的,社会组织、志愿者提供的公共服务不仅仅是物质性的,甚至可以是时间。比如对老弱病残等社会成员的陪伴性照料,是一种不可替代的精神抚慰。这样的公共物品是政府很难提供的。

第二节　新公共服务理论

公共事业所涉及的领域主要是非物质形态产品领域,换句话说,公共事业主要是公共服务领域的活动。兴起于 20 世纪 80—90 年代的新公共服务理论(New Public Service)可以为我们提供重要的理论指导。新公共服务理论的一部分内容就是公共物品的理论。另外,还有一些值得我们认真思考的内容,除了关于公共服务的特征、分类的理论之外,有关新公共服务的七条原则更有意义。

一、公共服务的内涵与特征

讨论“公共服务”当然需要首先讨论“服务”,再从一般服务的内涵中研究公共服务,因为公共服务只是服务的一部分,所以其性质和特征与一般的服务是相同的。

(一)公共服务的内涵

关于服务的概念,印度学者尼密·乔杜里(Nimit Chowdhary)给出了比较经典的定义:“服务是那些满足顾客需求的可识别的、本质上无形的活动。”①本书使用这个定义。在这个关于“服务”的定义里有三个关键词:“满足顾客需求”“可识别”“本质上无形”。比如提供咨询,这是典型的服务。在提供咨询的服务活动中,没有发生提供物品那样的所有权转移,但是顾客仍然可以满意而归。咨询活动是完全可识别的,但又是无形的。

公共服务是一般服务的一部分,是以服务形式存在的公共物品。公共服务具有公共物品的性质,与公共物品一样具有非排他性、非竞争性,而且其效用也是不可分割的。此外,由于服务的非物质性,公共服务又具有难以衡量的特性。我们认为,公共服务是那些具有非排他性、非竞争性,并且可以满足公众需求的、可识别的、本质上无形的活动。

荷兰学者汉斯·范登·德尔(Hans van den Doel)和本·范·韦尔瑟芬(Ben van Velthoven)将社会服务分为福利服务、公共服务和具有社会导向的公民个人服务或称社会化的私人服务三部分。② 其中,福利服务就是指以公共服务形态提供的社会福利。国内专门研究公共服务的学者一般不区分公共物品和公共服务,他们认为公共物品和公共服务不过是一个问题的两个方面。如果一定要说两者的区别,那也不过是“公共供给过程的不同阶段”,即“首先供给的是公共物品,之后通过公共物品功能的实现,供给了公共服务”③。比如小学教育是无限的公共服务,但是必须先建校舍才能提供教育服务,校舍就是公共物品,没有校舍就不能提供完备的教育服务。

(二)公共服务的特征

我们在讨论公共物品的时候就指出了公共服务最显著的特征是非物质性,除此之外,服务还有其他特征。尼密·乔杜里提出,与制造业的产品相比,服务有五个基本特征,即服务具有无形性、不一致性、不可分离性、不可存储性和顾客参与。④ 这五个特征,公共服务都是具备的。

公共服务具有无形性。我们首先要明确提供服务条件与提供服务不是一个概念。比如,提供公共文化服务需要建公共图书馆,但是建好了图书馆不等于这项文化服务就到位了。因为如果没有人去图书馆,或者图书馆里没有公众

① 〔印〕尼密·乔杜里:《服务管理》,盛伟忠、马可云等译,上海财经大学出版社 2007 年版,第 7 页。

② 〔荷〕汉斯·范登·德尔、本·范·韦尔瑟芬:《民主与福利经济学》,中国社会科学出版社 1999 年版,第 64 页。

③ 石国亮等:《国外公共服务理论与实践》,中国言实出版社 2011 年版,第 14 页。

④ 〔印〕尼密·乔杜里:《服务管理》,盛伟忠、马可云等译,上海财经大学出版社 2007 年版,第 12—16 页。

需要的读物,这项服务还是不能实现。但是公共服务又不能凭空实现,它们有赖于必要的服务条件。比如提供文化服务,就需要建图书馆、剧院、公园等。

公共服务具有不一致性。这种不一致性表现在公共服务的供给和需求两个方面。从供给方看,实际很难提供完全一致的公共服务。因为服务是无形的,所以很难像有形的物品一样用统一的标准度量服务,能够统一标准的只是提供服务所需具备的条件或称服务载体。比如公共图书馆的面积或人均藏书量、广播电视的节目套数等。从需求方看,众人对公共服务的需求也不可能是一致的。建立了公共图书馆,开办了足够数量的广电节目,也不等于所有公共图书馆的管理水平一致,不同地域的群众收听收看广电节目的质量相同。当然,也不等于每一个去公共图书馆的读者都能找到适合自己的读物,每一个广播电视的收听收看者总可以找到自己满意的节目,这些都显示了不一致性的存在。

公共服务具有不可分离性。这里的不可分离是指服务的提供和消费是同时发生的,二者是不可分离的。有形的公共物品供给以物质的形式实现,比如道路、桥梁建成,这项公共物品的供给就完成了。但是公共服务中公共物品的供给完成,仅仅表明具备了提供服务的条件,消费者必须到场消费,公共服务才能提供。读者要到公共图书馆阅读,听众、观众要在广播电视播放节目时收听收看,公共服务才算实现。这个特征使得公共服务与其他有形的公共物品供给是不同的。

公共服务具有不可存储性。由于服务是无形的,是供给和消费同时发生的,所以是不可存储的。在学校听老师讲课感觉很好,但无法存储。所谓的存储只是美好的记忆或感觉,回忆起来并不能增加自己的知识量。其他类型的公共服务也是如此。

公共服务需要顾客参与。由于服务具有不可分离性,而且也不可存储,所以必须有顾客即服务对象的参与。道理很简单:公共图书馆里没有读者就无法提供读书看报的公共服务;学校里没有学生或者学生不上课也不能提供教育服务。

研究公共服务非实体性的这些特征有重要的意义。忽视了服务的特征,把公共服务等同于公共物品,会发生把提供公共服务的条件、服务设施等同于提供公共服务的问题,从而也会出现公共服务的投入绩效不高的问题。

(三)公共服务的分类

公共服务和公共物品一样可以有多种分类方式:可以以非竞争性、非排他性为依据,划分为纯公共服务、准公共服务;也可以依其功能划分为维护性公共服务、经济性公共服务和社会性公共服务。①

基于可购买的视角，可以将公共服务分为三类：第一类是支撑经济社会正常运转、全民受益且无法分割的公共性公共服务，如宏观调控、市场监管、环境保护等，实施工具多为法规、发展战略、政策、标准的制定和实施，职能承担者主要为行政管理部门；第二类是增加国民福利、受益对象（群体）特定的公益类公共服务，典型的如教科文卫等，职能承担者多为我国事业单位；第三类公共服务是介于二者之间，即具备支撑经济社会正常运转、民众受益且无法分割，但无须通过法规制定来实施生产，受益面或具有辖区特点，且未必一定由行政管理部门承担，典型事项如基础理论研究类公共服务和社会事务管理。②

上述第一类行政管理类的公共性公共服务无法向市场购买，但为支撑政府部门履职、作为公共性公共服务必要中间投入品的部分服务，如法规制定的前期研究服务等，可以向市场购买；第二类公益性公共服务可以向市场购买，当然现实中能否购买还取决于供给条件；第三类公共服务既可向市场购买，也可由政府直接生产，通常情况下前者应成为首选。

二、新公共服务的主要原则

新公共服务理论是以美国学者登哈特夫妇的著作《新公共服务：服务，而不是掌舵》为代表的。这部著作完成于21世纪初，也就是完成于西方国家重塑政府运动兴起和发展，随之形成的新公共管理（new public management）理论广泛传播之时。所谓新公共服务，指的是关于公共行政在以公民为中心的治理系统中所扮演的角色的一套理念。③ 这些理念也可以称为新公共服务的原则。

（一）服务，而不是“掌舵”

政府的职能是服务，而不是“掌舵”。新公共管理运动中曾有学者将“小政府”的改革方向归结为“掌舵”，而不是“划桨”，以此形容政府不应插手具体公共物品的生产，而应做一个掌舵人，关注掌控社会的发展方向。但是新公共服务理论却提出，今天的时代，政府应该以服务为基本职能，而不是掌舵。因为现在领航社会的公共政策实际上是多重群体、多重利益集团相互作用的结果，是各种意见和利益的混合物，所以政府就应该将自己的作用从控制结果转变为安排议程，与私人部门、非营利组织一起，为社区所面临的问题寻找解决办法。这

---

① 参见石国亮等：《国外公共服务理论与实践》，中国言实出版社2011年版，第15页。

② 参见贾康：《公共服务的分类及政府购买的边界》，《中国财经报》2014年9月26日，第6版。

③ 参见〔美〕珍妮特·V. 登哈特、罗伯特·B. 登哈特：《新公共服务：服务，而不是掌舵》，丁煌译，中国人民大学出版社2010年版，第5页。

种角色的转变,需要政府采用协调、协商等方法,而不是管理控制的方法。

(二)追求公共利益

公共利益应该是目标,而不是副产品。新公共服务的核心原则之一就是重新肯定公共利益在政府服务中的中心地位。公共利益是什么,不同的人的理解会有所不同。“公共利益绝不仅仅是所有私人利益的加总,也不是消去私人利益的各种加号和减号之后剩下的和。尽管公共利益并没有与私人利益完全分离,而且它源于具有许多私人利益的公民,但它是从私人利益内部和私人利益之间产生并且离开和超越了私人利益的某种有特色的东西,它可以使人类所能够实现的某些最高抱负和最深切的信仰成为政府工作的焦点。”①政府的作用将更多地体现在凝聚人们的公共利益,而不应该仅仅通过促成妥协而简单地回应不同的利益需求。

(三)战略性思考

政府在思想上要有战略性,在行动上要有民主性。新公共服务理论认为,必须明确,政府存在的理由就是要满足公民的需要,否则政府就没有存在的必要。而政府满足公民需要的最佳途径就是在实现公共目标中为公民参与和合作创造机会。确保政府做到有回应性,就要确保政府是开放的和可以接近的,还要确保政府工作的目的是为公民服务,以及在政策过程的各个阶段为公民权的行使创造机会。

(四)服务于公民

为公民服务,而不是为顾客服务。新公共服务理论家认为,政府和公民的关系不同于企业与其顾客的关系。在公共部门,实际上很难确定谁是顾客。一方面,政府服务的对象不仅仅是直接的当事人;另一方面,政府的有些顾客会凭借自己所拥有的更多资源和更高技能,使自己的需求优先于别人的需求。所以对政府来说,首先要考虑的必须是公正与公平。政府不应该首先或者仅仅关注“顾客”自私的、短期的利益,政府必须关注公民的需要和利益,必须对一些超越短期利益的事务承担义务。

(五)承认责任

承认责任并不简单,因为公共服务中的责任问题极为复杂。公共行政官员对现行的制度和标准都负有责任。这些制度和标准包括法律法规、职业标准、

---

① 〔美〕珍妮特·V. 登哈特、罗伯特·B. 登哈特:《新公共服务:服务,而不是掌舵》,丁煌译,中国人民大学出版社 2010 年版,第 52 页。

民主规范、媒体、社区价值观和公共利益等,总之包括复杂的治理系统的所有规范、价值和偏好,政府官员应该对这些所有的复杂因素负责。而传统的公共行政理论却将责任问题过于简单化,他们只关注政府官员向政治官员负责的问题。实际上,政府官员还应该按照效率、成本—收益和对民众的回应性来承担起责任。

(六)重视人

重视人,而不只是重视生产率。新公共服务在探讨管理和组织时强调通过人进行管理的重要性。现在由于生产力改进,过程管理和绩效测量构成的系统被视为重要的管理工具。但是新公共服务理论认为,如果不同时给予组织中的人的价值和利益以足够的关注,那么这些试图控制人类行为的管理系统可能会失败。即使这样的管理可以取得成果,也不能造就负责任的人。新公共服务理论认为,如果要求公务员善待公民,那么公务员本身就必须受到公共机构管理者的善待。现在公务员的工作不仅极为复杂,而且面临挑战,他们的工作动机和报酬远不只是薪水或保障问题,他们希望生活与别人有所区别,希望在机构内受到互相尊重、互相支持,他们的公共服务动机同样可以得到承认、支持和报偿。

(七)重视公民权

公民权和公共服务比企业家精神更重要。新公共服务理论特别指出,公共行政官员不是他们机构和项目的所有者,政府的所有者是公民(选民)。公共行政官员有责任通过担当公共资源的管理员、公共组织的监督者、公民权利和民主对话的促进者、社区参与的催化剂以及基层领导等角色来为公民服务。这也是和看重利润、效率的企业所有者大不一样的。政府的主要角色不是通过规制和法令引导公众的行动,而是变成了另一种博弈参与者。政府要和私人组织以及非营利组织一起寻求所面临问题的解决方案。在这个过程中,政府从控制者转变成为议题、议程的创立者,政府要把博弈参与各方集中到一起,促成公共问题解决方案的形成。在一个具有积极公民权的世界里,公务员的角色发生了变化。他们不仅是提供服务的角色,更是一种调解、中介,甚至是裁判的角色。他们依靠的将不再单纯是管理控制的方法,而是包括说服、教育、协调等多种方法在内的解决冲突的技巧。

三、基本公共服务均等化

基本公共服务均等化不仅是近些年理论界热议的话题,而且也是各国政府制定政策的一个基本价值取向。严格说,基本公共服务均等化不是新公共服务理论的内容,但它是政府新公共服务改革引申出的一个改革趋势,所以我们将其放在这里一并介绍。

(一)基本公共服务均等化的理论基础

基本公共服务是纯公共物品(服务),理应由政府供给,尽管基本公共服务的具体内容在不同的地方、不同的时期是不一样的,但是有一些内容各国还是有共识的。基本公共服务就是覆盖全体公民、满足公民对公共资源最低需求的公共服务,一般涉及义务教育、医疗、社会保障、住房、治安、就业、基础设施、环境保护等方面。它们的特点就是应该具有公平性、公益性和普惠性。

基本公共服务均等化的理论基础主要是罗尔斯的正义论。所谓"均等化"就是中外古已有之的"均贫富"理念的发展,所以可以说这个理论的渊源很长。20世纪的约翰·罗尔斯(John Rawls)、阿马蒂亚·森(Amartya Sen)、戴维·米勒(David Miller)等学者的公平正义理论为基本公共服务均等化提供了直接理论依据。其中,最具代表性的是约翰·罗尔斯在1971年出版的《正义论》。罗尔斯在这部著作中阐述了他的正义理论,其中最核心的就是提出了两个原则:第一,"正义"原则就是"公平"(平等)原则,即每个人都平等地享有一系列广泛的基本权利与自由;第二,"正义"原则就是机会平等和差别原则。"机会平等"是指在机会平等条件下,所有的地位和职位对所有人开放;而"差别"是指不平等必须对社会中最弱势的人最为有利。两个原则中,第一个原则优于第二个原则,第二个原则中机会均等原则又优于差别原则。①

罗尔斯的《正义论》问世后,在学术界产生了广泛的反响,引起了热烈的讨论。罗尔斯及其支持者在与不同观点的学者的论战中不断丰富和完善了这个理论,直至越来越多的国家政府接受它,并将其作为制定政策的依据。

(二)基本公共服务均等化的基本原则

根据罗尔斯的两条正义原则,可以直接推断出基本公共服务的三大原则。

第一,受益均等原则。根据罗尔斯第一正义原则中的平等自由原则,每一成员享受大致相等的基本公共服务,包括品种和受益程度两个层面,意味着基本公共服务均等化最终体现为一种结果公正。该原则保证"底线完全平等",即基本公共服务的供给水平是平均的,所有地区及所有人都应该享受到这一水平以上的公共服务。基本公共服务均等化概念的提出,是为了解决公众受益严重不均、部分居民明显受到歧视的公共服务供给不均衡问题,因此在三大原则中

① 参见 John Rawls, *A Theory of Justice*, Oxford University Press, 1972, p. 43。

受益均等原则最为重要。

第二,主体广泛原则。根据罗尔斯第二正义原则中的机会均等原则,全体社会成员作为社会契约的签订方,在接受(或拒绝)政府供给的某种公共服务时具有大致相等的机会。该原则保证所有社会成员在基本公共服务的分配上具有起点公正,无人被排除在外,即保障社会大多数成员能够享受到政府供给的基本公共服务。

第三,优惠合理原则。根据罗尔斯第二正义原则中的差别原则,享受额外的照顾和优惠必须有合理合法的理由和程序。因此,政府应公开特殊优惠的合理标准和享受范围,同时还要经过有关认可程序得到全社会公认或多数成员认可,以保证程序的公正。程序公正意味着,除了合理合法的优惠之外,不存在其他形式的豁免、特权和优惠,特别是既得利益集团不能利用其优势地位获得更多的公共服务。

第三节 合作治理理论

合作治理(cooperative governance)理论与治理(governance)理论没有实质性的区别,如果一定要说区别,那就是前者突出强调了治理中包含的多治理主体之间的合作。合作治理理论是包含在治理理论中的。

一、治理与善治

"治理"一词在英语国家作为日常用语已经有数百年的历史了,如果追寻这个概念的起源,那就更为久远了。但是它越来越多地进入公共管理的视域,越来越被探讨公共事务管理的专家学者们关注,还是20世纪90年代以来的事。在新公共管理运动中,人们不断拓展其内涵,不断总结、整理符合合作治理理论的改革实践,因为这些实践不断丰富着合作治理理论,而合作治理理论也在更大范围里指导着各国的政府改革实践。

(一)有关治理的含义

英语中的治理是"governance",这个词源于拉丁文的"gubenare",有掌舵、导航的意思。[①] 长期以来"governance"与"government"("管理"或"政府")一词交叉使用,并且主要用于与国家的公共事务相关的管理活动和政治活动中。20世纪

---

① 参见陈振明主编:《公共管理学——一种不同于传统行政学的研究途径》(第二版),中国人民大学出版社2003年版,第81页。

90年代以来,西方政治学家和经济学家赋予"governance"以新的含义,其涵盖范围不仅远远超出了传统的经典意义,而且其含义也与"government"相去甚远。

治理理论的主要创始人之一是詹姆斯·N.罗西瑙(James N. Rosenau),他在其代表作《没有政府的治理》中指出,治理是"一系列活动领域里的管理机制,它们虽未得到正式授权,却能有效发挥作用。与'管理'或'政府'不同,治理指的是一种由共同的目标支持的活动,这些管理活动的主体未必是政府,也无须依靠国家的强制力量来实现"①。罗西瑙的定义被学界接受,之后有许多学者在此基础上对治理的定义和解释不断进行完善。

从各种关于治理的定义中我们可以看到,"治理"的基本含义是指,在一个既定的范围里,运用权威维持秩序,满足公众的需要。治理的目的是在各种不同的制度关系中运用权力去引导、控制和规范公民的各种活动,以最大限度地增进公共利益。②

英文的"治理"与"统治"拼写相近,但是它们的词义有很大的不同。"治理"与"统治"虽然都需要权威,但是在权威的主体及权威运行的向度方面却是有本质区别的。治理的实现也需要权威,但是这个权威并不一定是政府机关,治理的权威主体可以是政府组织、非政府组织,甚至私人组织,而统治的权威则必须来自政府,没有政府的强制力,就不可能实现统治。正因为权威主体的性质不同,权力运行的向度就不同。政府统治的权力一定是自上而下的单向度运行,而且一定是以强制力的行使作为前提条件的。主体的多样性决定了治理一定是一个上下互动的管理过程,这个过程主要是一个合作、协商、伙伴关系建立的过程。

"治理"是学者们提出并论证的可能弥补市场失灵、政府失灵的替代方案。但是治理也不是万能的,它也存在许多局限。治理既不可能代替市场机制有效地配置大多数社会资源,也不可能代替政府的合法的强制手段的运用。治理的优势只是在于,通过谈判和反思调整社会关系实现公共利益。所以,治理也是存在失败可能的。

(二)治理的特征

治理与传统的统治或管理有相同之处,即两者都需要借助公共权力维持社会秩序和处理社会公共事务,以促进公共利益最大化。但是,两者的区别也是显著的。

---

① 〔美〕詹姆斯·N.罗西瑙:《没有政府的治理》,张胜军、刘小林等译,江西人民出版社2001年版,第5页。

② 参见俞可平主编:《治理与善治》,社会科学文献出版社2000年版,第5页。

(1)管理的主体不同。统治是政府垄断公共事务管理活动,而治理是政府、私人组织、社会组织和个人等多元主体共同处理公共事务的活动。

(2)管理的客体不同。与统治相比,治理的对象更多、范围更广,除了处理公共问题、管理公共资源以外,还要涉及一些集体事务。

(3)管理的机制不同。统治主要依靠政府的权威,由科层官僚制组织对公共事务进行自上而下、单向度的管理;而治理则依靠政府的和非政府的权威,由公共行动者在互动过程中运用非强制性权力进行协作。可以这样概括:统治的机制是控制,治理的机制是信任。

(4)管理的手段不同。统治的手段主要是强制性的手段,比如使用行政手段、法律手段,甚至军事手段;而治理则借用了各种市场的手段,比如合同外包、购买服务、特许经营等,当然这样的过程也是谈判、协商、合作的过程。

(5)管理的重点不同。统治以满足统治阶级利益为出发点,强调国家的作用、官僚的能力;而治理以满足或回应公民的需求为出发点,强调国家与社会、政府与市场、私域与公域的合作。

(三)治理的善治追求

针对可能出现的治理失败,学者和国际组织进行了研究,提出了以"元治理"(meta governance)为代表的各种概念和理论,其中"善治"(good governance)理论的影响最为广泛。善治是治理的理想状态,而有关善治的研究就是要解决治理的终极目标问题。

英文的"good governance"直译是"良好的治理",也就是说,所谓"善治"就是使公共利益最大化的社会管理过程。善治的本质特征就在于它是政府与公民对公共生活的合作管理,是政治国家与市民社会的一种新颖关系,是两者的最佳状态。善治的基本要素是具备合法性(legitimacy)、透明性(transparency)、责任性(accountability)、法治(rule of law)、回应(responsiveness)、有效(effectiveness)。[①]

善治实际上是国家权力向社会的回归,善治的过程就是一个还政于民的过程。善治表示国家与社会或者说政府与公民之间的良好合作,从全社会的范围看,善治离不开政府,但更离不开公民。市民社会是善治的现实基础,没有一个健全和发达的市民社会,就不可能有真正的善治。我们必须强调,健全和发达的市民社会是政治民主的产物。善治理论在20世纪90年代兴起的背景就是发达国家里各种类型的非政府组织的出现,以及它们在越来越多的领域发挥越来越大的作用。

---

① 参见俞可平主编:《治理与善治》,社会科学文献出版社2000年版,第8—9页。

二、合作治理的现实途径

学界关于治理理论的研究途径主要有三个,即政府管理的途径、市民社会的途径和合作网络的途径。[1] 而如果要研究如何实现治理,实际就只能有市民社会和合作网络这两个途径,因为治理的本义决定了不能有第一个途径。

(一)市民社会的途径

所谓市民社会的途径就是通过实现市民社会自组织,进而实现社会治理。市民社会的自组织网络是一种“没有政府的统治”,是独立于国家体制之外、由个人组成的多元且自主的领域。诺贝尔经济学奖获得者埃莉诺·奥斯特罗姆在通过大量案例分析后,证实了一群互相依赖的当事人在管理公共池塘资源时,的确可以建构自己的网络,“把自己组织起来,进行自主治理,从而能够在所有人都面对搭便车、规避责任或其他机会主义行为诱惑的情况下,取得持久的共同收益”[2]。

市民社会途径的可行性来自其自愿性。自治的市民社会是共同利益的自愿结合,通过不受国家支配的公民团体或民间组织,社会的各个部分完全可以自我建设、自我协调、自我联系、自我调整和自我满足,从而形成一个制度化的、不需要借助政府及其资源的公共领域;组织成员也完全可以在这一领域中通过公共讨论和公共对话,自主地治理生活领域中的公共事务。

市民社会的途径适合于比较小的固定领域的治理。比如社区的栽花种草、公共场所的使用等事务的治理。

(二)合作网络的途径

所谓合作网络的途径,就是为了实现与增进公共利益,政府部门和非政府部门(包括私人部门、非营利部门和个人等公共行动主体)合作,在相互依存的环境中分享公共权力,共同管理公共事务的过程。

依据参与治理的主体和所涉及的治理范围,合作的网络可以分为全球治理网络、国家治理网络、社区治理网络几种基本类型。

全球治理网络是国际合作的管理网络,一般用来指为了维持正常的全球秩序,国际社会通过有约束力的制度安排,对全球生活中出现的生态、移民、毒品、地区冲突、贫富差距等国际公共事务的合作管理。这种由国际非政府组织、跨

---

① 参见陈振明主编:《公共管理学——一种不同于传统行政学的研究途径》(第二版),中国人民大学出版社 2003 年版,第 82—88 页。

② 〔美〕埃莉诺·奥斯特罗姆:《公共事物的治理之道》,余逊达、陈旭东译,上海三联书店 2000 年版,第 51 页。

国公司、利益集团和社会运动等主体构成的网络，在国际、区域、次区域等不同层面上，承担维持秩序、调节经济和促进社会发展的职能的全球合作治理机制，完全不同于由单个国家或国家集团通过霸权力量，主导国际政治、经济的机制。事实证明这样的机制是更为有效的、和平的，能够最大限度地实现各国的共同利益。

民族国家治理网络是在一个民族国家范围内实现治理的网络，是本国政府通过授权和分权，通过转变和让渡职能，重新调整与市场和社会的边界，将多中心的制度安排导入公共物品的生产和供给，使政府部门与非政府部门形成紧密合作的治理网络。在新公共管理运动中，发达国家的改革实践表明，治理涉及中央政府、地方政府和其他公共权威，也涉及在各个领域内活动的准公共行动者、自愿部门、社区组织甚至是私营部门，它们在有关污水处理、废物排放、公共交通、供水供电等公共事务领域，协商合作，联合行动，实现公共问题解决、公共物品供给绩效显著提升。

社区治理网络是一种源自社区群体内在合作需要而产生的以自助为基本特征的组织网络。社区部门通常通过志愿服务、各类非营利组织等机构来整合社区的公共服务资源，在慈善捐赠、社会治安、托老育幼、垃圾分类、物业管理等领域，发挥不可替代的积极作用。美国、英国等国家的实践表明，在很多情况下，社区治理不是自发形成的，而是政府部门主动构建的结果，一般主要是地方政府扮演“社区领导者”的角色。政府引导社区部门、社区成员共同参与制订社区发展计划，并在执行社区项目时与其他行动者结成伙伴关系。社区治理正成为培植国家与市民社会之间信任的重要渠道，成为推动政府与民间进行合作的主要途径。

三、影响合作治理的因素

合作治理不是一个学者提出的，也不是一个非常系统完备的理论，它至今还在丰富完善之中。这个理论从概念的提出，到在 20 世纪后期西方各国的改革实践中发展完善，经历了众多学者专家的不断丰富和完善，而且这个理论与公众参与理论、协商民主理论、新公共服务理论、社会资本理论等其他理论密切相关。一些学者基于改革的实践具体研究了合作治理所涉及的程序和规则。其中克里斯·安塞尔(Chris Ansell)等学者研究了合作治理的宏观程序，考察了影响合作治理的各种实体性和程序性因素。[①] 他们认为，这些因素主要包括起

---

① 参见杨宏山、皮定均：《合作治理与社会服务管理创新——朝阳模式研究》，中国经济出版社 2012 年版，第 109 页。

始条件、制度设计、助成性领导以及合作程序等。①

(一)起始条件

起始条件是合作治理的基础。起始条件对合作程序既有促进作用,又可能会有阻碍作用。因为合作的背景可能会是两种情况:一是利害关系人之间因为一些过往在情感上是完全冲突的,他们相互敌视;二是利害关系人有过合作的经历,而且愿意继续合作。在这两种背景情况下,合作都可能存在一定困难,但是显然前者的合作比后者会更困难。因为前者首先要解决彼此不信任、不尊重,甚至是互存敌意造成的合作障碍;而对后者来说,曾经的成功合作不等于新合作的必然成功。安塞尔等把起始条件分为三个变量:利害关系人之间的力量、资源、知识的不平衡;利害关系人的合作动机;利害关系人之间的冲突或合作的历史。

1. 利害关系人之间的力量、资源、知识的不平衡

在合作治理中,利害关系人之间力量、资源、知识的不平衡会直接影响到参与合作者的地位平等。一方面,一些利害关系人可能没有能力、组织、身份或资源参与合作。比如,对于具有高度技术性的问题,一些利害关系人可能不具备专业知识而无法参与讨论,从而不能获得与其他利害关系人平等的地位,这样合作治理过程将会被强势的利害关系人所操纵。另一方面,如果一些利害关系人没有时间、精力或自由来参与合作过程,也会直接影响合作治理的实施。

2. 利害关系人的合作动机

在合作治理中,利害关系人的合作动机以及形成这些动机的因素非常重要。一般来说,利害关系人合作的动机包括:经济因素,即是否会因为合作获得经济收益;利害关系人的力量、资源、知识的对比,即是否能在合作中获得主导权;合作过程是否会产生经济以外的方面的结果;利害关系人之间相互依赖的程度,即利害关系人自己目标的实现是否依赖于与他人进行合作。

3. 利害关系人之间的冲突或合作的历史

利害关系人之间先前的冲突或合作将阻碍或促进合作。显然,当利害关系人之间高度依赖时,较高程度的冲突实际上会产生一种强烈的合作治理的动机,但这是一种比较特殊的情况。这样一种局面经常发生在资源管理的背景之下,因为僵局本身会给争议双方带来严重损失。总之,利害关系人之间先前的冲突多半会产生一种怀疑、不信任的恶性循环,而先前成功的合作的历史总能

① 参见 Chris Ansell and Alison Gash,"Collaborative Governance in Theory and Practice",*Journal of Public Administration Research and Theory*,Vol. 18,Issue 4 2008,pp. 543-571。

够创造社会资本和高度的信任,这能够促成有益的合作循环。

(二)制度设计

制度设计是合作治理的制度保障,也可以视之为保障硬件。在这里,制度设计指的是实现合作的协议和规则,这些制度事关合作程序的合法性,所以具有关键性意义。谁可以进入合作过程本身就是最根本的制度设计问题。显然,合作成功的首要条件就是合作必须包括所有利益相关者,如果一些关键利害关系人被排除在合作之外,那么这样的治理从开始就注定是失败的。

明确的规则设计和透明的过程设计也是制度设计的重要内容。明确的合作规则包括对所有合作进程会涉及的基本概念的定义,以及对规则适用的期限和适用办法的说明,合作各方应共同遵守。尽管达成这样的共识本身就不容易,但是这是合作的制度性保障。

(三)助成性领导

所谓"助成性领导",顾名思义就是助力达成合作的领导。他们在合作治理中起调节作用,也可以视之为保障合作程序运作的软件。在合作治理中,领导成为将当事人各方带到谈判桌前以及引导谈判各方克服各种严重障碍的关键因素。助成性领导可以是正式的,即有职务者,也可能是非正式的,即没有职务但是有威信者,所以领导往往不止一个。这些领导对于设定与维持明确的基本规则、建立信任、推动对话和获得互赢都是非常关键的。

领导还可能为处于弱势地位的利害关系人争取利益,甚至直接代表弱势的利害关系人。在合作方参与合作的动机比较弱、力量和资源分布不对称、先前的敌意较高时,领导的作用就变得更为重要。

(四)合作程序

分析众多合作治理的案例可以看到,合作程序不是线性的,而是循环性的,或者说是反复性的。合作的程序一般包括面对面的对话、信任的建立、对程序的认同(承诺)、共同分析以及中间结果等五个环节,合作会在这五个环节中循环。

合作程序并不是一个独立的过程,它受着起始条件、制度设计、助成性领导等因素的影响。这些因素要么促进,要么阻碍合作程序的进行。

合作程序既有内源性作用,又有外延性作用。内源性作用包括加深利害关系人之间的相互信任、相互理解,培养和提高人们的合作意识和合作能力,培育利害关系人之间互惠、妥协、谅解、宽容的品性等;外延性作用最主要的是提高决策的质量、合法性以及降低决策的执行成本等。

总之,合作治理的成功需要有一定的起始条件、合理的制度设计、专业的助成性领导以及一个呈良性循环状态的合作程序。

【本章小结】

本章概述了与公共事业管理联系最为密切的公共物品理论、新公共服务理论、合作治理理论,它们也是我们研究公共事业管理的重要理论起点。这三个理论都是新公共管理理论的内容,实际上它们也是互相包含、不能完全分离的。

公共物品理论对公共物品两个基本特征的分析是这些理论的核心内容。以社会产品消费的非竞争性和收益的非排他性为分类依据,可以将社会产品划分为私人物品、纯公共物品、准公共物品,而准公共物品又可以分为俱乐部物品和公共资源性物品。四类物品的特性不同,生产和供给方式就可以不同。这里的关键是引入市场机制生产和供给公共物品。灵活多样的公共物品生产和供给方式显著提升了公共物品的供给效率,减少了财政负担,同时提高了公众满意度。

新公共服务理论和合作治理理论实际上是对公共物品多样化供给的进一步理论论证。所谓公共物品的多样化供给,就是指公共物品由政府单一权威主体的提供形式改变为由包括政府部门、非政府组织、志愿者、私人部门等在内的多元主体合作供给,而且供给的形式还可以直接借鉴市场机制。这两个理论从不同的角度阐述了公共物品多样化供给的必要和可能。新公共服务理论提出并论证的七个原则,实际上是从政府职能转变的角度,论证政府为何应该实行公共物品的多样化供给。而合作治理理论则是从行政环境改变的角度,论证公共物品多样化供给已经具备的社会条件。

【思考题】

1. 什么是公共物品?什么是准公共物品?
2. 怎样区分两类准公共物品?
3. 公共物品供给都可以有哪些形式?
4. 如何理解公共服务的特征?
5. 怎样理解基本公共服务均等化的原则?
6. 什么是治理?什么是善治?
7. 怎样理解影响合作治理的因素?

【参考文献】

1. 〔美〕埃莉诺·奥斯特罗姆:《公共事物的治理之道》,余逊达、陈旭东译,上海三联书店 2000 年版。
2. 陈振明等:《公共服务导论》,北京大学出版社 2011 年版。
3. 梁学平:《中国公共物品的供给研究》,南开大学出版社 2014 年版。
4. 〔美〕斯蒂芬·奥斯本:《新公共治理?——公共治理理论和实践方面的新观点》,包国宪、赵晓军等译,科学出版社 2016 年版。
5. 王浦劬、〔美〕莱斯特·M. 萨拉蒙等:《政府向社会组织购买公共服务研究:中国与全球经验分析》,北京大学出版社 2010 年版。
6. 〔美〕詹姆斯·M. 布坎南:《公共物品的需求与供给(第二版)》,马珺译,上海人民出版社 2017 年版。
7. 〔美〕珍妮特·V. 登哈特、罗伯特·B. 登哈特:《新公共服务:服务,而不是掌舵(第三版)》,丁煌译,中国人民大学出版社 2016 年版。

案例

昆山市政府购买公共服务的尝试

第二章　公共事业管理主体中的事业单位

【本章目的】

通过本章的学习，了解事业单位的含义及特征；了解事业机构的编制管理、登记管理和人事管理的主要内容；了解传统事业单位管理体制的弊端、事业单位改革的沿革，以及当前事业单位的改革目标和主要内容。

【本章重点】

1. 事业单位的类型及其特点
2. 事业机构的编制管理和登记管理
3. 事业单位的人事管理
4. 事业单位的管理体制及改革

第一节　事业单位的概念与特征

事业单位是我国在计划经济时期形成的社会组织类型，在西方国家并没有“事业单位”这个概念，也没有与之相对应的组织类型。事业单位是中国特有的组织形式。

一、事业单位的概念

事业单位中“事业”的内涵在我国是有特殊含义的。传统的事业单位中的“事业”，特指没有生产收入、所需经费由国库（财政）支出的社会工作。“事业单位”通常也指上述社会活动形成的部门或行业。由于在计划经济时代，所有的事业活动全部由国家包办，将其纳入国家计划管理的范围，并且这些活动几乎全部是由国家举办的事业单位所从事的，因此“事业”和“事业单位”在日常的话语以及一些书面资料中是不加区分的，要具体了解“事业”所包含的内容，也可以直接从了解“事业单位”入手。

在1998年国务院颁布《事业单位登记管理暂行条例》，对“事业单位”作出官方权威界定之前，我们国内对“事业单位”的理解和解释是多种多样的。

国家管理部门第一次正式使用“事业单位”的概念，并对事业单位的概念进行界定，是在1955年。在1955年第一届全国人大第二次会议通过的《关于1954年国家决算和1955年国家预算的报告》中，第一次将由政府举办的履行政府向社会提供公共服务的单位定名为“事业单位”。① 从那时起，国家管理部门对“事业单位”的解释又作了多次调整。1963年7月22日通过的《国务院关于编制管理的暂行办法（草案）》指出，事业单位是“为国家创造或者改善生产条件，促进社会福利，满足人民文化、教育、卫生等需要，其经费由国家事业费开支的单位”。1965年5月4日通过的《国家编制委员会关于划分国家机关、事业、企业编制界限的意见（草案）》指出，“凡是直接从事为工农业生产和人民文化生活等服务活动，产生的价值不能用货币表现，属于全民所有制单位的编制，列为国家事业单位编制”的单位就是事业单位。1984年全国编制工作会议《关于国务院各部门直属事业单位编制管理的试行办法（讨论稿）》指出：“凡是为国家创造或者改善生产条件，从事为国民经济、人民文化生活、增进社会福利等活动，不是以为国家积累资金为直接目的的单位，可定为事业单位，使用事业编制。”

可见，我国政府管理机构最初是从编制管理的需要、以组织的经费来源为标准来界定事业单位的。20世纪60年代以后几次对事业单位重新界定，尽管这些界定的动因仍然是来自编制管理的需要，而且也未能从理论上解决划分事业单位的依据，但毕竟对事业单位的组织目标、活动范围及属性作了比较清晰的勾勒，这是很大的进步。

到20世纪90年代末期，随着社会主义市场经济体制的基本建立，随着政府职能转变改革的全面推进，我们对事业单位的性质、事业单位的范围及社会地位有了更明确的认识。1998年10月25日，国务院同时颁布了《事业单位登记管理暂行条例》和《民办非企业单位登记管理暂行条例》。《事业单位登记管理暂行条例》对事业单位进行了界定：“事业单位是国家为了社会公益目的，由国家机关举办或者其他组织利用国有资产举办的，从事教育、科技、文化、卫生等活动的社会服务组织。”这个界定是至今为止政府部门管理事业单位的最权威依据，这也是我们第一次不因编制管理和经费管理的需要颁布的对事业单位的专门管理法规，所以《事业单位登记管理暂行条例》的颁布和施行对事业单位的发展和改革，具有里程碑式的意义。

---

①　参见徐理明、徐颂陶主编：《神圣的天职——中国现代人事管理》，中国人事出版社1996年版，第209页。

《民办非企业单位登记管理暂行条例》与《事业单位登记管理暂行条例》同时颁布,表明国家最高管理部门承认事业领域不应该由国家“全包”,允许非国家机构和非国家经费进入事业领域。

二、事业单位的特征

从2004年修订的《事业单位登记管理暂行条例》(以下简称《条例》)对事业单位的界定,可以看到事业单位的几个重要特征得到了强化。

第一,事业单位的性质是社会公益性组织。《条例》对事业单位的界定,首先强调的就是国家举办事业单位的社会公益目的,这就指出了事业单位的社会公益性质。

第二,事业单位的举办主体是国家机关或其他国有机构。由于《条例》明确指出可以用于举办事业单位的资产必须是国有资产,所以等于是划定了事业单位的举办主体的国有性质。对举办主体的限定就从根本上区别了事业单位与其他非政府组织。《条例》中关于举办事业单位的“其他组织”,主要是指事业单位、经国务院批准免于登记的社会团体和由国务院机构编制机关核定的社会团体以及国有企业。

第三,事业单位的主要经费来源是国有资产。国有资产就是在法律上确认为国家所有、能以货币计算的各种经济资源的总和。《条例》所指的“国有资产”,既包括事业单位的资产,也包括企业的国有资产,还包括一些人民团体的国有资产。在现实中,事业单位的经费来源是多样的,主要有财政拨款、行政性收费、事业性收费、经营性收费、社会组织出资和接受捐赠等。但不是所有的事业单位都可以有多样的经费来源,具体情况“事业单位的分类”部分将详细介绍。

第四,事业单位的组织目的是从事社会公共服务。《条例》中明确规定,国家为了社会公益目的举办事业单位。以“社会公益”为最终目的,就是说事业单位不是为了局部的、某一具体部门或团体的利益,而是为了全社会多数人的利益。事业单位的这一组织目的,也是根本区别于以营利为目的的企业组织的。

第五,事业单位的活动领域主要是科技、教育、文化、卫生等。这些领域的产品或服务都是公共物品,而且也都具有持续的社会需求。将这些领域的单位划为事业单位,使得事业单位不仅有存在的必要,还有发展的可能。

上述五点,尤其是前三点,是我们区别事业单位与其他非政府公共组织的主要依据。

三、事业单位的分类

国家对事业单位实行分类管理。根据 2011 年 3 月 23 日发布的《中共中央、国务院关于分类推进事业单位改革的指导意见》，按照社会功能将现有事业单位划分为承担行政职能、从事生产经营活动和从事公益服务三个类别。据职责任务、服务对象和资源配置方式等情况，将从事公益服务的事业单位细分为两类：承担义务教育、基础性科研、公共文化、公共卫生及基层的基本医疗服务等基本公益服务，不能或不宜由市场配置资源的，划入公益一类；承担高等教育、非营利医疗等公益服务，可部分由市场配置资源的，划入公益二类。同时，公益类事业单位还可以按照其服务对象，划分为向社会提供公益服务的事业单位和为机关提供支持保障的事业单位两类。现在要实行“管办分离”改革的事业单位，主要是向社会提供公益服务的公益一类和公益二类事业单位。

在资金管理方面，按照资金来源将事业单位划分为三种。一是全额拨款，或称财政性资金基本保障。承担行政职能的事业单位、参照公务员管理的事业单位，还有公益一类事业单位都是全额拨款单位。全额拨款事业单位所需经费由国家财政给予保障，不能开展经营活动，不收取服务费用，履行职能依法取得的行政事业性收费或基金，实行收支两条线管理，即如有其他收入，需上缴国库或财政专库，不能自主支配。二是财政补助，也称差额补贴，或称财政性资金定项或定额补助。一般公益二类事业单位都是财政补助单位。这类事业单位所需经费由国家财政给予一定的投入和补贴。提供公益服务所取得的服务性收入，符合条件的实行收支两条线管理；依法经营所取得的经营性收入纳入单位预算管理，主要还是用于公益事业的发展，并且依法纳税，不足部分根据财政的收支情况，财政给予一定的经费补贴。三是自收自支，即经费自理，或称财政性资金零补助。从事生产经营活动的事业单位是这类自收自支单位。自收自支单位严格按照国家规定开展业务，所取得的收入归本单位所有，支出也完全自行负担。自收自支单位不执行收支两条线政策，经费结余不用上缴国家，有缺口国家也不给予补贴。

第二节　事业机构的编制管理

事业单位是国家法律确定的一类重要组织。《中华人民共和国民法典》(以下简称《民法典》)中将事业单位社会团体、基金会、社会服务机构并列为四大法人。这不仅是因为事业单位工作所从事的领域在国民经济建设和服务中占有举足轻重的地位,还因为事业单位及其工作人员在国家财政供养单位和人员中占到2/3强。也就是说,没有各级各类具体的事业机构,我国这些领域的事业无从发展,只有实现科学合理的机构设置和人员配备,才能为事业的发展提供基本保证。

一、编制管理的概念和作用

事业机构编制管理就是运用科学的管理理论和管理方法,研究、处理和解决一定社会经济形态下国家各种事业单位的整体布局、设置形式、职责任务和人员配备等一系列管理活动的总称。

事业机构编制管理是国家整个编制管理中不可分割的组成部分,其主要作用包括以下几个方面:

第一,为国民经济和社会的平衡协调发展提供有效服务。事业单位的工作涉及国家经济和人民生活的方方面面,而且随着国家现代化进程的加快,产业结构也必定走向知识和技术密集型,这就要求事业单位同步发展。编制管理工作就是要保证事业单位在发展规模、发展速度、机构设置、人员编制等方面,都能够适应并服从国民经济和社会发展的要求。

第二,为管好行政机构编制提供必要的保证。我国的机构编制是由行政机构编制和事业机构编制两部分组成的。这两类编制不能各自独立存在,不论在理论上还是事实上都是互相配合,共同构成了我国的编制管理内容。事业机构编制管理不严,容易发生行政机构挤占事业机构编制的情况,这样实际上是变相扩大了行政编制,于行政管理体制改革不利。要避免这样的现象发生,也需要做好事业机构编制管理。

第三,提高事业经费的使用绩效。事业机构及其人员编制的数量直接关系国家事业经费支出,而事业机构设置和人员编制配备是否科学合理就直接关系国家事业经费使用的绩效。

第四,保证事业单位自身的健康发展。对事业机构进行编制管理是为了纠正和避免事业机构出现盲目膨胀、人浮于事的情况,所以也会保障和促进各项事业的健康发展。

二、事业机构编制管理体制

事业机构编制管理体制是事业机构编制管理机关机构设置、权限划分、职责设定等制度的总和。也可以说,事业机构编制管理体制就是事业机构编制管理的权责结构及其运行方式。

我国的相关文件规定,国家机构编制管理机关和县级以上各级人民政府机构编制管理机关是本级人民政府的机构编制管理机关。事业机构编制管理机关可以分为国家(或称中央)事业机构编制管理机关和地方事业机构编制管理机关。国家事业机构编制管理机关担负代党中央、国务院起草拟定党和国家关于事业机构编制管理的方针、政策、法规、决定等具体任务。地方事业机构编制管理机关分为省(自治区、直辖市)、市(自治州)、县(自治县、市、区)事业机构编制管理机关,它们分别负责本级事业机构编制管理工作。下级事业机构编制管理机关在上级事业机构编制管理机关指导下开展工作。

我国机构编制管理体制的基本原则是统一领导、分级管理。统一领导是指党中央、国务院统一领导全国各级事业机构编制管理工作,制定全国性的事业机构编制管理的方针、政策、法律、法规及规划、计划。同时,中央机构编制管理部门还要负责组织实施、具体落实和监督检查,并具体指导和协调地方各级事业机构编制管理工作。分级管理是指地方各级党委、政府在党中央、国务院的统一领导下,具体负责本地区的事业机构编制管理工作。要结合本地实际,制定事业机构编制管理的方针、政策、法规、管理办法和规划、计划,由同级机构编制管理部门负责组织实施、具体落实、检查监督,并指导和协调下级事业机构编制管理工作。

对事业机构编制管理实行统一领导、分级管理的体制,是由我国现行的行政领导体制、经济管理体制和财政管理体制决定的。

三、事业机构编制管理的具体内容

事业机构管理和事业机构编制管理两者既有区别,也有密切的联系,后者是在前者的基础上进行的。

(一)事业机构管理

事业机构管理主要是指对事业机构的设置或调整进行管理,具体的管理内容包括机构的职责、性质、名称、布局、级别和规模等。

第一,机构职责管理。职责是机构设置的依据,事业机构必须有明确的职责范围。管理机构职责就是要做这样几方面的工作:一是确认事业机构的职责是否确定、详尽并充分反映其专业特点;二是确认事业机构的职责符合政策、法律、法规,未经授权不得从事职责范围之外的工作;三是确保事业机构的职责与其所从事的具体工作相适应,不能简单地用行政机构设置的标准衡量各种事业单位职责的合理性;四是定期核查事业单位的职责情况。

第二,机构性质管理。机构的性质是由机构的职责决定的。作为法人的事业单位都是有特定业务范围的独立的专业实体,它们不生产物质和货币形态的产品,事业单位之间只有协作关系,没有行政隶属关系,所以需要准确合理地确定它们各自的属性,使其能够正确履职。确定机构性质,一方面要防止将行政性质的机构确定为事业机构,另一方面也要防止将经营性质的企业确定为事业机构。

第三,机构名称管理。机构的名称一般是由三个部分组成的:机构所属关系或地理位置;机构的基本工作内容和工作性质;表示机构的地位、组织方式或工作制度的中心词。比如国家行政学院、新华社等。在改革前普遍存在的政事不分、事企不分的情况,表现之一就是一些事业单位要么使用着“局”“办”“处”等行政单位的中心词,要么在使用“公司”等企业名称。这是需要通过机构名称管理逐步加以规范的。

第四,机构布局管理。机构布局是指事业单位在结构上和地理上的布局。事业单位的结构布局是指一个、一类或一批事业单位在更大范围的类别中所处的位置和数量。不同事业单位的社会功能,决定了它们各自在同类中的结构布局。比如在普通教育一类事业单位中,确定小学、初中、职业中学的结构布局,就要考虑片区的人口密度、就业形势等因素。事业机构的地理布局是指事业机构的地理位置是否合理。地理布局不仅影响事业机构自身的工作,还与国家建设的总体规划及机构所在地的有关工作相关。一是应该考虑事业单位自身的工作对象,比如海洋研究所应该靠近海洋;二是便于和相关机构联系;三是要注意分布,避免重复设置或设置不足;四是要考虑后勤、交通、通信等保障条件。

第五,机构级别管理。机构级别本来是指法律法规规定的机构的行政地位和与之相应的职权,适用于行政机关和其他有上下级指挥和服从关系的机构。长期以来,我国事业机构在人事及工资制度等方面一直是套用行政机关的级别,如副部级的大学、处级的研究所等。尽管事业单位套用行政级别是不科学的,但目前在改革的过程中还需要在一段时间里沿用这样的级别管理,需要很慎重地根据事业单位的特点、专业等级或技术水平,确定其级别。

第六,机构规模管理。机构规模指人员、内部设施、内设机构等要素的总和。例如,一个学校的规模可以由在校生人数、教职工人数、班级数以及校舍、操场面积等数量来表示和计算。管理机构规模就是要使事业单位的发展保持适度的规模,即保持人、财、物投入和产出的效益大体均衡,同时还要保证事业单位与所在地的社会、经济、文化等外部环境的大体均衡。

(二)事业编制管理

事业机构编制管理也称事业编制管理,主要包括四项内容:核定并下达各级各类编制总额;核定各级各类机构的具体数额和编制结构;核定机构的领导职数;对各级各类机构的编制使用进行管理。

编制总额也称编制总量,是指全国或某地区、某层级、某系统内机构、人员编制的总数。核定编制总额是人员编制管理最基本的方法。核定编制总额要综合考虑财政能力、行政区划、人口数量、基础设施、公共服务等多种因素。

编制结构是指将核定的编制根据机构性质和职能特点分成若干个组成部分,并明确各部分之间的结合方式。事业单位的编制结构一般可分为管理人员编制、专业技术人员编制和后勤服务人员编制等部分,各部分人员编制应明确其所占机构人员编制总数的比例。不同的事业单位,其人员编制结构结合方式(或比例)可以根据不同类别、不同性质而具体划定。

核定领导职数是指机构编制管理机关依照有关规定确定事业单位领导职数。核定领导职数要综合考虑该部门所履行的管理职能、承担的工作任务,以及部门的规模和编制总额等多种因素,并按照精干高效、加强管理的原则依法进行。

对编制使用进行管理也称动态管理,一般包括三种形式:一是根据经济社会发展需要,对各类机构职责进行适时调整;二是在同一层级内进行编制的增、撤、改等调整,比如将学校拆分或与其他研究院所合并等;三是跨行政层级调整编制,这样的情况就需要按照程序报上级机构编制管理部门批准。

第三节　事业单位的登记管理

为了规范事业单位登记管理,保障事业单位的合法权益,发挥事业单位在社会主义物质文明和精神文明建设中的作用,国务院于 1998 年发布《事业单位登记管理暂行条例》,开始对事业单位实行登记制度(该条例 2004 年进行了修订)。此后,国家事业单位登记管理局又于 2005 年公布、2014 年修订了《事业单位登记管理暂行条例实施细则》。这些法规、规章对事业单位登记管理做出了明确、具体的规定。

一、事业单位登记管理的概念和作用

事业单位的登记管理是指,事业单位登记管理机关(以下简称登记管理机关)对事业单位设立、变更、注销的申请予以受理,对符合法定条件的登记或者备案(以下统称登记)申请进行核准登记。

对事业单位实行登记管理的作用主要有以下几个方面:

第一,能够确立事业单位的法人地位。法人制度是现代民法制度之一,《民法典》将我国的法人分为营利法人、非营利法人和特别法人,事业单位属于非营利法人。1998 年《事业单位登记管理暂行条例》颁布以后,1999 年各级编办都

设置了事业单位登记管理局,正式建立了事业单位登记制度。这个制度既可以完善我国有关法律法规,也可以健全我国的法人登记制度体系。

第二,能够保障事业单位的合法权益。在社会主义市场体制中,事业单位只有通过登记才能获得法人身份。明确了其法人身份,事业单位作为市场主体的权益才能得以明确;在与市场其他主体进行交往时,事业单位的合法权益才可能得到法律的保护。

第三,能够规范事业单位的行为。建立事业单位登记制度,将事业单位的人、财、物等情况向社会公布,接受社会监督,同时登记机关还以年检的形式对事业单位进行跟踪监督,这些都有利于会员单位行为的规范。

第四,能够保护国有资产。事业单位的经费主要是国有资产,建立登记制度后,明确了事业单位的开办资金数额,将事业单位的经济责任限定在开办资金范围内,从而有利于保护国有资产。

二、事业单位登记管理体制

根据《事业单位登记管理暂行条例》的规定,县级以上各级人民政府机构编制管理机关所属的事业单位登记管理机构(以下简称登记管理机关)负责实施本级事业单位的登记管理工作。我国的事业单位登记管理实行的是中央统一领导与地方分级登记的管理体制。这个体制与我国的行政管理体制相同。

中央统一领导指中央统一领导各级编制管理工作,制定全国性的编制管理法律法规和方针政策,同时由中央编制部门负责组织实施和监督检查,并具体指导和协调地方各级编制部门工作。地方分级登记管理指县级以上地方各级党委、政府和编委,在中央统一领导下,负责本地区的机构编制管理工作,制定符合本地实际的地方性法规和政策措施,由本级机构编制部门负责组织实施、具体落实和监督检查,并具体指导和协调下级编制部门工作。

在这个登记管理体制下,登记管理机关有权要求事业单位按照相关法规申请登记和接受有关管理,对违规事业单位有权进行处罚;事业单位有权申请登记,有权要求登记管理机关对自己与登记事项有关的合法权益予以保护。

三、事业单位登记管理的具体内容

《事业单位登记管理暂行条例实施细则》规定,实施事业单位登记管理,应当依照法定的权限、范围、条件和程序,遵循公开、公平、公正和方便事业单位的原则。事业单位设立、变更、注销都应实行登记,事业单位登记管理机关还对事

业单位实行监督管理,具体内容包括以下几个方面:

第一,设立登记。登记管理机关依照法定的条件和程序,对申请事业单位法人登记的单位依法进行审查,对符合条件的予以核准登记,确认其法人资格,颁发《事业单位法人证书》。事业单位设立的条件包括:经审批机关批准设立,有规范的名称,有规范的组织机构,有稳定的场所,有明确的宗旨和业务范围,有与其业务范围相适应的从业人员,有与其业务范围相适应的开办资金和经费来源,能够独立承担民事责任。

第二,变更登记。登记管理机关依法对事业单位申请改变自己核准登记事项进行审查,做出是否准予变更的决定,并对准予变更的更换证书,有的还要进行公告。需要登记的变更事项包括:名称的变更,住所的变更,宗旨和业务范围的变更,法人代表的变更,经费来源的变更,开办资金的变更,因合并、分立的变更。

第三,注销登记。注销登记包括注销备案,是指登记机关对被解散、撤销的事业单位,收缴其《事业单位法人证书》的正、副本,《事业单位法定代表人证》及印章,将注销情况通报有关部门和开户银行,并发布注销登记公告,宣布该事业单位法人终止。需要进行注销登记的情形主要有:举办单位决定解散;因合并、分立解散;依照法律、法规和本单位章程,自行决定解散;行政机关依照法律、行政法规责令撤销;事业单位法人登记依法被撤销,或者《事业单位法人证书》依法被吊销;法律、法规规定的应当注销登记的其他情形。事业单位在办理注销登记或者备案前,应该完成清算工作,包括:对其所属整体资产进行评估,确定资产的实际状况;清理债权、债务及完税情况;审计其财务收支情况。

第四,监督管理。监督管理是登记管理的重要组成部分,它包括两个方面的内容。一是对事业单位的监督管理,包括登记管理机关、财税、审计等多个部门对事业单位有关行为的监督管理,监督的具体形式有年检、公告、处罚等。二是对事业单位登记管理机关的监督管理,包括:上级登记管理机关对下级登记管理机关的监督;事业单位和社会公众对各级登记管理机关及其工作人员的登记管理行为的监督。事业单位登记管理机关及其工作人员如有滥用职权、徇私舞弊、玩忽职守等行为,将分别依照有关法律或行政规章的规定处罚。

第四节　事业单位的人事管理

事业单位具有知识密集与劳动密集同时并存的特点,人事管理直接关系到事业单位作用的正常发挥。计划经济体制下形成的事业单位人事管理制度,在改革开放以后不能适应客观形势的发展要求,甚至阻碍了专业技术人员的积极性和创造性的发挥,所以,在事业体制改革的同时,事业单位的人事制度改革也不断深化,现在已经基本形成了比较完善的事业单位人事管理体制。

一、事业单位人事管理的概念和作用

英语中"Personnel Management"的本义是"人员管理",在日本将其译为"人事管理"后被中国普遍采用。现在"人事管理"已经发展为"人力资源管理"(Human Management),所以有时"人事管理"也可以被视为"人力资源管理"的同义词。在本章,我们把"人事管理"定义为有关人事方面的计划、组织、指挥、协调和控制等一系列管理工作的总称。

人事管理对事业单位有重要的作用,主要体现在以下几个方面:

第一,能够提高事业单位的管理质量。事业单位的性质既不同于有行政权力的政府机关,也不同于以营利为目的的企业;作为非营利性的公共服务机构,事业单位的人事管理既不同于公务员,也不同于企业职工。现在我国的事业单位人事管理借鉴企业人事管理,实行与公务员不同的人事制度,直接关系事业单位的人才选拔、培养和合理使用,也就是直接关系高素质人才队伍的造就,还能充分调动和发挥他们的工作积极性、主动性、创造性,从而有利于提高事业单位的管理质量。

第二,能够推进人事管理的民主化、科学化进程。新的事业单位人事管理实行公开考试、择优录用的进人机制,使普通公民都可以经过法定程序进入事业单位。现在的人事管理制度保障每一位员工的合法权利,事业单位工作人员与所在单位发生人事争议,或对本人的考核结果、处分决定等不服的,可以依法依规主张自己的权益。

第三,能够充分开发利用事业单位的人力资源。今天国家间、地区间、单位间的科学技术竞争,说到底就是人才的竞争,人才的竞争实际就是人事管理水平的竞争。科学的、完善的人事管理制度就是科学完善的选人用人制度,这样的制度可以为事业单位吸引人才、留住人才,从而推动事业单位的发展。

二、事业单位人事管理体制

2014年国务院颁布并正式实施《事业单位人事管理条例》(以下简称《条例》),这标志着我国以聘用制度、岗位管理制度和公开招聘制度为主要内容的人事管理制度初步建立。《条例》明确规定了我国事业单位的管理体制,即事业单位的人事管理坚持党管干部、党管人才原则,全面准确贯彻民主、公开、竞争、择优方针。中央事业单位人事综合管理部门负责全国事业单位人事综合管理工作。县级以上地方各级事业单位人事综合管理部门负责本辖区事业单位人事综合管理工作。事业单位主管部门具体负责所属事业单位人事管理工作。

我国人事管理的最高原则是“党管干部”。这里的“干部”不是“领导”的同义词,而是“公职人员”的意思,即包括事业单位的专业技术人员、管理人员在内的所有在编人员都属于这个范围。我国现行的人事管理机构整体上分为两大体系:一是党的干部管理机构系统,二是政府人事行政机构系统。由于事业单位都是由国家机关举办或者其他组织利用国有资产举办的,所以举办事业单位的机关也会管理所属事业单位主要党政负责人的任用、考核、调动等事项。具体工作中,党的组织部门和政府人事部门虽属不同系统,且各有不同的分工和职能,但它们都是事业单位的人事管理机构,在人事决策、人事安排等方面,前者的权力明显大于后者。一般来说,上级党的组织部门和事业单位内部党的组织部门掌握人事管理的实际决策权,而人事行政机构主要履行执行权。

三、事业单位人事管理的具体内容

为了适应完善社会主义市场经济体制,转换事业单位用人机制的迫切要求,我国从 2002 年起就开始在事业单位试行人员聘用制度,到 2015 年已经实行事业单位的全员聘用制。为了规范聘用制,国务院及相关部门先后在 2002 年颁布《关于在事业单位试行人员聘用制度的意见》,2006 年印发《事业单位岗位设置管理试行办法》,2014 年公布施行《事业单位人事管理条例》,2015 年印发《事业单位领导人员管理暂行规定》,对事业单位人事管理的具体内容进行了规定。

(一)岗位设置

事业单位按照科学合理、精简效能的原则进行岗位设置,坚持按需设岗、竞聘上岗、按岗聘用、合同管理。事业单位根据岗位设置的政策规定,按照核准的岗位总量、结构比例和最高等级,自主设置本单位的具体工作岗位。

事业单位岗位分为管理岗位、专业技术岗位和工勤技能岗位三种类别。管理岗位指担负领导职责或管理任务的工作岗位。专业技术岗位指从事专业技术工作,具有相应专业技术水平和能力要求的工作岗位。工勤技能岗位指承担技能操作和维护、后勤保障、服务等职责的工作岗位。鼓励事业单位后勤服务社会化,已经实现社会化服务的一般性劳务工作,不再设置相应的工勤技能岗位。根据事业发展和工作需要,经批准,事业单位可设置特设岗位,主要用于聘用急需的高层次人才等特殊需要。

事业单位岗位实行等级管理(见表2-1)。“根据岗位性质、职责任务和任职条件,对事业单位管理岗位、专业技术岗位、工勤技能岗位分别划分通用的岗位等级。”“根据不同类型事业单位职务的职责任务、工作性质和人员结构特点,实行不同的岗位类别结构比例控制。”①

表2-1 事业单位岗位等级表

管理岗位
一级
二级
三级
四级
五级
六级
七级
八级
九级
十级

专业技术岗位	
一级	高级
二级	
三级	
四级	
五级	
六级	
七级	
八级	中级
九级	
十级	
十一级	初级
十二级	
十三级	

工勤技能岗位	
技术工	一级
	二级
	三级
	四级
	五级
普通工	

(二)招聘和竞聘

事业单位实行人员聘用制度。人员聘用制度主要包括公开招聘、签订聘用合同、定期考核、解聘辞聘等制度。“对事业单位领导人员的任用,根据干部人事管理权限和规定的程序,可以采用招聘或者任命等形式。”②

为了规范用人行为,防止用人上的随意性和不正之风,事业单位聘用人员在岗位有空缺的条件下,按照公开招聘、竞聘上岗的有关规定择优聘用。事业单位新聘用工作人员,应当面向社会公开招聘。但是,国家政策性安置、按照人事管理权限由上级任命、涉密岗位等人员除外。事业单位应当与聘用人员签订聘用合同,确定相应的工资待遇。聘用合同期限内调整岗位的,应对聘用合同的相关内容做出相应变更。事业单位按照管理岗位、专业技术岗位、工勤技能

① 《人事部关于印发〈事业单位岗位设置管理试行办法〉的通知》,2006年7月4日,人力资源和社会保障部网站,http://www.mohrss.gov.cn/gkml/xxgk/201407/t20140717_136283.htm,2018年1月5日访问。

② 《国务院办公厅转发人事部关于在事业单位试行人员聘用制度意见的通知》,2002年7月6日,中国政府网,http://www.gov.cn/gongbao/content/2002/content_61651.htm,2018年1月5日访问。

岗位的职责任务和任职条件聘用人员。专业技术高级、中级和初级岗位的聘用条件应不低于国家规定的基本条件。实行职业资格准入控制的,应符合准入控制的要求。

事业单位内部产生岗位人选,可以采取竞聘上岗的方式。竞聘的一般程序应该包括:在本单位公布竞聘岗位、资格条件、聘期等信息;审查竞聘人员资格条件;考评;在本单位公示拟聘人员名单;办理聘任手续。

事业单位工作人员可以按照国家有关规定进行交流。

事业单位与工作人员订立的聘用合同,期限一般不低于3年。初次就业的工作人员与事业单位订立的聘用合同期限3年以上的,试用期为12个月。事业单位工作人员在本单位连续工作满10年且距法定退休年龄不足10年,提出订立聘用至退休的合同的,事业单位应当与其订立聘用至退休的合同。

(三)考核和培训

事业单位根据聘用合同规定的岗位职责任务,全面考核工作人员的表现,重点考核工作绩效。考核应当听取服务对象的意见和评价。

考核分为平时考核、年度考核和聘期考核。年度考核的结果可以分为优秀、合格、基本合格和不合格等档次,聘期考核的结果可以分为合格和不合格等档次。考核结果作为调整事业单位工作人员岗位、工资以及续订聘用合同的依据。

事业单位根据不同岗位的要求,编制工作人员培训计划,对工作人员进行分级分类培训。工作人员按照所在单位的要求,参加岗前培训、在岗培训、转岗培训和为完成特定任务的专项培训。

(四)奖励和处分

事业单位坚持奖优罚劣。对工作人员或者集体给予奖励的情形包括:长期服务基层,爱岗敬业,表现突出的;在执行国家重要任务、应对重大突发事件中表现突出的;在工作中有重大发明创造、技术革新的;在培养人才、传播先进文化中做出突出贡献的;有其他突出贡献的。奖励坚持精神奖励与物质奖励相结合、以精神奖励为主的原则。

奖励分为嘉奖、记功、记大功、授予荣誉称号。

事业单位工作人员有下列情形之一的,给予处分:损害国家声誉和利益的;失职渎职的;利用工作之便谋取不正当利益的;挥霍、浪费国家资财的;严重违反职业道德、社会公德的;其他严重违反纪律的。

处分分为警告、记过、降低岗位等级或者撤职、开除。给予工作人员处分,应当事实清楚、证据确凿、定性准确、处理恰当、程序合法、手续完备。

(五)工资福利和社会保险

国家建立激励与约束相结合的事业单位工资制度。事业单位工作人员工资包括基本工资、绩效工资和津贴补贴。事业单位工资分配应当结合不同行业事业单位特点,体现岗位职责、工作业绩、实际贡献等因素。国家建立事业单位工作人员工资的正常增长机制,以保证事业单位工作人员的工资水平与国民经济发展相协调、与社会进步相适应。

事业单位工作人员享受国家规定的福利待遇。事业单位执行国家规定的工时制度和休假制度。事业单位及其工作人员依法参加社会保险,工作人员依法享受社会保险待遇。事业单位工作人员符合国家规定退休条件的,应当退休。

(六)人事争议处理

事业单位工作人员与所在单位发生人事争议的,依照《中华人民共和国劳动争议调解仲裁法》等有关规定处理。事业单位工作人员对涉及本人的考核结果、处分决定等不服的,可以按照国家有关规定申请复核、提出申诉。

对事业单位人事管理工作中的违法违纪行为,任何单位或者个人可以向事业单位人事综合管理部门、主管部门或者监察机关投诉、举报,有关部门和机关应当及时调查处理。

第五节　事业单位的改革

一、改革前中国事业单位的体制特征及弊端

改革前中国的事业单位管理体制是高度行政化和国家统包的管理体制。这种管理体制从根本上说是计划经济的产物,也是与计划经济体制相适应的。在计划经济时期,由于社会总体发展水平极低,所以人们的物质需求是第一位的。在社会资源匮乏的条件下,由政府集中配置资源发展公共事业,积极意义也是显著的。这样的管理体制基本能满足社会对公共物品的十分有限的需求。

改革前中国事业单位管理体制的特征主要包括以下几点:

第一,非经济性。事业单位活动被排斥在经济活动之外。由于片面地认为只有直接创造物质财富的、从事生产性收入的活动才是经济活动,而事业活动不能直接创造物质财富,也不能取得生产性收入,所以各项事业活动都是社会

活动，而非经济活动，最终促成了政事不分。

第二，国有化。国家是举办事业单位的唯一主体。由于国家实行单一的所有制经济，所以国家也就顺理成章地包办了非经济领域的所有社会事务。一些原本是由私人或社会团体举办的社会事务机构，如科学研究机构、教育机构、文化机构、卫生医疗机构以及体育机构等全部改制为国有国营，同时将它们的工作也纳入国家计划。它们或者通过政府的事业职能部门，或者通过附属的事业单位来完成相应的国家计划，使得整个事业活动也呈现出计划性和行政性的特征。

第三，行政化。政府直接举办各项事业，同时由国家财政提供各项事业经费。一个典型特征就是，政府设立相应的事业行政管理部门，直接掌握各个事业单位的管理权、经营权。由于没有明确划分事业单位与政府各自的职责，经费预算也得不到法律的保证。

在国内的经济建设发展到一定水平以后，特别是社会主义市场经济体制基本建成之后，原有事业单位管理体制的所有特征就几乎都成为需要改革的弊端。

非经济性的事业单位脱离社会经济发展轨道。由于在计划经济时代，事业单位一直都被认为是社会组织而非经济组织，最终导致科学、教育、文化、卫生、体育等事业活动被排斥在经济活动之外，不仅不能发挥事业发展与经济发展的互动作用，还造成了科研成果转化难等现象，实际上严重浪费了事业投入。

国家“包办”事业加重了财政负担，降低了事业投入的使用效率。国家“包办”事业的实质是用行政手段配置事业资源以及事业资源的无偿使用，其结果就是造成了事业单位的福利化。各个部门、各个单位和地区纷纷建立属于自己的事业体系或事业单位，结果就造成了事业单位的相互封闭和严重重复建设的状况。这种重复建设造成了大量的浪费，大大降低了各类事业资源的利用效率。

事业单位的行政化使事业单位成为政府的附属物，一方面泯灭了事业单位发展的内生动力，出现所谓事业单位越办越“死”的现象；另一方面，混淆了政府和事业单位各自的职能界限，泛化了事业职能，也泛化了政府的行政职能，出现了所谓政事不分和事业单位行政化的现象。

总之，事业单位管理体制亟待改革。

二、1979—2007 年中国事业单位的改革历程

20 世纪 70 年代末，中国拉开了改革的大幕，事业领域作为国家经济建设的

组成部分也不例外。到2007年,事业单位的改革大体经历了三个阶段。

第一阶段是1979—1991年,这是事业单位改革的初始阶段。

在国家经济恢复、改革开放的大背景下,事业单位各领域的工作在改革之前就率先恢复、整顿,以适应国家经济建设形势的需要。其间影响深远的举措包括:教育领域1977年年末大学恢复招生考试制度;科技领域1978年春召开了第一次全国科技大会,重新确立科技在国家建设和发展中的核心地位。同时,卫生领域开始审慎地允许个体行医,缓解医疗服务供给的极度匮乏。1978年年底党的十一届三中全会将全党、全国的工作重心转到经济建设方面,特别是1984年中央作出经济体制改革的决定后,事业单位的改革也被全面提到议事日程上。1985—1986年中央先后作出关于科技、教育、文化、卫生、体育等各个领域事业改革的决定,开始了对事业单位的体制机制及内部人事制度的改革。这期间的工作重点主要有:对在"文化大革命"时期遭受破坏的事业管理机构以及相关的法律、法规制度予以修复;厘清科教文卫体等事业部门的机构设置,推进相关部门的机构改革;推行专业技术职务聘任制、恢复职称评审工作以及推进机关后勤社会化的试点工作。1987年党的十三大明确了事业单位自主经营、自主管理的改革原则,提出了干部人事制度改革的总体构想,启动了以下放权力为核心内容的事业单位人事制度改革。

这一阶段的事业单位改革最主要的特点是,国家和政府对事业单位全面下放管理权力,扩大事业单位的自主权。成果主要表现在:管理重心下移,地方负责、分级管理的体制初现雏形;在管理的方法上,也适当放权,允许事业单位适当扩大经营自主权,以激发事业单位的活力;在单一的公有、公办事业单位体制外,允许多种所有制的教育、医疗、文化等机构设立,以满足人民群众不断增长的现实需要;在事业单位内部的管理中,引入了竞争机制,允许试行承包制、责任制等形式。

第二阶段是1992—1997年,这是事业单位改革深化和各领域多元化发展的阶段。这一阶段最显著的特点是明确提出并开始了以政事分开和事业单位社会化为主要内容的事业单位改革。

这一阶段改革的背景是,1992年党的十四大确定了建立社会主义市场经济体制的改革目标,事业单位也开始探索与社会主义市场经济体制相配套的事业单位管理体制,同时还将事业单位的管理纳入法制化的轨道。1996年中共中央办公厅、国务院办公厅关于印发《中央机构编制委员会关于事业单位机构改革若干问题的意见》通知(以下简称《意见》),明确提出事业单位改革的指导思想是:"……遵循政事分开、推进事业单位社会化的方向,建立起适应社会主义市场经济体制需要和符合事业单位自身发展规律、充满生机与活力的事业单位管理体制、运行机制和自我约束机制。改革的基本思路是:确立科学化的总体布局,坚持社会化的发展方向,推进多样化的分类管理,实行制度化的总量控制。”《意见》还提出了“根据事业单位的不同情况,分类进行改革”的总体设想。

这一阶段改革最主要的特点是:将事业单位按照经费的不同来源分为三类:经费自收自支的,享受企业的各项自主权,实行企业化管理;由国家实行差额补助的,政府在管理上适当放活;国家全额拨款的,其数量和规模从严控制。事业单位的改革与党政机构改革同步进行,以下放权力为主要形式,改革事业单位的管理体制。调整事业单位的结构,促进人员结构合理化和机构的重新组合。推动事业单位的社会化进程。在确保社会效益的前提下,推进事业单位的企业化改革,这样就初步建立了事业单位实行分类改革的框架。

第三阶段是 1998—2007 年,这是明确事业单位地位、全面系统推进事业单位改革的阶段。这一阶段最显著的特点是,以完善社会主义市场体制为目标,同时推进事业单位和民办非企业单位的管理体制改革。

1998 年,国务院同时颁布《事业单位登记管理暂行条例》和《民办非企业单位登记管理暂行条例》,这两个法规不仅重新定义了事业单位,明确了事业单位的社会作用,而且第一次使用了“民办非企业单位”的概念,为 1999 年启动的事业单位登记管理工作提供了依据,这是推进政事分开,实现事业单位社会化、法人化的具体措施。2005 年国家事业单位登记管理局颁布《事业单位登记管理暂行条例实施细则》,是事业单位登记管理制度完全建立的标志。

这一阶段改革的特点是:经过前两个阶段的反复探索,终于初步理顺了改革的思路,事业单位各个领域的改革全方位铺开,而且改革的速度也明显加快。事业单位改革之所以比其他领域的改革都困难,最主要的原因有两个:一是“前所未有”,即事业单位是社会主义国家独有的社会组织类型,西方国家没有,所以我们在改革时没有任何可借鉴的经验,包括对这类组织的社会定位和确定改革的路径;二是“主客同体”,即由于政事不分,事业单位与政府行政组织“你中有我、我中有你”,混为一体,事业单位的改革实质就是政府自身的改革。尽管改革任务艰巨,但在进入 21 世纪以后,改革逐步转入正轨,事业单位的改革在党的十六大以后快速推进。2006 年,有关部门密集颁布了《事业单位公开招聘人员暂行规定》《事业单位岗位设置管理试行办法》《财政部关于政府收支分类改革后事业单位会计核算问题的通知》《事业单位国有资产管理暂行办法》等一系列法规,确定了事业单位“凡进必考”的用人原则,并对事业单位岗位设置管理的范围作出了明确规定,有效遏制了事业单位人事管理方面存在的“入口乱”

"出口窄"问题。同时,撤并压缩不适应国民经济和社会发展需要的事业单位;规范了事业单位的经费管理;推进有条件的全额拨款事业单位按照有关规定开展有偿服务;差额补贴的事业单位,进一步创造条件,向自收自支或企业化管理过渡;将主要从事生产经营活动的事业单位改制为企业。2006年中央编办制定颁布了《关于事业单位分类及相关改革试点方案》,初步提出了事业单位分类改革的思路,即将事业单位分为承担行政职能的、从事公益服务的和从事生产经营活动的三类,不同类型的事业单位实行不同的改革方式。至此,事业单位分类改革的方向已经明确。

三、2008年以来中国事业单位改革的目标和趋势

2008年至今是中国事业单位改革的新阶段,也是事业单位回归公益,明确目标、确定时间表,快速推进的阶段。

2008年党的十七届二中全会通过的《关于深化行政管理体制改革的意见》中专门提出,推进事业单位分类改革。2011年发布的《中共中央、国务院关于分类推进事业单位改革的指导意见》(以下简称《指导意见》)对分类改革进行了具体部署。2017年,党的十九大报告再次确认了"深化事业单位改革,强化公益属性,推进政事分开、事企分开和管办分离"①的改革方向。

(一)事业单位改革的指导思想和基本原则

《指导意见》明确提出事业单位改革的指导思想是:"……按照政事分开、事企分开和管办分离的要求,以促进公益事业发展为目的,以科学分类为基础,以深化体制机制改革为核心,总体设计、分类指导、因地制宜、先行试点、稳步推进,进一步增强事业单位活力,不断满足人民群众和经济社会发展对公益服务的需求。"

《指导意见》提出事业单位改革的基本原则是:"坚持以人为本,把提高公益服务水平、满足人民群众需求作为出发点和落脚点;坚持分类指导,根据不同类别事业单位的特点,实施改革和管理;坚持开拓创新,破除影响公益事业发展的体制机制障碍,鼓励进行多种形式的探索和实践;坚持着眼发展,充分发挥政府主导、社会力量参与和市场机制的作用,实现公益服务提供主体多元化和提供方式多样化;坚持统筹兼顾,充分发挥中央和地方两个积极性,注意与行业体制改革、政府机构改革等相衔接,妥善处理改革发展稳定的关系。"

---

① 习近平:《决胜全面建成小康社会 夺取新时代中国特色社会主义伟大胜利——在中国共产党第十九次全国代表大会上的报告》,人民出版社2017年版,第39页。

(二)事业单位改革的总体目标和阶段性目标

《指导意见》提出的事业单位改革的总体目标是:“到2020年,建立起功能明确、治理完善、运行高效、监管有力的管理体制和运行机制,形成基本服务优先、供给水平适度、布局结构合理、服务公平公正的中国特色公益服务体系。”

《指导意见》提出的事业单位改革的阶段性目标是:“今后5年,在清理规范基础上完成事业单位分类,承担行政职能事业单位和从事生产经营活动事业单位的改革基本完成,从事公益服务事业单位在人事管理、收入分配、社会保险、财税政策和机构编制等方面改革取得明显进展,管办分离、完善治理结构等改革取得较大突破,社会力量兴办公益事业的制度环境进一步优化,为实现改革的总体目标奠定坚实基础。”

(三)分类推进事业单位改革

《指导意见》提出分三类推进事业单位改革:“按照社会功能将现有事业单位划分为承担行政职能的、从事生产经营活动的和从事公益服务的三个类别。对承担行政职能的,逐步将其行政职能划归行政机构或转为行政机构;对从事生产经营活动的,逐步将其转为企业;对从事公益服务的,继续将其保留在事业单位序列,强化其公益属性。今后,不再批准设立承担行政职能的事业单位和从事生产经营活动的事业单位。”

2018年党的十九届三中全会通过了《中共中央关于深化党和国家机构改革的决定》(以下简称《决定》),《决定》在《指导意见》的基础上,对事业单位提出了新的分类改革要求,即将公益类事业单位再划分为向社会提供公益服务的事业单位和为机关提供支持保障的事业单位。《决定》提出加快推进事业单位改革的具体要求是:“全面推进承担行政职能的事业单位改革,理顺政事关系,实现政事分开,不再设立承担行政职能的事业单位。加大从事经营活动事业单位改革力度,推进事企分开。区分情况实施公益类事业单位改革,面向社会提供公益服务的事业单位,理顺同主管部门的关系,逐步推进管办分离,强化公益属性,破除逐利机制;主要为机关提供支持保障的事业单位,优化职能和人员结构,同机关统筹管理。全面加强事业单位党的建设,完善事业单位党的领导体制和工作机制。”①

(四)当前事业单位改革的主要工作

党的十九大报告强调:“深化事业单位改革,强化公益属性,推进政事分开、

① 本书编写组编:《〈中共中央关于深化党和国家机构改革的决定〉〈深化党和国家机构改革方案〉辅导读本》,人民出版社2018年版,第19页。

事企分开、管办分离。”党的十九届三中全会提出加快推进事业单位改革的基本要求:一是切实加强党对事业单位改革的领导,确保党中央改革精神的贯彻落实。二是坚持以人民需求为导向,大力完善公益服务供给体系。三是坚持新发展理念,在基本公共服务领域,切实发挥政府保基本、兜底线、促公平的主导作用,促进基本公共服务均等化。对于非基本公共服务,要充分发挥市场机制的作用。四是坚持优化协同高效,不断完善事业单位改革中的机构编制、人事管理、收入分配、社会保险、财政支持等政策,确保改革顺利实施。

在党的二十大报告提出的到2035年我国发展的总体目标中,把我国建成教育强国、科技强国、文化强国、体育强国、健康中国是重要的内容。为了实现这样的总体目标,我们要加快推进事业单位改革。第一,全面推进承担行政职能的事业单位改革,理顺政事关系,实现政事分开,不再设立承担行政职能的事业单位。第二,加大从事经营活动事业单位改革力度,推进事企分开。第三,区分情况实施公益类事业单位改革,面向社会提供公益服务的事业单位,理顺同主管部门的关系,逐步推进管办分离,强化公益属性,破除逐利机制;主要为机关提供支持保障的事业单位,优化职能和人员结构,同机关统筹管理。第四,全面加强事业单位党的建设,完善事业单位党的领导体制和工作机制。

【本章小结】

事业单位是中国特有的公益性提供公共服务的组织形式。事业单位不同于具有行政权力的政府机构,也不同于营利性企业,其特征是:以社会公益为目的;举办主体是国家机关或其他国有机构;经费来源是国有资产;主要活动领域是科技、教育、文化、卫生等。按照社会功能将事业单位划分为承担行政职能、从事生产经营活动和从事公益服务三个类别。按照是否适合由市场配置资源,公益类事业单位又可以划分为公益一类和公益二类。按照服务对象,公益类事业单位还可以划分为向社会提供公益服务的事业单位和为机关提供支持保障的事业单位两类。

事业单位管理主要是编制管理、登记管理和人事管理。当前深化事业单位改革的主要内容是,强化事业单位的公益属性,推进政事分开、事企分开和管办分离。

【思考题】

1. 什么是事业单位?其特征是什么?
2. 为什么要对事业单位进行编制管理?
3. 事业单位编制管理的主要内容是什么?

4. 事业单位登记管理的主要内容是什么？
5. 事业单位人事管理的主要内容是什么？
6. 什么是事业单位的分类改革？
7. 事业单位改革的总目标是什么？

【参考文献】

1.《事业单位人事管理政策法规专辑》编写组编:《事业单位人事管理政策法规专辑》,中国劳动社会保障出版社 2016 年版。
2. 崔运武主编:《公共事业管理概论》(第三版),高等教育出版社 2015 年版。
3. 蒋冠庄主编:《事业单位岗位管理实用指南》,中国人事出版社 2009 年版。
4. 李鸥:《事业单位改革与管理》,天津大学出版社 2007 年版。
5. 赵立波:《事业单位社会化与民间组织发展研究》,山东人民出版社 2010 年版。
6. 朱仁显主编:《公共事业管理概论》(第三版),中国人民大学出版社 2016 年版。
7. 庄序莹等:《事业单位改革与发展》,上海财经大学出版社 2009 年版。
8. 左然:《中国现代事业制度建构纲要——事业单位改革的方向、目标模式及路径选择》,商务印书馆 2009 年版。

案例

大连稳步推进事业单位分类改革

第三章　公共事业管理主体中的社会组织

【本章目的】

通过本章的学习，了解中国社会组织的各种类型：社会团体、民办非企业单位和基金会；掌握这几种组织形式的含义及特征；掌握社会团体、社会服务机构（民办非企业单位）和基金会各自的内部管理体制；掌握政府对这些社会组织实行的登记管理、评估管理，以及对境外非政府组织在境内活动的管理体制。

【本章重点】

1. 中国非政府公共组织的类型及其特点
2. 事业单位与各类社会组织的区别与联系
3. 中国对社会组织的管理体制

第一节　社会团体

一、社会团体概述

（一）社会团体的定义和特征

作为一种社会成员的自组织形式，社会团体（即“社团”）现象不仅古已有之，而且各国都有。多年以来，研究社团的中外学者从不同的视角对社团做了各种界定。比如清华大学的研究者就将国内外的各种定义归纳为“共同特征说”“互益说”“公益说”“特殊目的说”“剩余说”“法律定义说”六种。①

本书所采用的是政府的权威定义，即国务院2016年修订的《社会团体登记管理条例》（以下简称《条例》）中对社会团体下的定义：社会团体是指中国公民自愿组成，为实现会员共同意愿，按照其章程开展活动的非营利性社会组织。

① 参见王名、刘国翰、何建宇：《中国社团改革——从政府选择到社会选择》，社会科学文献出版社2001年版，第15页。

这个定义突出强调了社团的几个特征：

第一,非政府性和国民性。社团是中国公民组成的社会组织。

第二,自愿性。参加社团是公民的自愿行动,这里隐含着加入和退出自由的含义。

第三,共同性。社团要实现的会员意愿,不论是公益性的还是互益性的,都是会员共同认可的。

第四,非营利性。

第五,自我约束性。社团开展活动的基本规范是本组织的章程,也就是说社团是需要自我约束的。

（二）社会团体与事业单位的区别

社会团体和事业单位都是非政府组织,但两者之间有明显的不同。对比《社会团体登记管理条例》和《事业单位登记管理暂行条例》,我们可以看到它们的主要区别是：

第一,组织的目的不同。社会团体的组成目的是"为实现会员共同意愿",所以社团更加注重组织内会员的互益目的,如一些行业协会,它们的宗旨就是为了实现协会内的成员无法单独实现的目标,包括制定一些行业标准、维护行业内的秩序与稳定、代表会员与政府进行沟通和协调等。而举办事业单位则是"为了社会公益目的",也就是说事业单位更加注重服务的公益性。现实中,事业单位也主要从事科技、教育、文化、卫生等领域的活动,这些都是为社会提供公共物品和公共服务的领域。

第二,组织的经费来源不同。社会团体的经费来源主要是社团成员交纳的会费以及一些社会捐助等,社会团体也会得到政府的资助,但这不是它们的主要经费来源。另外,《社会团体登记管理条例》还规定了成立社会团体的最低经费额度,即全国性的社会团体须有 10 万元以上的活动资金,地方性的社会团体和跨行政区域的社会团体须有 3 万元以上的活动资金。而事业单位则不同,《事业单位登记管理暂行条例》明确规定,事业单位是"由国家机关举办或者其他组织利用国有资产举办的",所以一般事业单位的主要经费来源就是财政拨款。在事业单位申请登记过程中,只需出具相关的经费来源证明即可。

第三,组织的经营性质不同。相关管理条例明确规定社会团体只能从事"非营利性"活动。《社会团体登记管理条例》还规定："任何单位和个人不得侵占、私分或者挪用社会团体的资产。社会团体的经费,以及开展章程规定的活动按照国家有关规定所取得的合法收入,必须用于章程规定的业务活动,不得在会员中分配。"社会团体的专职工作人员的工资和保险福利待遇,则参照国家对事业单位的有关规定执行。而事业单位则不同,事业单位从事的经营活动既可以是营利的,也可以是非营利的,现在社会上存在着营利性的学校、医院和非营利性的学校、医院。事业单位依法举办的营利性的组织,要像国家对有关公司、企业等经营组织的法律、法规的规定一样,实行独立核算。

第四,登记、管理机关不同。这是社会团体和事业单位又一个重要的区别。社会团体由登记管理机关进行登记管理,由业务主管单位进行业务管理。根据《社会团体登记管理条例》规定,国务院民政部门和县级以上地方各级人民政府民政部门是本级人民政府的社会团体登记管理机关。国务院有关部门和县级以上地方各级人民政府有关部门、国务院或者县级以上地方各级人民政府授权的组织是有关行业、学科或者业务范围内社会团体的业务主管单位。具体的管辖措施可以参见条例的相关规定。事业单位则不同,《事业单位登记管理暂行条例》规定,国务院机构编制管理机关和县级以上地方各级人民政府机构编制管理机关是本级人民政府的事业单位登记管理机关。同时,事业单位在执行国家有关财务、价格等管理制度时,必须接受财税、审计等相关行政部门的监督。

(三)社会团体的作用

社会团体的作用主要集中在沟通政府与社团成员、弥补政府和市场失灵、沟通企业与社团成员以及沟通内部成员几个方面。

第一,沟通和协调政府与社团成员的关系。社团是在法律法规的规范下,代表本社团所联系的社会成员的利益而组织起来的,它的目的之一就是要向政府反映社团成员的要求。而政府由于实现了职能转变,由过去的直接管理和微观管理转变为间接的宏观管理后,客观上也需要社会团体作为一种政府与社会的对话机制,来实现政府与社团成员的沟通与协调。

第二,参与公共服务的供给,弥补政府和市场失灵。党的十八大以来,各级政府进一步转变职能,加强和创新社会管理,改进提供公共服务方式,在公共服务领域更多利用社会力量,加大了政府购买服务力度。具有独立法人地位的各类非营利性社会团体就是政府明文规定的承接主体之一。[①] 现在政府向社会力量购买服务机制日益健全,社会团体也日益成为公共服务的重要供给主体。

第三,沟通和协调企业与社团成员的关系。在我们基本建立起社会主义市场经济体制以后,就实现了政企分开。但是,在企业完全走向市场之后,又会出现咨询、建议、信息、法律、公证与监督等需求,社团一般就是为承担这些社会功

---

① 参见《国务院办公厅关于政府向社会力量购买服务的指导意见》,2013 年 9 月 26 日,中国政府网,http://www. gov. cn/zwgk/2013-09/30/content_2498186. htm,2018 年 1 月 26 日访问。

能而组成的。社团能够通过整合民间资源，对社会特定群体提供公益服务，弥补政府与市场无法或不愿涉足的服务领域。

第四，沟通和协调社团成员间的关系。成立社团的目的就是为了成员的共同利益，所以协调成员间的利益矛盾是社团最重要的作用。从社会团体开展活动的特征来看，社团与其内部成员的关系主要有五个方面。一是联系关系。即社团是成员建立联系的基本形式与途径，也是与其他组织建立联系的桥梁和纽带。社团的组织结构本身就是成员间联系的基本形式与途径。社团开展各种活动，既满足了成员的沟通需求，也促进了社团的发展。二是代表关系。即社团是其成员合法权益的代表者、维护者。例如，行业协会在其成员的利益受到侵犯或破坏时，可以代表本组织成员通过相关的法律手段为成员讨回公道，维护其正当的合法权益。同时，它也能代表组织成员参加与其自身利益相关的政府决策，通过影响相关政策，为企业成员的发展创造良好的环境。三是服务关系。即社团履行为其联系的社会成员服务的职能，并因此与其成员建立联系。社团的组成目的就是服务其会员，会员交纳相关的费用，社团就对其提供相关的服务措施，同时与会员建立一种稳定的联系机制，尽可能满足其提出的要求。四是管理关系。即社团为履行协助政府部门加强行业管理的职能而与其成员产生的关系。在履行一定的服务义务时，社团也要协助政府部门加强对行业的管理，进入政府部门无法直接进入的领域，管理政府部门无法直接实施政治管理的事务，协调成员间、行业间的利益格局，稳定相关的市场秩序。五是监督关系。即社团成员对社团管理和服务的监督。社团在为成员提供服务的同时，也可能会发生不正当行为，或者提供服务的质量不符合要求，危害成员的利益，因此社团成员也有必要对社团进行监督。

二、社会团体的分类

由于现代社会是高度分化的社会，所以社团的类型也是纷繁多样的。为了便于管理，需要对社团进行分类。用不同的分类标准，可以得到不同的划分。按照社会职能的不同，可以将社团分为政治性团体、经济性团体和社会性的团体；按照组织形式的不同，可以将社团分为协会、研究会、联合会、联谊会、促进会、商会等；按照宗旨和活动内容的不同，可以将社团分为为谋取自身合法权益的互益性社团和为谋求社会共同利益的公益性社团等。上述各种分类方法都有其合理性，也可以适合特殊的研究或管理的需要。

本书采用的是《社会团体登记管理条例》中的权威划分方法，即将社会团体划分为学术性社会团体、行业性社会团体、专业性社会团体和联合性社会团体。

(一) 学术性社会团体

学术性社会团体是指从事学术研究和交流为主的社会团体。这类社团通常以学会、研究会命名,目的一般是为了开展学术活动、促进学术发展。这类团体通过组织和联系本领域内的专家、学者和热心于该事业的相关人员,按照一定的方法和原则开展活动,推动科学研究。它们可以影响社会生活的各个领域和方面,乃至党和政府的一些重要决策。根据学术研究的不同性质,学术性社团又可分为自然科学类社团、社会科学类社团和交叉学科的社团。

(二) 行业性社会团体

行业性社会团体是指从事某一行业的管理、协调或服务的社会团体。这类社团主要是经济性团体,通常以协会命名。这类社团一般应其行业内成员或政府的要求在行业间或行业内从事相关的管理和协调服务,通过调查研究和经验交流,提出本行业的发展规划,促进行业的发展与繁荣。同时,它也能够协助政府规范成员的市场行为,维护行业合法权益,沟通企业与政府间的联系,进行统筹、规范、协调等各方面的服务活动。我们比较熟知的有行业协会、商会、同业公会等。这类社会团体按行业不同又可以分为农业类、工业类和商业类等。

(三) 专业性社会团体

专业性社会团体指由专业人员组成或以专业技术、专门资金为从事某项事业而成立的社会团体。这类社团主要是非经济性团体,一般以协会、商会命名。这类社团的组成目的是,研究和解决本专业内发展的一些问题,协调本专业内部的关系,加强专业内的交流和合作,为社团成员以及社会大众提供各种公益性服务,协助政府处理某些专项事务,担负起社会需要而暂时无人负责的部分社会工作,推动相关事业的发展。如老区建设促进会等。

(四) 联合性社会团体

联合性社会团体主要指人群的联合体或学术性、行业性、专业性团体的联合。这类社团一般以联合会、联谊会、促进会命名,存在的领域、行业十分广泛。这类社团通常分为两种类型:一类是由具有某种共同特征的人群组成的,如青年联合会;一类是以相同类型社团为主组成的,如工商联。这两种类型的社团都是为了团结成员,密切成员关系,加强成员间的联合和团结,引导其遵守法律法规,沟通其与政府的关系,协助政府完成相关的社会职能。

三、社会团体的内部管理

社会团体是《民法典》明确规定的非营利法人之一。作为有独立法人地位的社会团体,其组织所有活动都是按照自己的章程开展的。

(一)社会团体的组织机构和负责人

在社会团体内,最高权力机构是会员大会(或会员代表大会)。会员大会(或会员代表大会)的职权包括:制定和修改章程,选举和罢免理事,审议理事会的工作报告和财务报告,决定终止事宜,以及决定其他重大事宜。

理事会是会员大会(或会员代表大会)的执行机构,在闭会期间领导本团体开展日常工作,对会员大会(或会员代表大会)负责。理事会的职权包括:执行会员大会(或会员代表大会)的决议,选举和罢免理事长(会长)、副理事长(副会长)、秘书长,筹备召开会员大会(或会员代表大会),向会员大会(或会员代表大会)报告工作和财务状况,决定会员的吸收或除名,决定设立办事机构、分支机构、代表机构和实体机构,决定副秘书长、各机构主要负责人的聘任,领导本团体各机构开展工作,制定内部管理制度,以及决定其他重大事项。

社会团体的理事长(会长)、副理事长(副会长)、秘书长有任职年龄限制,即一般不超过70岁,而且任期最长不得超过两届。社会团体的理事长(会长)为本团体法定代表人。已经担任本团体法定代表人就不能兼任其他团体的法定代表人。另外,按照规定,党政机关县处级以上的在职领导干部不得兼任社会团体的领导职务。

社会团体的理事长(会长)的主要职权包括:召集和主持理事会(或常务理事会),检查会员大会(或会员代表大会)、理事会(或常务理事会)决议的落实情况,代表本团体签署有关重要文件,以及其他本社会团体规定的职权。社会团体的秘书长的主要职权包括:主持办事机构开展日常工作,组织实施年度工作计划;协调各分支机构、代表机构、实体机构开展工作;提名副秘书长以及各办事机构、分支机构、代表机构和实体机构主要负责人,交理事会或常务理事会决定;决定办事机构、代表机构、实体机构专职工作人员的聘用;处理其他日常事务。

(二)社会团体的活动经费

社会团体的经费来源包括:会费,捐赠,政府资助,在核准的业务范围内开展活动或服务的收入,利息,以及其他合法收入。其中,按照国家有关规定收取会员会费是最主要的、最基本的经费来源。

社会团体的经费来源必须合法,必须用于本社团章程规定的业务范围和事业的发展,不得在会员中分配。社会团体都要按照规定建立严格的财务管理制度,保证会计资料合法、真实、准确、完整。社会团体的资产管理必须执行国家规定的财务管理制度,接受会员大会(或会员代表大会)和财政部门的监督。资产来源属于国家拨款或者社会捐赠、资助的,必须接受审计机关的监督,并将有关情况以适当方式向社会公布。在社会团体换届或更换法定代表人之前,必须接受社团登记管理机关和业务主管单位组织的财务审计。社会团体的资产,任何单位、个人不得侵占、私分和挪用。

(三)终止程序及终止后的财产处理

社会团体完成宗旨或自行解散或由于分立、合并等原因需要注销的,由理事会或常务理事会提出终止动议。终止动议须经会员大会(或会员代表大会)表决通过,并报业务主管单位审查同意。

社会团体终止前,须在业务主管单位及有关机关指导下成立清算组织,清理债权债务,处理善后事宜。清算期间,不开展清算以外的活动。

社会团体经社团登记管理机关办理注销登记手续后即为终止。该社团终止后的剩余资产(包括货币和实物两种形式),在业务主管单位和社团登记管理机关的监督下,按照国家有关规定,用于发展与本团体宗旨相关的事业。

第二节　民办非企业单位

民办非企业单位简称"民非",也就是现在的社会服务机构。2016年《中华人民共和国慈善法》公布施行,该法第一次正式使用"社会服务机构"的概念取代民办非企业单位的概念。此后,在官方正式文件和正式场合都不再使用民办非企业单位的概念。由于至今还没有社会服务机构管理的法规文件发布,所以在民政部门还是依据《民办非企业单位登记管理暂行条例》的规定进行登记管理。因此,本节讨论相关管理规定时仍然使用民办非企业单位的概念,而在其他部分则使用社会服务机构的概念。

一、民办非企业单位概述

(一)民办非企业单位的概念

在1998年10月国务院颁布的《民办非企业单位登记管理暂行条例》中,对民办非企业单位做了最权威的界定:民办非企业单位是指企业事业单位、社会团体和其他社会力量以及公民个人利用非国有资产举办的,从事非营利性社会服务活动的社会组织。它主要包括民办的大学、医院、科学研究院、体育俱乐部、福利院、职业培训学校、法律援助中心和艺术表演团体等。此前,人们习惯称这类组织为“民办事业单位”。为了避免“民办”的概念与“事业单位”这个概念本身所固有的“国家机关”“利用国有资产举办”内涵的矛盾,《民办非企业单位登记管理暂行条例》第一次使用了“民办非企业单位”这个概念。这个定义突出强调了民办非企业单位的几个特征：

第一，非政府性。民非的举办主体是非政府的,是由企业事业单位、社会团体和其他社会力量以及公民个人举办的,而不是由政府或政府部门举办的。民非的资产来源是非政府的,是“利用非国有资产”举办的。

第二,非营利性。民非是提供社会服务的非营利性社会组织。

第三,公益性。民非主要从事的是社会服务活动。

第四,实体性。民非是从事经常性、连续性服务的实体性社会组织。这与社会团体实行会员制、组织结构相对松散、活动具有不定期性的特征明显不同。

(二)民办非企业单位与企业的区别

非营利性是民办非企业单位区别于企业的一个基本特征。这个特征主要表现在两个方面：

第一,宗旨和目的不同。营利是一切企业的出发点。所有的企业,包括服务类型的企业,最基本的宗旨和目的就是通过经营活动获取尽可能多的利润。而社会公益性是民办非企业单位的最大特征。民办非企业单位的宗旨和目的是向社会提供公益服务,而不是为了营利。民非是要通过自身的服务活动,促进社会的进步与发展。也正因为如此,国家才会在税收等方面对民办非企业单位实行一些特殊的减免政策。

第二,财务管理和财产分配体制不同。企业的目的是营利,所得盈利可以在成员中分配,清算后的财产也可以在成员中分配,而民非的非营利性决定了其盈余和清算后的剩余财产则只能用于社会公益事业,不得在成员中分配。民非在从事社会服务活动的过程中,可以根据国家的规定收取合理的费用,以确保成本,略有盈余,这对于维持其生存和发展是非常必要的。但由于民非享受了国家相关的减免税费的规定,有的还接受了社会捐赠,所以盈利也应投入到所从事的事业中去,不允许在成员中进行分配。即便清算后,资产也不得在成员间进行分配。

(三)民办非企业单位的作用

民办非企业单位的发展是改革开放的成果,随着社会主义市场体制的发展完善,正日益成为我国社会主义现代化建设事业中不可缺少的组成部分,在社会生活中的积极作用也越来越广泛。

第一,繁荣各个领域的事业发展。改革开放以来,尤其是在确立社会主义市场体制的改革目标以来,我们就积极鼓励和引导民间资本投资健康发展,在科技、教育、文化、卫生等事业领域也不例外。现在民办社会事业不仅作为我国社会公共事业发展的重要补充,被纳入国家各级政府的发展蓝图,统筹规划,合理布局,极大地繁荣了各个领域的事业发展,而且正是在这个基础上,我们已经基本建成政府投入为主、民间投资为辅的各领域公共服务体系。

第二,满足人民群众多样化的社会服务需求。国家鼓励和引导民间资本进入社会事业领域。(1)鼓励民间资本参与发展医疗事业。支持民间资本兴办各类医院、社区卫生服务机构、疗养院等医疗机构。支持民营医疗机构承担公共卫生服务、基本医疗服务和医疗保险定点服务。(2)鼓励民间资本参与发展教育和社会培训事业。支持民间资本兴办高等学校、中小学校、幼儿园、职业教育等各类教育和社会培训机构。(3)鼓励民间资本参与发展社会福利事业。鼓励民间资本投资建设专业化的服务设施,兴办养(托)老服务和残疾人康复、托养服务等各类社会福利机构。(4)鼓励民间资本参与发展文化、旅游和体育产业。鼓励民间资本从事广告、印刷、演艺、娱乐、文化创意、文化会展、影视制作、网络文化、动漫游戏、出版物发行、文化产品数字制作与相关服务等活动,建设博物馆、图书馆、文化馆、电影院等文化设施。① 总之,民非的发展极大地满足了人民群众对各类社会事业多样化、个性化的需求。

第三,扩大社会就业。民非的实体性决定了其具有吸纳劳动力的特点。事实上也是,各类民非的发展吸纳了相当部分的专业人员,成为扩大社会就业的重要渠道。

二、民办非企业单位的分类

现在我国的民办非企业单位遍布科、教、文、卫、体各个领域,数量庞大,有的规模也不小。要对它们进行研究和管理,必须先对它们进行分类。现在常见的分类有两种:一是按照其承担民事责任的不同所做的划分,二是按照行业的不同所做的划分。

(一) 根据承担民事责任的不同划分

根据承担民事责任的不同,可以将民办非企业单位划分为三类:法人型、合伙型和个体型。

---

① 参见《国务院关于鼓励和引导民间投资健康发展的若干意见》,2010 年 5 月 7 日,中国政府网,http://www.gov.cn/zwgk/2010-05/13/content_1605218.htm,2018 年 1 月 26 日访问。

法人型是由两人或两人以上举办，或者由企业事业社会团体和其他社会力量举办，或者由上述组织与个人共同举办，具有法人资格，依法独立享有民事权利和承担民事责任的民办非企业单位。有必要的财产或者经费以及自己的名称、组织机构和场所，并且能够独立承担民事责任的法人组织的规模一般较大，注册资金可以达到相关行业规定的标准；在组织机构和权力机构方面，法人组织机构和权力结构比较复杂、完整，还设立了董事会作为权力机构。

合伙型是由两人或两人以上合伙举办，不具有法人资格，合伙负责人和其他人员的经营活动，由全体合伙人承担民事责任。合伙人的债务，由合伙人按照出资比例或者协议的约定，以各自的财产承担清偿责任。合伙型的民办非企业单位一般组织形式比较简单，筹集资金也比较便捷，组织内部关系主要以信用为基础，成员也比较稳定。当然，相比于法人型的民办非企业单位来说，它的组织规模比较小，合伙人日常的议事方式以相互商议为主，并且享受同等权利。另外，合伙人的财产也是属于共有的，非经合伙人同意，其他人不能使用和私分共有财产。①

个体型是由个人出资并且担任负责人，不具有法人资格，其债务以个人财产承担无限责任的民办非企业单位。根据民政部的相关规定，“个人出资并担任民办非企业单位负责人的，可申请办理民办非企业单位（个体）登记”。个体型的民办非企业单位，相对于上述两种类型来说，无论是资金还是组织规模都比较小；其机构的设置也没有上述两种类型庞杂，在管理方面也比较简单。

（二）根据行业的不同划分

根据民办非企业单位从事行业的不同来划分，可以分为科、教、文、卫、体等不同类别。现在民非较为集中和活跃的领域有：教育领域，如民办幼儿园，民办小学、中学、学校、学院、大学，民办专修（进修）学院或学校，民办培训（补习）学校或中心等；卫生领域，如民办门诊部（所）、医院，民办康复、保健、卫生、疗养院（所）等；文化领域，如民办艺术表演团体、文化馆（活动中心）、图书馆（室）、博物馆（院）、美术馆、画院、名人纪念馆、收藏馆、艺术研究院（所）等；科技领域，如民办科学研究院（所、中心），民办科技传播或普及中心、科技服务中心、技术评估所（中心）等；体育领域，如民办体育俱乐部，民办体育场、馆、院、社、学校等；民政领域，如民办福利院、敬老院、托老所、老年公寓，民办婚姻介绍所，民办社区服务中心（站）等。所有领域的民非都必须取得该领域的政府主管部门的

① 参见袁寅生：《民办非企业单位的分类认定问题》，《中国民政》2002年第4期，第34页。

执业许可。

这些不同行业的民办非企业单位分布在社会各个层面和区域,它们的多样性和普遍性很好地满足了人民群众日益增加的、对物质之外的公共物品和公共服务的需求。

三、民办非企业单位的内部管理

民办非企业单位的所有活动都是按照自己的章程开展的。

(一)民办非企业单位的组织机构和负责人

理事会是民办非企业单位的决策机构。理事由举办者(包括出资者)、职工代表(由全体职工推举产生)及有关单位(业务主管单位)推选产生。理事会行使的决定权包括:修改章程;确定业务活动计划;制定年度财务预算、决算方案;增加开办资金的方案;本单位的分立、合并或终止;聘任或者解聘本单位行政负责人及财务负责人;罢免、增补理事;确定内部机构的设置;制定内部管理制度;确定从业人员的工资报酬;决定其他重大事项。理事会会议由理事长负责召集和主持。

第一届理事会成员由举办者提名并协商确定。理事会换届改选时,由本届理事会推选产生新一届理事。罢免、增补理事由理事会表决通过。理事应该在该业务领域内有较大的影响和较高的声誉,年龄一般不超过 70 周岁。按照规定,国家现任公职人员不得担任民非理事及其他领导职务。

民办非企业单位的行政负责人是理事会聘请的主持日常工作的负责人,根据民非的实际情况,行政负责人可以是院长、校长、所长、主任、馆长、总干事等。行政负责人对理事会负责,其主要职权包括:主持单位的日常工作,组织实施理事会的决议;组织实施单位年度业务活动计划;拟订单位内部机构设置的方案;拟订内部管理制度;提请聘任或解聘本单位副职和财务负责人;聘任或解聘内设机构负责人;负责章程规定的其他事项。

民办非企业单位设立监事会,监事会成员不得少于 3 人,并推选 1 名召集人。人数较少的民办非企业单位可不设监事会,但必须设 1—2 名监事。监事任期与理事任期相同,任期届满,连选可以连任。监事在举办者(包括出资者)、本单位从业人员或有关单位推荐的人员中产生或更换。监事会中的从业人员代表由单位从业人员民主选举产生。本单位理事、行政负责人及财务负责人,不得兼任监事。监事会或监事的主要职权包括:检查本单位财务;对本单位理事、院长(或校长、所长、主任等)违反法律、法规或章程的行为进行监督;当本单位理事、行政负责人的行为损害本单位的利益时,要求其予以纠正。监事列席理事会会议。

民办非企业单位的法定代表人为理事长或行政负责人。

(二)民办非企业单位的资产及用工

民办非企业单位的经费来源包括:开办资金,政府资助,在业务范围内开展服务活动的收入,利息,捐赠,其他合法收入。

民办非企业单位的经费必须用于章程规定的业务范围和事业的发展,盈余不得分红。单位要执行国家规定的会计制度,依法进行会计核算,建立健全内部会计监督制度,保证会计资料合法、真实、准确、完整。要接受税务、会计主管部门依法实施的税务监督和会计监督。单位要配备具有专业资格的会计人员。单位换届或更换法定代表人之前必须进行财务审计。

民非劳动用工、社会保险制度按国家法律、法规及国务院劳动保障行政部门的有关规定执行。

(三)终止和终止后资产处理

民办非企业单位完成章程规定的宗旨,或无法按照章程规定的宗旨继续开展活动时,或发生分立、合并,及决定自行解散时,经理事会表决通过后终止,并报业务主管单位审查同意。

民办非企业单位在办理注销登记前,应当在登记管理机关、业务主管单位和有关机关的指导下成立清算组织,清理债权债务,处理剩余财产,完成清算工作。清算组织人员一般应由本单位的法定代表人或者理事会确定的相关负责人、债权人代表以及业务主管单位的代表组成。根据需要可聘请国内注册会计师、律师等参加。

清算期间,清算组织代表本单位参与民事诉讼活动。清算工作完成后,清算组织应提交清算报告提请原理事会审核通过,并报相关行业主管部门审查同意。

剩余财产,应当按照有关法律、法规的规定处理。即优先支付清算费用和清算组成员的酬劳;办理税务注销、银行销户等手续,结清税款、利息;本单位清算后的剩余财产,在登记管理机关的监督下,应当按照章程的规定转给宗旨相同或者相似的慈善组织,用于慈善事业。章程未规定的,由登记管理机关组织捐赠给与本单位宗旨相同或者相似的慈善组织,并向社会公告。

民办非企业单位自登记管理机关发出注销登记证明文件之日起,即为终止。

第三节 基金会

一、基金会概述

(一) 基金会的定义和特征

基金会顾名思义是因"基金"而成立的组织。对于基金,《现代汉语词典》的解释是:"为兴办、维持或发展某种事业而储备的资金或专门拨款。基金必须用于指定的用途,并单独进行核算。"①可见,简单说,基金就是有特定用途的资金。

但是在现实中,基金也有不同的含义。在经济或金融领域的基金(fund),是指财产的一种存续形式,比如对冲基金、社保基金等。② 在社会管理中的基金(foundation),则是专指捐赠财产的一种存续形式。本章是在后一种意义上即社会管理的意义上展开研究的。

在我国2004年颁布的《基金会管理条例》中,对基金会的界定是:"利用自然人、法人或者其他组织捐赠的财产,以从事公益事业为目的,按照本条例的规定成立的非营利性法人。"可以看出,基金会与其他社会组织相比,有自己的特征。第一,基金会存在的依据是基金,而不是组织或个人,这是与其他非政府组织最显著的不同,据此也有人称基金会是"财产结社"。第二,基金会基金的来源是自然人、法人或者其他组织的捐赠,捐赠就意味着是自愿的、不图回报的。第三,基金会成立的目的是从事公益事业。美国、欧洲等一些国家的有关管理法规中,甚至明确规定了基金会的活动领域,如援助教育、社会、慈善、宗教等其他活动领域。第四,基金会具有独立的法人地位,在境外、国外,基金会被列入"财团法人"进行管理。我国的相关法律中没有"财团法人"的概念,所以在司法实践中,按照社团法人进行管理。事实上,在2004年《基金会管理条例》颁布之前,我国的基金会一直是被列入社会团体进行管理的。

基金会为改善公共服务、缓解公共事业资金短缺、加快社会公共事业发展起到了重要的积极作用。

---

① 中国社会科学院语言研究所词典编辑室编:《现代汉语词典》(第7版),商务印书馆2016年版,第604页。

② 参见徐宇珊:《论基金会》,中国社会出版社2010年版,第24页。

（二）基金会与其他社会公益组织的区别

基金会作为社会公益组织，具备其他社会公益组织的一般特征，即基金会是独立的、非政府、非营利组织，但是，基金会与其他社会公益组织，比如境外、国外的非政府组织以及我国一般社会团体或民办非企业单位，还是有明显区别的。区别集中体现在两个方面：一是突出的公益性，二是基金信托性。

基金会的公益性非常突出，具体集中体现在三个方面：第一，基金会的基金源于捐赠，是各种公益捐赠的制度化和组织化的形式；第二，基金会有明确的公益宗旨，是捐赠者各种公益捐赠意图的实现形式；第三，基金会的基金有明确的公益用途，基金会通过各种公益活动使特定的需要资助的社会群体（主要是困难群体）受益。

基金会还具有其他公益组织不可能具备的基金信托特性。基金会本身就是以捐赠为基础的公益财产的集合，同时，这些财产又是以信托关系存在的。这表明：第一，基金会本质上是一种信托关系，即捐赠人、受托人及受益人之间围绕公益财产达成的公益信托关系，其中良好的个人诚信即组织公信力就成为基金会的核心价值。第二，基金会在形式上表现为“财产结社”，通过有效的运作实现其保值增值，不断提高公益财产的经济和社会价值，就成为基金会的生命力所在。第三，基金会要依法接受相关行政机关的监督管理，同时要接受捐赠人和社会的监督。

充分认识基金会与其他社会公益组织的这些区别，是管理基金会、保证基金会充分发挥其公益作用的前提。

二、基金会的分类

（一）通行的基金会分类

发达国家的基金会出现、发展已经有一个多世纪了，对基金会进行管理的法律法规也已经相对完善。从各国的管理法律法规来看，对基金会的分类方式是各不相同的。比如，美国税法中按照资金的使用方式，将基金会分为运作型基金会（operation foundation）和资助型基金会（grant making foundation）。也有国家按照资金提供的主体，将基金会分为社会基金会、私人基金会和政府基金会。还有国家按照基金会存续时间长短，将基金会分为永久型（perpetual）、随意型（optional）和终止型（liquidating）。

美国基金会中心则按照资金的来源，将基金会分为私人独立基金会（private independent foundations）、社区基金会（community foundations）、公司基金会（corporate or company-sponsored foundations)和运作型基金会(operating foundations)。

不同国家各有自己不同的分类方式,这些不同的基金会分类方式从一个侧面显示出这个国家的历史和社会的特征,便于政府的管理或学者的研究。

(二) 我国管理部门对基金会的分类

我国2004年颁布的《基金会管理条例》中将基金会划分为公募基金会与非公募基金会。

公募基金会即西方所谓的公共筹款型基金会(fund-rising oriented)。这类基金会主要靠面向社会公众开展公开募捐活动获得资金以从事公益事业。《基金会管理条例》中规定,按照募集资金的范围,公募基金会还进一步分为全国性公募基金会和地方性公募基金会。

非公募基金会则与西方所谓独立基金型基金会(endowment)类似。这类基金会不得向社会公众公开募捐,主要依靠接受特定对象的捐赠资金及资金的增值从事公益事业。

三、基金会的内部管理

(一)基金会的组织机构和负责人

基金会实行理事会或董事会的管理体制,是国际通行的形式,我国也一样。在《基金会管理条例》中,对基金会的内部管理也做了比较明确的规定。《基金会管理条例》规定,基金会设理事会为决策机构。用私人财产设立的非公募基金会,相互间有近亲属关系的基金会理事,总数不得超过理事总人数的三分之一;其他基金会,具有近亲属关系的不得同时在理事会任职。理事长是基金会的法定代表人。

理事会的主要职权是:修改章程,选举或者罢免理事长、副理事长、秘书长,决定章程规定的重大募捐、投资活动,决定基金会的分立、合并等事务。

基金会必须设监事。理事、理事的近亲属和基金会财会人员不得兼任监事。监事的职权是:依照章程规定的程序检查基金会财务和会计资料,监督理事会遵守法律和章程的情况。监事列席理事会会议,有权向理事会提出质询和建议,并应当向登记管理机关、业务主管单位以及税务、会计主管部门反映情况。

基金会理事长、副理事长和秘书长不得由现职国家工作人员兼任。基金会的法定代表人不得同时担任其他组织的法定代表人。公募基金会和原始基金来自中国内地的非公募基金会的法定代表人,应当由内地居民担任。

监事和未在基金会担任专职工作的理事不得从基金会获取报酬。

担任基金会理事长、副理事长或者秘书长的我国香港居民、澳门居民、台湾居民和外国人以及境外基金会代表机构的负责人，每年在中国内地居留时间不得少于三个月。

（二）财产的管理和使用

基金会的收入来源于：自然人、法人或其他组织的自愿捐赠，投资收益，以及其他合法收入等。公募基金会的收入还可以来自组织的募捐。《基金会管理条例》明确了税收优惠原则，即基金会及捐赠人、受益人可以依照法律、行政法规的规定享受税收优惠。根据 2018 年修订的《中华人民共和国个人所得税法实施条例》，个人将其所得对教育、扶贫、济困等公益慈善事业进行捐赠，捐赠额未超过纳税人申报的应纳税所得额 30%的部分，可以从其应纳税所得额中扣除。根据 2019 年修订的《中华人民共和国企业所得税法实施条例》，企业当年发生以及以前年度结转的公益性捐赠支出，不超过年度利润总额 12%的部分，准予扣除。

基金会的财产及其他收入受法律保护，任何单位、个人不得侵占、私分、挪用。基金会可以根据章程规定的宗旨和公益活动的业务范围使用财产。对捐赠协议明确了具体使用方式的捐赠，可以根据捐赠协议的约定使用。当接受捐赠的物资无法用于符合本基金会宗旨的用途时，基金会可以依法拍卖或者变卖，将所得收入用于捐赠目的。

基金会可以按照合法、安全、有效的原则实现基金的保值、增值。公募基金会每年用于从事章程规定的公益事业支出，不得低于上一年总收入的 70%。非公募基金会每年用于从事章程规定的公益事业支出，不得低于上一年基金余额的 8%。基金会工作人员工资福利和行政办公支出不超过当年总支出的 10%。

基金会开展公益资助项目，应当向社会公开所开展的公益资助项目种类以及申请、评审程序。捐赠人有权向本基金会查询捐赠财产的使用、管理情况，并提出意见和建议。对于捐赠人的查询，基金会应当及时如实答复。基金会违反捐赠协议使用捐赠财产的，捐赠人有权要求基金会遵守捐赠协议或者向人民法院申请撤销捐赠行为、解除捐赠协议。

基金会可以与受助人签订协议，约定资助方式、资助数额以及资金用途和使用方式。基金会有权对资助的使用情况进行监督。受助人未按协议约定使用资助或者有其他违反协议情形的，本基金会有权解除资助协议。

基金会应当执行国家统一的会计制度，依法进行会计核算、建立健全内部会计监督制度，保证会计资料合法、真实、准确、完整。基金会接受税务、会计主管部门依法实施的税务监督和会计监督。

(三)终止和剩余财产处理

基金会无法完成章程规定的宗旨,或无法按照章程规定的宗旨继续从事公益活动时,或发生分立、合并等情形时,应当终止。

基金会终止,应经理事会表决通过,报业务主管单位审查同意,然后向登记管理机关申请注销登记。

本基金会办理注销登记前,应当在登记管理机关、业务主管单位的指导下成立清算组织,完成清算工作。

基金会注销后的剩余财产,应当在业务主管单位和登记管理机关的监督下,通过章程规定的方式用于公益目的。无法按照章程规定方式处理的,由登记管理机关组织捐赠给与本基金会性质、宗旨相同的社会公益组织,并向社会公告。

第四节　政府对社会组织的管理

社会组织是我国社会主义现代化建设的重要力量。党中央、国务院历来高度重视社会组织工作,改革开放以来,在各级党委和政府的重视和支持下,我国社会组织不断发展,在促进经济发展、繁荣社会事业、创新社会治理、扩大对外交往等方面发挥了积极作用。政府对各类社会组织的管理思路不断明确,管理举措不断完善。政府对社会组织的管理主要包括登记管理、评估管理和对境外非政府组织境内活动的管理。

一、社会组织管理概述

进入21世纪,中国的各类社会组织数量以年均两位数的速度增长,为社会主义市场经济体制的完善发挥了不可或缺的作用。伴随经济积累与社会转型,社会主要矛盾也发生了重要的变化。2013年党的十八届三中全会历史性地提出“推进国家治理体系和治理能力现代化”的全面深化改革总目标,对社会组织发展意义深远。中国社会组织的管理要与国家治理体系和治理能力现代化的总目标契合,与进一步全面深化改革的战略全局相呼应。正是在这个背景下,党的十九大对改革和完善社会组织管理、促进社会组织健康有序发展,提出了明确的要求。

(一)基本目标和当前的总体目标

党的十九大报告提出的社会组织改革和发展的基本目标是:“打造共建共

治共享的社会治理格局。加强社会治理制度建设，完善党委领导、政府负责、社会协同、公众参与、法治保障的社会治理体制。”①

改革社会组织管理制度促进社会组织健康有序发展当前的总体目标是："到2020年，统一登记、各司其职、协调配合、分级负责、依法监管的中国特色社会组织管理体制建立健全，社会组织法规政策更加完善，综合监管更加有效，党组织作用发挥更加明显，发展环境更加优化；政社分开、权责明确、依法自治的社会组织制度基本建立，结构合理、功能完善、竞争有序、诚信自律、充满活力的社会组织发展格局基本形成。”②

（二）基本原则

改革社会组织管理制度促进社会组织健康有序发展的基本原则是：

第一，坚持党的领导。按照党中央明确的党组织在社会组织中的功能定位，发挥党组织的政治核心作用，加强社会组织党的建设，注重加强对社会组织的政治引领和示范带动，支持群团组织充分发挥作用，增强联系服务群众的合力，确保社会组织发展的正确政治方向。

第二，坚持改革创新。改革社会组织管理制度，正确处理政府、市场、社会三者关系，改革制约社会组织发展的体制机制，激发社会组织内在活力和发展动力，促进社会组织真正成为提供服务、反映诉求、规范行为、促进和谐的重要力量。

第三，坚持放管并重。处理好“放”和“管”的关系，既要简政放权，优化服务，积极培育扶持，又要加强事中事后监管，促进社会组织健康有序发展。

第四，坚持积极稳妥推进。统筹兼顾，分类指导，抓好试点，确保改革工作平稳过渡、有序推进。③

（三）主要工作

党的十九届三中全会明确提出了当前社会组织改革发展的主要工作，这就是："加快实施政社分开，激发社会组织活力，克服社会组织行政化倾向。适合由社会组织提供的公共服务和解决的事项，由社会组织依法提供和管理。依法加强对各类社会组织的监管，推动社会组织规范自律，实现政府治理和社会调

---

①　习近平：《决胜全面建成小康社会　夺取新时代中国特色社会主义伟大胜利——在中国共产党第十九次全国代表大会上的报告》，人民出版社2017年版，第49页。

②　《中共中央办公厅、国务院办公厅印发〈关于改革社会组织管理制度促进社会组织健康有序发展的意见〉》，2016年8月21日，中国政府网，http://www.gov.cn/gongbao/content/2016/content_5106178.htm，2019年5月28日访问。

③　同上。

节、居民自治良性互动。”①

二、社会组织登记管理

从现行的《社会团体登记管理条例》《民办非企业单位登记管理暂行条例》《基金会管理条例》看,对各类社会组织登记管理的基本原则都是统一登记、双重负责、分级管理。这样的管理体制有一个探索发展的过程。

20世纪八九十年代,我国政府对不同类型社会组织的监管还是由不同部门分别进行的,而且是以登记管理为主。1988年9月中国人民银行颁布《基金会管理办法》,1988年7月民政部成立社会团体管理司,1989年10月民政部颁布《社会团体登记管理条例》,自此以登记管理为主的中国社会组织管理体制基本建成。在这样的管理体制下,经过几轮清理整顿,各类社会组织发展依然存在明显的数量和质量方面的问题。

随着行政体制改革的深入,民政部于1997年成立社会组织管理局,1998年10月国务院颁布《社会团体登记管理条例》《民办非企业单位登记管理暂行条例》,标志着社会组织双重管理体制的完全形成。2004年3月《基金会管理条例》由国务院颁布。三个条例规定,各类社会组织须统一到县及县以上各级民政部门登记,要接受业务主管部门和登记管理部门的双重管理。至此,社会组织统一登记、双重负责管理的监管体制完全建立。

(一) 统一登记

各类社会组织统一由国务院民政部门和县级以上地方各级人民政府民政部门登记管理,其他任何部门无权审批和颁发证书。

登记机关承担依法登记管理和依法监督管理的职责,对社会团体在成立之前实行统一登记。在审核社团的申请材料时,登记机关要根据相关规定,对社会团体的宗旨、业务范围、法人资格以及在同一行政区域内是否已有业务范围相同或者相似的社会团体等信息审核清楚,才能批准相关社团的成立。在社团成立之后,要根据相关的法律、法规对其统一监督管理,使其按照相关规定进行运作。同时,登记机关还负责把握社会团体的变更和注销环节。登记管理机关通过对各类社团档案的归类和统计,以及对社团各类活动情况的历史记录,为社团的行政管理提供相关的依据,保证社团的活动能依照法律和法规进行,避免社团管理出现混乱的局面。

① 本书编写组编:《〈中共中央关于深化党和国家机构改革的决定〉〈深化党和国家机构改革方案〉辅导读本》,人民出版社2018年版,第18—19页。

(二) 双重负责

双重负责是指对社团实行业务主管单位和登记管理机关双重负责管理。业务主管单位是指和社会组织业务对口的国务院有关部门、县以上地方各级人民政府有关部门,或者是有关行业、学科或业务范围内的业务主管单位。业务主管单位的职能应当涵盖所主管的社会组织的业务范围,能够对主管的社会组织进行业务指导,而且业务主管单位的行政级别应该与登记管理机关对应。

业务主管单位的主要职责有以下几个方面:

第一,对社团的申请成立材料进行资格审查,如组成人员、规范的名称、相应的组织机构以及经费的来源与合法性等。

第二,对社团进行业务指导。这是为了帮助社团把握准确的发展方向,明确发展前景。此外,业务主管部门也能够协助国家传达有关政策的意图,为社团提供及时有帮助的信息和资料。

第三,对社团进行日常的管理。这些管理活动包括:对社团的负责人进行有关法律、法规的宣传教育;对社团的人事任免进行审核;协调社团内成员之间的关系;对社团所接受的社会捐赠资金的运作进行监督;对社团的成立进行初审、年度检查;对社团的变更、注销等进行审查。

登记管理机关的监督管理职责有:负责社团的成立、变更、注销的登记或备案;对社团实施年度检查;对社团违反条例的问题进行监督检查,对社团违反条例的行为给予行政处罚。

对社团实行双重管理:业务主管部门主要负责社团的日常业务开展活动,登记管理机关主要负责社团的成立变更和撤销事宜。总之,业务管理和登记管理双管齐下,保证社团的正常运行。

为了促进社会团体的发展,2013 年通过的《国务院机构改革和职能转变方案》规定,对行业协会商会类、科技类、公益慈善类、城乡社区服务类社会组织实行民政部门直接登记制度,依法加强登记审查和监督管理。政治法律类、宗教类等社会组织和境外非政府组织在华代表机构,申请登记前仍需经业务主管单位审查同意。

(三)分级管理

分级管理是指按照社团活动的地域分级登记管理。全国性的社会团体由国务院的登记管理机关负责管理;地方性的社会团体由所在地人民政府的登记管理机关负责管理;跨行政区域的社会团体由所跨行政区域的共同上一级人民政府的登记管理机关负责管理。

按照行政管辖区域的级别对社团进行管理,可以保证不同级别的社团在法律上各自独立、互不干涉。

三、社会组织评估管理

我国政府主管部门对社会组织的监管从以登记管理为主到建立统一登记和双重管理体制,再到登记管理和指令性评估结合,再到现在正在实行的放松规制与第三方评估并重的监督管理模式,这样的发展过程既是为了适应我国社会组织的快速发展趋势,也是为了适应境外非政府组织的进入增加的新形势,最终,还是为了完善中国特色社会主义市场体制,提升国家治理能力。

(一)社会组织评估管理的发展过程

进入21世纪,社会组织每年大致以30%的速度递增。① 与此同时,由于中国正式加入WTO,越来越多的国际非政府组织进入中国。各类社会组织机构不健全、内部治理不完善、组织行为不规范、社会公信力不高等问题日益显现。在这样的背景下,传统的以登记管理为主的预防型监管形式已经完全不能满足需要,民政部开始实行评估社会组织这个新的监管形式。

在2005年的全国民政工作会议上,对社会组织进行评估的工作被正式提上议事日程,随后民政部多次组织开展了社会组织评估方面的调研。2007年,民政部先后下发《民政部关于推进民间组织评估工作的指导意见》(以下简称《指导意见》)和《全国性民间组织评估实施办法》(以下简称《实施办法》),正式启动我国的社会组织评估工作。同时下发的还有行业性社团、学术性社团、联合性社团、公益性社团、民办非企业单位、基金会等6类社会组织的评估指标。《指导意见》规定,开展社会组织评估的总体要求是"政府指导、社会参与、独立运作",主要原则是分级管理、分类评定、客观公正、循序渐进。评估工作的指导和监督机构是各级民政部门组建的评估委员会,而具体的社会组织评估主体可以建立或委托相应的评估机构进行操作。

民政部的《指导意见》和《实施办法》下发以后,各级民政部门根据文件要求,积极开展社会组织评估工作,取得了良好的社会效果。社会组织通过评估,加强了自身建设,提高了能力水平,公信力逐步提高。在各地普遍开展社会组织评估的基础上,社会组织评估工作积累了不少经验,也反映出一些问题。2010年年底,民政部颁布《社会组织评估管理办法》,社会组织评估工作得到规范和完善。

---

① 参见王名主编:《中国民间组织30年》,社会科学文献出版社2008年版,第26页。

在2014年国务院工作全面引入第三方评估的大背景下，2015年5月，民政部下发了《民政部关于探索建立社会组织第三方评估机制的指导意见》(以下简称《意见》)。《意见》指出："建立社会组织第三方评估机制，是完善社会组织综合监管体系的重要内容，是社会组织评估的发展方向。"《意见》全面规范了第三方评估的范围、内容、程序，同时明确了培育和发展第三方评估机构，建立第三方评估的体制机制和政策保障等重要问题。《意见》规定："民政部门要充分利用现有资源，大力发展民办非企业单位、社会团体、市场中介机构和事业单位等形式多样的专业评估机构。"

社会组织的第三方评估比原来政府组织的评估有明显的优势。第一，《意见》明确要求第三方评估机构应该是能够独立承担民事责任的专业评估机构，所以第三方评估可以促进政社分开，加快转变政府职能。第二，《意见》明确要求第三方评估机构是相对稳定的专业评估队伍，这样的评估主体不仅可以胜任社会组织的评估工作，也可以从体制上保证评估结果的客观公正，从而激发社会组织的活力。第三，建立社会组织第三方评估机制，是对原有的以登记管理为主的社会组织监管机制的补充，可以完善政府监管社会组织的工作。第四，评估社会组织的第三方不是政府机构，所以第三方评估社会组织实际是社会治理的一种形式，是社会监督的重要平台。第五，由政府部门直接对社会组织开展评估难免会滋生权力的寻租，由独立第三方评估可以有效减少政府部门评估权力寻租的产生，同时也可以减少权力设租、寻租导致的评估结果失真。第六，第三方评估可以降低评估成本。一方面，由第三方作为评估主体，就意味着政府确立了"养事不养人"的评估机制；另一方面，《意见》明确规定主管部门是通过招标、邀标等方式，择优选择第三方评估机构，所以这也是降低评估成本的工作机制。

(二)社会组织评估管理的目的、原则和内容

《意见》指出社会组织第三方评估的总体思路是："围绕社会组织改革发展大局，以评估促改革、促建设、促管理、促发展，……使评估成为政府监管的重要抓手，成为社会监督的重要平台，成为社会组织加强自身建设的重要动力，促进社会组织在经济社会发展中发挥更大作用。"

评估工作坚持分级管理、分类评定、客观公正的原则，实行政府指导、社会参与、独立运作的工作机制。

社会组织评估管理的对象是指经各级人民政府民政部门登记注册、取得登记证书满两年，且未参加过社会组织评估的社会团体、基金会、民办非企业单位。

民政部2010年公布的《社会组织评估管理办法》指出:“对社会组织评估,按照组织类型的不同,实行分类评估。社会团体、基金会实行综合评估,评估内容包括基础条件、内部治理、工作绩效和社会评价。民办非企业单位实行规范化建设评估,评估内容包括基础条件、内部治理、业务活动和诚信建设、社会评价。”

(三)社会组织第三方评估主体

承担社会组织评估的第三方评估机构要具备四个方面的资质条件:第一,能够独立承担民事责任;第二,具有相对稳定的专业评估人才队伍;第三,内部管理规范;第四,社会信誉良好。其中,能够独立承担民事责任的硬性资质是从事社会组织评估的最低要求,人才队伍、管理水平、社会信誉情况等软性资质决定了该机构是否拥有足够的能力及其评估的专业认可度和结果的权威性。

在社会组织的评估实践中,评估工作多由民办非企业单位,综合性、联合性的社会团体和事业单位来承担,并取得了良好的社会反响。比如,北京市在全市具备资质条件的支持性组织中选聘了北京互联社会组织资源中心、北京大学公民社会研究中心、北京师范大学社会公益研究中心等单位作为第三方社会评估机构,负责实地评估。

第三方参与社会组织评估的形式也是多样的,其中主要是政府购买服务和政府委托评估两种形式。2014年12月15日《财政部、民政部、工商总局关于印发〈政府购买服务管理办法(暂行)〉的通知》发布后,第三方评估社会组织被正式纳入各级政府采购目录。《意见》规定,民政部门在遴选第三方评估机构时,要按照公开公平公正的原则,向社会公开社会组织评估的项目、内容、周期、评审流程、资质要求等,以便于相关机构了解情况并申请参加遴选。要通过招标、邀标等方式,择优选择第三方评估机构,并通过合同等形式明确双方的权利义务关系。考虑社会组织评估结果与社会组织享受税收优惠、购买服务、表彰奖励有较大的关联性,为进一步体现社会组织第三方评估的公正公平,必须切断第三方评估机构在评估工作的利益关联。

为此,民政部门加强了对第三方评估机构的监管职责,即民政部门依据评估项目和要求,定期检查第三方评估过程的相关资料记录,调查了解第三方评估结果的社会认可度,确保评估流程规范有序,评估过程客观公正。

(四)社会组织评估程序及评估结果使用

《社会组织评估管理办法》对社会组织评估工作的程序进行了具体的规定。评估工作依照以下程序进行:第一,发布评估通知或者公告;第二,审核社会组织参加评估资格;第三,组织实地考察和提出初步评估意见;第四,审核初步评估意见并确定评估等级;第五,公示评估结果并向社会组织送达通知书;第六,受理复核申请和举报;第七,民政部门确认社会组织评估等级、发布公告,并向获得3A以上评估等级的社会组织颁发证书和牌匾。

社会组织评估结果分为5个等级,由高至低依次为5A级(AAAAA)、4A级(AAAA)、3A级(AAA)、2A级(AA)、1A级(A)。社会组织评估等级有效期为5年。获得3A以上评估等级的社会组织,可以优先接受政府职能转移,可以优先获得政府购买服务,可以优先获得政府奖励。获得3A以上评估等级的基金会、慈善组织等公益性社会团体可以按照规定申请公益性捐赠税前扣除资格。获得4A以上评估等级的社会组织在年度检查时,可以简化年度检查程序。

四、境外非政府组织境内活动管理

境外非政府组织是指在境外合法成立的基金会、社会团体、智库机构等非营利、非政府的社会组织。在我国的社会组织管理体系中,境外非政府组织境内活动管理是被列为与社团管理、民办非企业单位管理、基金会管理并行的一类组织管理,由此也可见其重要和特殊。

(一)境外非政府组织境内活动管理的发展过程

境外非政府组织进入中国境内发展,始于20世纪70年代末。随着改革开放的不断深入,越来越多的国际非政府组织进入中国内地,在经济、科技、教育、文化、卫生、体育、环保、慈善和社会福利等众多领域积极开展合作,为促进中国与世界各国的友好交流、推动中国经济发展和社会进步做出了积极贡献。

境外非政府组织促进了中外友好交流与合作,在带来先进工作理念、有益经验的同时,其自身也获得了巨大的发展。

我国政府对境外非政府组织境内活动的管理经过了一个从多部门分头管理到统一登记管理的过程。境外非政府组织是在中国成为WTO正式成员国以后才被准许进入中国境内活动的。中国是2006年完成WTO的过渡期,成为WTO的正式成员国的。所以,2007年11月民政部、外交部、公安部、劳动和社会保障部联合下发了《关于基金会、境外基金会代表机构办理外国人就业和居留有关问题的通知》,这是国内第一个有关境外非政府组织境内活动的管理规定。从这个通知的文件名就可以知道,我国对境外非政府组织境内活动的管理是从对这些组织的工作人员的管理开始的,而且在各类境外非政府组织中,首先进入中国的是基金会。这个文件对基金会、境外基金会代表机构聘用外籍工作人员的就业与居留有关问题进行了统一规范。2008年发布的《国家税务总局关于外国政府等在我国设立代表机构免税审批程序有关问题的通知》,对境外非政府组织免税审批程序加以规范。随着全球化的发展,这种分部门、分事项的管理体制已经完全不能适应形势发展的需要。境外非政府组织不仅遭遇“合法性”困境,而且它们的权益难以得到保障和它们的行为规范缺位同时存在。

2016年全国人大常委会通过了《中华人民共和国境外非政府组织境内活动管理法》。该法规定,境外非政府组织在中国境内开展长期合作,必须依法登记代表机构。该法在行政管理体制上沿袭了“双重管理体制”,即既有业务主管单位,又有登记管理机关。2016年年底,公安部公布了《境外非政府组织在中国境内活动领域和项目目录、业务主管单位名录(2017)》,这个文件是为了解决原先境外非政府组织找业务主管单位无门的困境,可以保障《中华人民共和国境外非政府组织境内活动管理法》的顺利实施。

至此,境外非政府组织境内活动管理体制基本完善了。

(二)基本原则和管理体制

《中华人民共和国境外非政府组织境内活动管理法》明确规定了境外非政府组织境内活动的基本原则。第一,法律保障原则。这个原则意味着境外非政府组织依法开展活动受到法律保护。第二,合法和尊重公序良俗原则。即境外非政府组织需遵守法律,不得危害国家统一安全、民族团结,不得损害中国国家利益、社会公共利益和其他主体的合法权益。第三,坚持非政府属性原则。这个原则要求境外非政府组织坚持非政府组织的非营利、非政治性和非宗教性,不得从事和资助营利性活动、政治活动,不得非法从事或者资助宗教活动。

境外非政府组织依法可以在经济、教育、科技、文化、卫生、体育、环保等领域和济困、救灾等方面开展有利于公益事业发展的活动。

该法明确规定对境外非政府组织实施“双重管理体制”。即境外非政府组织在中国境内开展活动时,同时受到登记管理机关和业务主管部门的监督管理。

国务院公安部门和省级人民政府公安机关,是境外非政府组织在中国境内开展活动的登记管理机关。国务院有关部门和单位、省级人民政府有关部门和单位,是境外非政府组织在中国境内开展活动的相应业务主管单位。境外非政府组织可以按照公安部公布的《境外非政府组织在中国境内活动领域和项目目录、业务主管单位名录(2017)》确定相应的业务主管单位。县级以上人民政府公安机关和有关部门在各自职责范围内对境外非政府组织在中国境内开展活动依法实施监督管理、提供服务。

国家建立境外非政府组织监督管理工作协调机制,负责研究、协调、解决境外非政府组织在中国境内开展活动监督管理和服务便利中的重大问题。

(三)登记管理和监督管理

境外非政府组织在中国境内开展活动可通过两种途径。一种是依法登记设立代表机构。即登记设立代表机构的,经依法申请并获准登记后,凭代表机构登记证书依法办理税务登记、刻制印章,在中国境内开立银行账户开展活动。另一种是开展临时活动备案。境外非政府组织未在中国境内设立代表机构,在中国境内开展临时活动的,应当与中国的国家机关、人民团体、事业单位、社会组织(中方合作单位)合作进行,中方合作单位应当按照国家规定办理审批手续,并到登记管理机关备案。

各级人民政府有关部门应当为境外非政府组织在中国境内依法开展活动提供必要的便利和服务。制定境外非政府组织活动领域和目录,公布业务主管单位名录,为境外非政府组织活动提供指引。依法为境外非政府组织提供政策咨询、活动指导服务;公布申请设立代表机构以及开展临时活动备案的程序,供境外非政府组织查询。境外非政府组织代表机构依法享受税收优惠等政策。境外非政府组织代表机构首席代表和代表中的境外人员,可以凭登记证书、代表证明文件等依法办理就业等工作手续。

登记管理机关在法定情形下可以对境外非政府组织采取行政强制措施,具体包括:约谈境外非政府组织代表机构的首席代表及其他负责人;现场检查;询问相关当事人;查询、复制甚至封存有关资料;查封或者扣押涉嫌违法活动的场所、设施或者财物。对涉嫌违法活动的银行账户资金,可以提请人民法院依法冻结。其他有关部门在各自职责范围内对境外非政府组织在中国境内开展活动依法实施监督管理,这些部门包括国家安全、外交外事、财政、金融监管、海关、税务、外国专家局和反洗钱主管部门等。

【本章小结】

本章主要介绍了我国社会组织的三种主要类型:社会团体、民办非企业单位和基金会。三类社会组织在繁荣各个领域的事业发展、满足人民群众多样化的社会服务需求和扩大社会就业等方面发挥了不可替代的作用。当前,各类社会组织又成为政府购买公共服务的主要承接主体。

到 2020 年,我们要建立健全统一登记、各司其职、协调配合、分级负责、依法监管的中国特色社会组织管理体制。我国对社会组织实行由民政部门统一登记、民政部门和业务主管部门双重负责,以及各级政府分级管理的体制。

我国的法律规定,境外非政府组织在中国境内开展活动必须坚持非政府组织的非营利、非政治性和非宗教性,公安部门和省级人民政府公安机关,是境外非政府组织在中国境内开展活动的登记管理机关。我们对境外非政府组织实行登记管理机关和业务主管部门的双重管理体制。

【思考题】

1. 我国社会组织的主要类型有哪些?
2. 什么是社会团体?其主要作用是什么?
3. 什么是民办非企业单位?其主要作用是什么?
4. 什么是基金会?其主要作用是什么?
5. 我国现行的社会组织管理体制怎样?
6. 现行境外非政府组织管理体制是什么?

【参考文献】

1. 黄晓勇主编:《中国社会组织报告(2016—2017)》,社会科学文献出版社2017年版。
2. 康宗基:《中国政府与社会组织关系研究——基于"国家与社会关系"的视角》,人民出版社2017年版。
3. 王名:《社会组织论纲》,社会科学文献出版社2013年版。
4. 王名等:《社会组织与社会治理》,社会科学文献出版社2014年版。
5. 王浦劬、[英]郝秋笛(Jude Howell)等:《政府向社会力量购买公共服务发展研究:基于中英经验的分析》,北京大学出版社2016年版。
6. 王世强编著:《社会组织法律法规与政策》,首都经济贸易大学出版社2017年版。
7. 张翼主编:《社会组织与社会治理》,经济管理出版社2016年版。
8. 竺乾威、朱春奎等:《社会组织视角下的政府购买公共服务》,中国社会科学出版社2016年版。

案例

"放管服"改革:开启社会组织发展新篇章

第四章　教育事业管理

【本章目的】

通过本章的学习，了解教育的含义及其功能；掌握教育管理、教育管理体制的含义和内容；了解教育管理的地位、作用和三种教育管理体制的特点；了解我国教育管理体制的沿革、现行教育管理体制存在的弊端以及未来改革的趋势。

【本章重点】

1. 教育管理的主要内容
2. 不同类型教育管理体制的比较
3. 我国教育管理体制的改革趋势

第一节　教育与教育管理

一、教育的概念

教育作为一种培养人的社会活动，是随着社会的发展而发展的。人们对教育的认识也不断深化。据考证，"教"和"育"这两个字，在我国最早出现在甲骨文中。在先秦古籍中，"教"与"育"连用的很少，大都只用一个"教"字来论述教育的事情。在我国最早将"教"和"育"用在一起的是孟子。《孟子·尽心上》说："得天下英才而教育之，三乐也。"在西方，"教育"一词，无论是英文的"education"还是德文的"Erziehung"，都源于拉丁语"eduiêre"，是"引出"的意思。

关于教育的含义，古今中外有很多种不同的解释。概括起来，大致有如下几种观点。

第一种是从社会需要的角度来解释教育。《荀子·修身》中说："以善先人者谓之教。"《礼记·学记》中说："教也者，长善而救其失者也。"日本学者村井实认为："教育是使儿童（或每个人）变成善良的活动。"①

① 〔日〕大河内一男等：《教育学的理论问题》，曲程等译，教育科学出版社1984年版，第317页。

第二种是从人的发展角度来探讨教育的含义。法国著名的启蒙思想家卢梭(J. J. Rowsseau)认为:"教育应当依照儿童自然发展的程序,培养儿童所固有的观察、思维和感受能力。"①瑞士著名的教育家裴斯泰洛齐(J. H. Pestalozzi)也认为:"教育的目的在于发展人的一切天赋和能力。"

第三种则注重表述教育活动中教育者与受教育者之间的关系。东汉许慎在其所著的《说文解字》中说:"教,上所施,下所效也。""育,养子使作善也。"

尽管古今中外学者关于教育的含义有多种表述,但都存在一个共同的基本点,即把教育看作是培养人的活动,这是教育区别于其他事物的根本特征,是教育的质的规定性。②

教育有广义和狭义之分。

(一) 广义的教育概念

关于广义的教育的含义,《美利坚百科全书》中写道:"从最广泛的意义说来,教育就是个人获得知识或见解的过程,就是个人的观点或技艺得到提高的过程。"③这是从受教育者成长的角度下的定义。《中国大百科全书·教育》则认为:"从广义上说,凡是增进人们的知识和技能、影响人们的思想品德的活动,都是教育。"④这是从对受教育者产生影响的角度下的定义。笔者认为,广义的教育包括一切能增进人们的知识和技能、影响人们思想品德的活动。这种意义上的教育,作为一种社会现象,可以是自觉地进行的,也可以是自发的;可以是有计划的,也可以是偶然发生的;可以是有组织地独立地展开的,也可以是无组织地融合于其他活动之中的;可以是多种内容的,也可以是单项的。也就是说,广义的教育是一种随机性很强的社会活动,因而往往未能使人们意识到这是一种教育活动。

广义的教育的定义只是将教育活动与其他社会活动区别开来,包括的范围很广。如家庭教育,通过大众传媒如报纸、期刊、广播、电视、网络等进行的群众性宣传教育,由校外文化机构进行的教育,以及群众团体中的教育活动等,当然也包括学校教育在内。

---

① 曹孚编:《外国教育史》,人民教育出版社1979年版,第124页。

② 1978年于光远在《学术研究》上发表的《重视培养人的活动》一文,发起了我国关于教育本质的大讨论,到1994年就发表了近三百篇(本)相关的学术论文和专著,提出了近三十种观点。相关内容可参见郑金洲:《教育本质研究十七年》,《上海高教研究》1996年第3期,第19—24页。

③ 转引自叶澜:《教育概论》,人民教育出版社1999年版,第6—7页。

④ 中国大百科全书总编辑委员会《教育》编辑委员会:《中国大百科全书·教育》,中国大百科全书出版社1985年版,第1页。

（二）狭义的教育概念

狭义的教育主要指学校教育，是指社会通过学校对受教育者的身心所施加的一种有目的、有计划、有组织的影响，以便使受教育者发生预期变化的活动。① 这种意义上的教育，教育者应该是接受过专业训练的职业教师；受教育者或是年轻一代或是成人，都是经过正规学校教育的；教育内容是按照一定的目的，有计划地选定并有一定的系统性和稳定性；教育手段和方法是经过选择且有针对性的，有利于受教育者接受。这四个方面相互作用而产生的活动是在学校这一特定环境里实现的。现代意义上的狭义的教育，包括学前教育、普通中小学教育、中等职业技术教育、高等教育、特殊儿童教育等。本书使用的是狭义的教育概念。

关于学校教育的实体——学校的定义及其起源，《辞海》中说，学校是“有计划、有组织地进行系统教育的机构。起源于奴隶社会。中国古代的学校，据《孟子》所载：‘设为庠、序、学、校以教之。’学校开始产生时，往往不都是专门的教育机构，而兼有习射、养老的场所。其后学校一般称为学。清末兴办近代教育，在1902年（光绪二十八年）的《钦定学堂章程》中称为学堂，1912年的学制中改称学校”②。

关于学校教育相比其他教育的特殊性，叶澜教授认为主要表现在两个方面：一是学校教育是目的性、系统性、组织性最强的教育活动，因此也是可控性最强的；二是学校教育是由专门的机构和专职人员承担的，学校的任务是专门培养人，这些人是取得入学资格的。只有满足了这两个方面要求的教育活动才能称为学校教育。③

二、教育的功能

教育的功能，简而言之，就是指教育这种社会活动对人类社会和人的发展所起的作用。作为有计划、有目的地培养人的一种活动，教育在人和人类社会发展中的作用，得到了古今中外许多思想家、教育家、经济学家和社会学家的充分肯定。著名的社会学家涂尔干在《教育的性质与任务》一文中指出：“教育是年长的几代人对社会生活方面尚未成熟的几代人所施加的影响，其目的在于，使儿童的身体、智力和道德状况都得到某些激励与发展，以适应整个社会在总

---

① 参见厉以贤主编：《现代教育原理》，北京师范大学出版社1988年版，第16页。

② 辞海编辑委员会编纂：《辞海》，上海辞书出版社1999年版，第3195页。

③ 参见叶澜：《教育概论》，人民教育出版社1999年版，第9页。

体上对儿童的要求,并适应儿童将来所处的特定环境的要求。”①

归纳已有的论述,教育的功能主要体现在五个方面。②

(一) 教育的政治功能

关于教育的政治功能,古代先贤有比较丰富的论述。《大学》开宗明义地指出:“大学之道,在明明德,在亲民,在止于至善。”《礼记 · 学记》里说:“是故古之王者,建国君民,教学为先”,“君子如欲化民成俗,其必由学乎!”亚里士多德在《政治论》中也明确地提出,要教育公民,使他们的生活适合于政府的形式。

现代学校教育的政治功能主要表现在以下两个方面:

第一,直接政治功能。例如,学者创设政治理论,学者与政府官员合作制定政治路线与方针政策,学者参与政治决策,或宣传或批判当时的政策;学校组织学生参与政治活动等。这些都是学校直接参与社会政治活动、直接作用于社会政治的表现。

第二,间接政治功能。例如,按照国家的政治制度选拔人才,按照国家的政治意识培养人才、培养合格公民,促使现行社会关系稳定地延续和发展。在这些活动中,学校教育只是培养人,再由所培养的人作用于社会,学校教育对政治的作用主要是间接的。

(二) 促进科技发展的功能

学校教育通常通过三个方面促进科学技术向前发展:

第一,保存、继承、传播科学技术。科学研究的成果,特别是一些理论上较深刻、技术上难度较大的重要科技成果,并不是一出现就能为世人所认识,学校教育可能是唯一的继承和传播的途径。

第二,培养科技人才。培养科技人才是教育的本体功能的一部分。当今社会,科技人才数量已经成为一个国家国际竞争力的重要标志。而纵观古今中外,绝大部分优秀的科技人才都是通过学校教育培养出来的。学校教育在培养人才方面具有系统性、目的性和专业性等特点,能很好地发掘学生的科技潜能,为他们成为优秀的科技人才打下坚实的基础,并能按照学生的身心发展水平确定最佳的培养模式。

第三,创造科技成果。学校保存着人类已创造的知识和科技成果,又培养

---

① 〔法〕涂尔干:《教育的性质与任务》,魏贤超等译,载瞿葆奎主编:《教育学文集》,人民教育出版社 1993 年版,第 30 页。

② 参见徐智德:《学校教育功能研究缘起(上)》,《民办教育研究》2005 年第 3 期;厉以贤主编:《现代教育原理》,北京师范大学出版社 1988 年版,第 41 页。

和积累了各学科的精英人才，教师在向学生传授知识和创新的过程中，又不断研究前人进行科学创新的过程和思维方法，这些条件不断地积累、沉淀，在新的社会需要下常常会萌发出创造性的科技成果。

（三）教育的经济功能

教育的经济功能主要表现在三个方面：

第一，教育提高人的素质，有助于劳动生产率的提高。美国芝加哥大学教授舒尔茨（Shultz）通过经济增长余数分析法估算出，美国1929年到1957年经济增长中，教育做出的贡献约占33%。

第二，教育可以促进产业结构调整，形成新的经济增长点。当某种需求市场饱和时，教育的科技功能提升该产品的技术水平，刺激新的需求。

第三，学校本身也是带动经济发展的重要方面。在我国有数亿人聚集在学校，他们需要教学用房、生活用房，还需要正常生活和工作所需的各种社会服务，这将带动一大批产业的兴起，教育消费目前已成为我国人民最重要的消费之一。

（四）教育的文化功能

教育的文化功能体现在三个方面：

第一，选择、整理、传递和保存文化的功能。学校教育确定教育内容的过程，就是对文化的选择过程；编写教材就是整理人类文化精粹的过程；教育就是向年轻一代传递一定的文化体系，使他们掌握社会核心文化的主体，进而形成与社会发展要求相一致的观念和行为习惯。

第二，创造、更新文化的功能。现代教育特别是学校教育为社会文化的不断更新与发展，提供大量的具有强烈的创新愿望并懂得预测、模拟、情景描述、模型等技术的创造性人才。

第三，吸收、融合世界先进文化的功能。信息技术和经济的不断发展，为世界各国的文化交流提供了条件，文化交流也促进了世界各国的现代化进程，而现代教育在文化交流过程中扮演了十分重要的角色。日本明治维新后，就是在吸收大量西方文化成就的基础上，加快了日本现代化的步伐。日本教育专家在回顾这段历史时曾明确指出："在促进'文明开发'方面，公共教育扮演了先锋的角色。许多西方人被邀请到日本来，努力向他们学习，寻求现代化领域的新知识。这些努力使政府和社会得以高度西方化。学校教育被认为是最有效的工具。"①

---

① 日本国立教育研究所编：《日本教育的现代化》，张谓城、徐禾夫等译，教育科学出版社1980年版，第26—27页。

(五) 促进个体身心协调发展的功能

促进个体身心协调发展是教育特别是学校教育的本体功能。教育的直接作用是影响人的身心发展,教育的价值与功能最终主要是通过受教育者的变化来实现的。关于教育在个体身心发展方面的作用,荀子说:"干、越、夷、貉之子,生而同声,长而异俗,教使之然也。"①卢梭说:"植物的形成由于栽培,人的形成由于教育。"②康德说:"人只有通过教育才能成为一个人。人是教育的产物。"英国著名的哲学家、教育家洛克说:"我敢说我们日常所见的人中,他们之所以或好或坏,或有用或无用,十分之九都是他们的教育所决定的。人之所以千差万别,便是由于教育之故。"③综合起来看,现代教育特别是学校教育通过丰富充实的教育内容和多方面的教育活动来促进个体在德育、智育、体育、美育、劳动技术等多方面的发展;通过丰富多样的教育内容和建立在科学基础上配合有序的教育方式方法来实现个体身心和谐发展;运用遗传学和各种测验科学的成果,现代教育特别是学校教育能够对不同学生的发展目标进行预测,并对他们今后的发展方向提出建议,从而可以减少盲目性,使得学生潜在的发展优势能够充分发展出来。

三、教育管理的基本内容

(一) 教育管理的一般概念

教育管理作为一种教育现象由来已久,可以说自从有了教育,也就有了教育管理。但关于教育管理的含义,至今尚无一个统一的说法。正如英国著名的教育管理研究专家托尼·布什(Tony Bush)所说:"教育管理是涉及学校日常运转的实践活动,同时,教育管理也是一门学科。这一学科至今尚无人们普遍接受的定义,因为它在发展过程中大量吸收了诸如社会学、政治学、经济学及普通管理学等历史悠久的学科所积累的知识和理论。"④

学者们从教育所涉及的不同方面界定教育。英国的格莱特在研究中关注的是"教育机构的内部运转,学校与环境的关系即学校与其所在社区的关系,以及对其负责的上级部门和团体"⑤。美国的奥洛斯基在其著作《今日教育管理》

---

① 《荀子·劝学》。

② 张焕庭主编:《西方资产阶级教育论著选》,人民教育出版社1979年版,第95页。

③ 〔英〕洛克:《教育漫话》,傅任敢译,人民教育出版社1979年版,第4页。

④ 〔英〕托尼·布什:《当代西方教育管理模式》,强海燕等译,南京师范大学出版社1998年版,第1页。

⑤ 同上书,第2页。

一书中将教育管理视为管理科学加教育。① 日本的安藤尧雄在其著作《学校管理》中认为，教育管理不仅是对学校物资设备的管理，更为重要的是对教育计划和教育活动的管理。② 我国学者张复荃在《现代教育管理学》中提出，教育管理是社会管理的特定领域，实现教育管理的职能需要考虑到社会管理各领域中那些最一般的、共同的职能，教育管理又是以培养某种规格的人为自己的目标和归宿。③ 陈孝彬认为："教育管理行为是在一个国家或地区的政治、经济与文化环境的制约下，在教育管理部门领导者的教育价值观的支配下，采用科学的方法对所管辖的各级各类教育组织进行预测与规划、组织与指导、监督与协调、激励与控制，使有限的教育资源得到开发和合理配置，以实现提高教育质量、增进办学效益、稳定教学秩序、改善办学条件、促进教育事业发展的目的。"④黄兆龙认为："教育管理活动不同于教育、教学、生产、科研活动的根本点，就在于管理活动是对这些活动的组织、协调、控制和指导的活动，是为这些活动的开展和正常运转创造良好的外部环境，提供各种资源条件和'人和'氛围，并使各种资源条件、内外部环境成为有效结合、充分发挥效能的动态过程。"⑤孙绵涛认为："教育管理的本质就是教育管理者按照一定社会的要求和教育管理自身的规律，为促进人类自身再生产从而更好地为一定社会服务的一种活动。"⑥康翠萍则认为："教育管理是教育管理者按照一定社会的要求和教育规律，通过一定的管理方式，对有关资源进行有效利用，达到为促进人类自身再生产，从而使教育为一定社会服务的一种实践活动。"⑦

上述对教育管理含义的理解各有侧重，值得借鉴。笔者认为，教育管理就是发生在教育活动中的管理行为，教育管理有广义与狭义之分。广义的教育管理包括教育行政和学校管理，狭义的教育管理指学校管理。教育行政是国家行政的重要组成部分，是国家通过政府的教育行政部门对教育事业进行领导和管理。⑧ 学校管理就是学校内部的管理，包括学校内部领导分工、机构设置、管理权限以及相互关系等内容。本书使用广义的教育管理概念。

---

① 参见〔美〕D. E. 奥洛斯基等：《今日教育管理》，张彦杰等译，春秋出版社 1989 年版。

② 参见〔日〕安藤尧雄：《学校管理》，马晓塘、佟顶力译，文化教育出版社 1982 年版，第 5 页。

③ 参见张复荃：《现代教育管理学》，黑龙江教育出版社 1989 年版，第 5 页。

④ 陈孝彬主编：《教育管理学》（修订版），北京师范大学出版社 1999 年版，第 34 页。

⑤ 黄兆龙：《现代教育管理哲学》，广西教育出版社 1992 年版，第 55 页。

⑥ 孙绵涛等：《教育管理哲学——现代教育管理观引论》，武汉工业大学出版社 1997 年版，第 33 页。

⑦ 康翠萍：《关于教育管理本质的再探讨》，《教育理论与实践》2000 年第 2 期，第 30 页。

⑧ 参见萧宗六、贺乐凡主编：《中国教育行政学》，人民教育出版社 2004 年版，第 10 页。

(二)教育管理的主要内容

关于教育管理的主要内容或者说教育管理的主要职能,目前尚无统一的看法。有学者将教育管理(行政)的职能区分为专门职能和基本职能。其中,专门职能包括编制教育事业计划,任用、考核教育人员,审核教育经费,充实教育设备,规划教育基建,开展教育科研,进行教育统计等。概括起来说,就是对与教育活动有关的人、财、物、事的管理。基本职能包括教育决策、教育法制(包括制定学制和课程设置)和教育督导。有学者认为,教育管理的基本职能包括维护方针政策的贯彻实施和组织全部教育、教学、生产科研、后勤工作;具体职能包括运筹、监督控制、调节反馈、计划决策、选人用人育人和组织实施。也有学者认为,教育管理职能活动包括制定教育事业发展规划、教育督导、教育评价、教育科研和教育行政统计。还有学者认为教育管理的职能共有七项,即计划、控制、协调配合、科学决策、教育激励、监督检查、改革创新。萧宗六教授认为,教育管理的主要职能应该是计划、决策、督导、评价、执法、服务。① 从陈孝彬教授关于教育管理行为的描述性定义可以看出,教育管理的主要内容应该包括预测与规划、组织与指导、监督与协调、激励与控制。

结合已有学者的相关论述,笔者认为,教育管理的主要内容应该包括教育预测、教育计划、教育决策、教育督导和教育评价。

教育预测,就是人类在教育领域中从事的预测活动。也就是以教育现象为预测对象,对其发展趋势或倾向做出科学的估计。教育预测包括教育发展模式的预测、教育结构发展变化的预测、教育人口变化的预测、教育投资预测、教育内容和方法发展变化的预测、教育布局预测和人才需求预测。②

教育计划,就是在国家教育方针政策的指导下,为实现预定的教育目标及任务而采取的规则、步骤、方法的总和。教育计划由教育发展目标、教育现状的诊断及分析、教育计划目标以及教育计划行动方案的拟订与选择四部分组成。其中,教育发展目标是教育计划制订的出发点,又是评价教育事业发展的指标;教育现状的诊断及分析是教育发展目标设定的前提,也是提出具体解决办法的基础;教育计划目标是在教育发展目标的引导下,在对教育现状进行诊断与分析的基础上设定的;教育计划行动方案就是为了达到一定的教育目标,把教育系统中的人力、物力、财力、时间、空间、信息等资源因素科学合理地组织起来,

---

① 参见萧宗六、贺乐凡主编:《中国教育行政学》,人民教育出版社 1996 年版,第 4—5 页。

② 参见陈孝彬主编:《教育管理学》(修订版),北京师范大学出版社 1999 年版,第 197、199—200 页。

不同的组合就构成了不同的教育计划行动方案或实施方案。①

教育决策有广义和狭义之分。广义的教育决策泛指教育领导者对教育组织中各种问题的处理或对各种方案的选择。也就是说,无论是政策性的还是事务性的,也无论是全局性的还是局部性的决定和选择,均可包含其中。狭义的教育决策一般仅指教育领导者为了达到一定的教育目的而对本组织未来实践的方向、目标、原则和方法所做的决定。②

教育督导,是对教育工作,包括教育行政工作和学校组织领导、教育、教学、总务、人事工作,进行视察、监督、指导、建议的活动。具体地讲,教育督导就是根据党和国家的教育方针、政策,按照督导的原则和标准,使用科学的方法,对教育行政工作和学校工作通过精密的观察、调查和考核,进而做出审慎的分析和评定,指出成绩和缺点,并提出积极改进意见,使教育工作质量不断得到提高的活动。③

关于教育评价的含义,有多位学者,如泰勒(Ralph W. Tylor)、阿尔肯(Marvin L. Alkin)、克龙巴赫(Lee J. Cronbach)、斯达夫宾(Daniel L. Stuffbean)等,做了比较详细准确的界定。被誉为"教育评价之父"的泰勒将教育评价定义为"确定教育目标达到程度的过程";阿尔肯则认为,教育评价就是找出与教育决策有关系的主要问题,选取适当的信息指标,从而为决策者在选择不同的决策方案时提供依据。本书同意萧宗六教授的观点,即认为教育评价就是一个系统地收集信息从而为教育决策服务的过程。④

教育预测、教育计划、教育决策、教育督导、教育评价这五项内容是相互渗透、相互促进的。教育预测是基础,没有科学的教育预测,就不可能制订出科学的教育计划,也就不可能做出科学的教育决策;教育督导和教育评价是对教育计划、教育决策的监督、指导和评价,没有教育评价和教育督导,教育预测、教育计划和教育决策的科学性无从检验,从而也无法保证教育事业的健康发展;教育评价是教育督导的主要任务之一,科学的、具有指导性的教育评价是改善教育督导工作,使其不断科学化的一条重要途径,同时也是修正教育计划、做出科学的教育决策的重要保证。

(三)教育管理的地位与作用

教育管理本身不是目的,而是一种手段,其目的是通过教育预测、教育决

① 参见陈孝彬主编:《教育管理学》(修订版),北京师范大学出版社 1999 年版,第 194、201—203 页。

② 参见吴志宏、冯大鸣主编:《新编教育管理学》,华东师范大学出版社 2000 年版,第 179 页。

③ 参见陈孝彬主编:《教育管理学》(修订版),北京师范大学出版社 1999 年版,第 212 页。

④ 参见萧宗六、贺乐凡主编:《中国教育行政学》,人民教育出版社 1996 年版,第 421—422 页。

策、教育计划、教育督导和教育评价等来提高学生的知识、能力、品德等方面的素质,并为实现国家的教育理念、促进社会教育事业的健康发展创造条件。

教育活动的复杂性和特殊性,需要实施有效的教育管理。现代教育已经形成了终身教育的思想。在这个基础上发展起从学前教育到中小学教育、高等教育再到各类成人教育这样一个人数众多、规模庞大的体系。比如我国,从教育部、国家统计局、财政部发布的年度《全国教育经费执行情况统计公告》披露的统计数字来看,“十二五”以来,我国财政性教育经费占国内生产总值的比例每年都在4%以上。对于这样一个规模庞大而又耗费资源的事业,不进行领导和管理是不可想象的。正如汉森(E. Mark Hanson)所说:“学校或许是最复杂的社会产物了。一方面,如同其他正式组织一样,学校必须对一个复杂的人力物力资源的混合体的组织、管理、指挥等方面的事务加以处理;另一方面,它又与大多数其他正式组织不同,学校因从事人力生产而导致其独特的组织和管理问题。由于每个人——家长、纳税人、立法者、教师——实际上都可以被当作学校的利益攸关者(stakeholder),因此,学校的管理过程就变得极其复杂了。”①

教育管理要协调教育与各种环境之间的关系,解决教育发展过程中的各种矛盾。任何教育组织都生存在一般环境(包括自然环境和社会环境)和特殊环境(主要指教育组织的内部环境或称工作环境)中,因此,“如同所有复杂组织的情况一样,教育系统会制造出冲突与应急的成分。……构成教育系统的各种自认成分携带着这样的特征:一个充满压力的环境”②。“学校环境中包含了许多集合在一起的力量,例如,它包含了诸如地方、州、联邦政府和法院之类的团体和机构,包含了种种自由主义的、保守主义的、激进主义的政治说客和选民团体;包含了种族、宗教、民族传统等各种人种学因素;也包含了人际隔膜、药物滥用、种族主义、伦理道德、刑事犯罪和体力暴力之类的社会问题。”③此外,还存在面向全体学生与学生个体差异的矛盾、教师的主导作用与学生的主体地位不协调等方面的冲突和矛盾。教育管理要协调教育与各种环境之间的关系,解决教育、教学过程中出现的各种矛盾和冲突,进而促进教育事业的发展和学生素质的提高。

教育管理的质量直接决定教育的质量。教育质量是教育组织的生命线,也是教育组织存在的价值体现,教育质量很差的学校也就失去了存在的价值。学

① 〔美〕E. 马克·汉森:《教育管理与组织行为(第五版)》,冯大鸣译,上海教育出版社2005年版,第3页。

② 同上书,第343页。

③ 同上书,第164页。

校的教育质量是学校管理水平的综合体现,它不仅依靠素质高的教师、好的教学设备和充足的教育经费,而且有赖于学校的整体管理水平和全体员工的共同努力。学校的教育质量由两部分组成:一是以毕业生的质量为标准的"产品"质量,二是以教育教学过程的质量为依据的工作过程质量。毕业生的质量是教育教学工作质量的结果,教育教学工作的质量是毕业生质量的条件。学校组织的质量管理就是通过对全体教师进行以质量意识和社会责任感为基础的教育,采用科学的方法对教育教学工作的全过程进行设计、实施、考核与评价,鼓励教师科学地教、学生聪明地学。

合理规划和利用教育资源。教育活动的开展,无论是教学人员聘任、教学设备使用和更新,还是校舍的修建等,都需要经费的投入。而我们知道,资源稀缺是常态,分配到教育活动中的资源就更加稀缺了。因此,教育活动的开展需要通过有效的教育管理对教育资源进行合理的规划和利用,以达到事半功倍的效果。

总之,教育管理对保证教育活动有目的、有计划地进行,管理监督和调节教育活动,有效配置教育资源,以及提高教育资源使用效率,有着重要的作用。

第二节　教育管理体制

一、教育管理体制的含义

(一)教育管理体制的概念

"体制"原是生物学上的一个概念,指生物器官的配置形式,后引申为国家机关、企事业单位的组织制度,特别是指上下级之间的隶属关系及管理权限划分等方面的制度、形式等的总称。将体制的概念延伸到教育管理中来,教育管理体制就是指在教育活动中,国家、地方政府、学校之间隶属关系及管理权限划分等方面的制度、形式等的总称。

国内部分教育管理教材将"教育行政体制"与"教育管理体制"混用,即认为两者是一样的;但也有观点认为两者不能混用,即认为两者是不一样的。造成分歧的关键是对"行政"一词的理解。如果狭义地理解"行政",两者的确有区别;但从广义上来理解"行政",两者并没有本质的区别。归根结底,教育管理体制(或称教育行政体制)所要解决的就是国家、地方及各级各类学校领导和管理教育事业的根本制度问题,围绕这一制度必然要涉及领导权力分配、机构设置等事项。如果这两个术语针对的是基本相同的研究内容和对象,就没有必要将它们过于严格地区别开来。① 本书除特别指出的地方以外,未将"教育管理体制"与"教育行政体制"加以严格区分。

(二) 教育管理体制的实质

由教育管理体制的含义,不难看出教育管理体制所要回答的问题包括:国家的教育管理权的确立与划分;中央、地方设置教育管理机构的权限,中央、地方设置的教育机构之间是否呈现一定的隶属关系;国家对教育的管理总体上采用集中管理还是分散管理,等等。在这些问题中,核心问题是中央政府与地方政府、教育行政部门与学校的隶属关系,以及围绕教育事权方面的权限划分。教育管理体制主要反映学校与政府之间的关系。

(三) 教育体制与教育管理体制的关系

教育体制所涵盖的内容比教育管理体制要广泛得多。与教育体制相比,教育管理体制只是其中的一部分。教育体制除了教育管理体制外,还包括教育办学体制、教育投资体制、招生和就业体制等内容。

教育办学体制主要是指各级各类学校与举办者之间的关系。办学体制是指由不同办学主体关系所构成的一个国家的办学模式。一个国家的文化传统和社会的政治、经济生活状况会深刻影响办学体制的形成。分权制国家的办学主体主要是地方政府和个人,集权制国家则主要是中央政府,而西欧福利国家还包括各级政府。除去把教育作为福利的西欧国家,在市场化的国家里,各级各类普通教育特别是高等教育的办学主体主要是国家、地方政府和个人,而这三种办学主体在办学体制中的不同结构,大致形成了五种办学模式:国家、地方、私人办学并举型,地方、私人办学并重型,国家办学主导型,地方办学主体型,以及单一国家办学型。

教育投资体制主要是指筹集教育经费的运作方式。早期教育的投资体制与办学体制有很大的重叠性,即办学主体就是投资主体,尤其是在私人作为办学主体的情况下,两者没有根本的区别。然而,随着教育规模的逐渐扩大,无论是发展中国家还是发达国家,也无论是国家还是私人举办的学校,都不同程度地遇到了教育经费不足的问题。因此,即使政府举办的学校也要向个人和社会团体筹措经费;同时,私人举办的学校也开始不同程度地依赖国家和各级政府的拨款资助。以拨款为杠杆或者以提供经费作为条件介入教育的管理过程,正在成为外部因素干预教育的一种重要形式。

① 参见吴志宏、冯大鸣主编:《新编教育管理学》,华东师范大学出版社 2000 年版,第 70 页。

管理体制是政府介入教育管理之后才出现的。政府在教育管理体制、办学体制和投资体制中都扮演着重要的角色,但它不是办学体制和投资体制的唯一主体。就政府在三种体制中的地位和作用而言,它在管理体制中的作用表现得最为明显,主要是起一种宏观调控和评价的作用,目的是把社会各个层面的需求通过政府的调控反馈给学校。作为办学主体的各级各类学校,原本是私人物品,不直接与政府发生关系,但随着社会的发展,一部分教育成为公共物品或准公共物品,政府与学校也越来越紧密地联系在一起。同时,人们也认识到,政府作为管理主体具有某些先天的局限性,这些局限性必须通过办学主体参与管理才能克服。

在现代教育体系的运行过程中,政府对教育系统的管理和投资不再属于同一体系,两者越来越呈分离趋势。就目前的状况而言,政府主要是对公立学校进行投资,也资助一部分私立学校的经费。虽然在某些国家的教育发展过程中,政府曾承担了全部的教育经费,但在投资面临巨大压力和义务教育的普及特别是高等教育大众化的进程中,这种完全由政府投资的模式变得越来越难以为继,教育投资也呈现出多元投资的模式。然而,这并不意味着政府对教育管理权的丧失,恰恰说明了管理体制和投资体制的分离是一种趋势。

由此可见,在教育体制中,管理体制、办学体制、投资体制是相互影响、相互作用的,其中教育管理体制处于相对重要的地位,因为不同的教育管理体制规范和制约着一定的办学体制和投资体制。这将在教育管理体制模式的介绍中进行比较详细的分析。随着现代教育的迅猛发展,教育管理的主体与办学主体和投资主体呈现一种分离的态势,但由于教育活动的特殊性,政府必须也必然通过立法、制定政策、投资、评估等方式介入学校教育的管理。

二、教育管理体制的类型

教育管理体制从不同的角度可以区分为不同的类型。例如,托尼·布什在其著作《当代西方教育管理模式》中将教育管理模式分为六大类,分别是正规模式(formal models)、学院模式(collegial models)、政治模式(political models)、主观模式(subjective models)、模糊模式(ambiguity models)和文化模式(cultural models);同时,他提出最佳的教育管理模式应该是上述六种模式全部或部分的结合,即综合模式。① 也有学者主张把世界主要国家的教育行政体制划分为另

① 参见〔英〕托尼·布什:《当代西方教育管理模式》,强海燕等译,南京师范大学出版社 1998 年版,第三章至第九章。

外六种类型,即美国的地方责任型、英国的责任分担型、法国的国家责任型、澳大利亚的州责任型、加拿大的一部分州的宗派控制型和苏联的联邦政党控制型。[①] 国内的教育管理学教材大都认为按照中央和地方教育管理权力的分配关系,可以将教育管理体制划分为集权制、分权制和混合制三种形式或模式。[②] 这也是本书的基本观点。下面将分别介绍这三种教育管理体制的特点、优点和弊端。

(一) 集权制教育管理体制

1. 集权制教育管理体制的特点

教育管理的中央集权制一般来说是国家行政管理集权制的一个组成部分。在中央集权制下,教育管理权集中于中央政府,地方服从中央的管理指令,私人、社会团体的影响和作用很小。典型的集权制国家有法国和苏联。法国宪法第 34 条规定由国会制定关于教育基本原则的法律,以此确定了中央政府的教育行政权力,教育法令、政策、课程等多由中央决定,中央和地方的高级行政官员一般要经总理或内阁提名,报经总统任命,中学校长则由教育部部长任命。大学区总长代表教育部部长,省教育厅厅长(也称大学区督学)又代表大学区总长。有人曾这样描述过法国的教育管理体制:"法国的教育部部长只要看一下手表,就可以知道全国的任何一所学校当时在上什么课程。"[③]综合起来看,集权制教育管理体制的共同特点是:在中央一级设有主管教育的部门;中央对教育实行统一领导,教育教学工作由中央一级教育机构规定统一的标准;教育经费主要由国家预算支付;教师是国家的公职人员,由政府任免。[④]

2. 集权制教育管理体制的优点

在集权制教育管理体制下,中央政府和教育行政部门直接领导和管理国家教育事业,地方政府及其教育行政部门主要以实施中央制定的教育法律、政策、规划和指令为己任。因此,这种教育管理体制有利于统一国家的教育方针政

---

① 参见陈孝彬主编:《教育管理学》(修订版),北京师范大学出版社 1999 年版,第 138 页。

② 陈孝彬教授认为,教育管理体制的类型或模式,根据中央与地方的教育管理事权的分配关系可以划分为集权制和分权制;根据教育行政管理机关与地方政府的关系可以划分为从属制和独立制(或称完整制和分离制);根据教育行政组织中最高决策人的人数可划分为首长负责制和合议制。吴志宏教授认为教育管理体制的类型可以划分为集权制和分权制、从属制和独立制、专家统治制和非专家统治制(从教育管理决策是否由教育专家掌握)。相关内容可分别参见陈孝彬主编:《教育管理学》(修订版),北京师范大学出版社 1999 年版,第 132—136 页;吴志宏、冯大鸣主编:《新编教育管理学》,华东师范大学出版社 2000 年版,第 75—79 页。

③ 袁祖望:《中外教育管理比较》,武汉工业大学出版社 1992 年版,第 11 页。

④ 参见娄成武、史万兵编著:《教育经济与管理》,中国人民大学出版社 2004 年版,第 290—291 页。

策,统一制定教育事业发展规划;有利于中央调节各地教育的不平衡发展,加强对落后地区教育事业的扶持和帮助;有利于实行统一的教育标准,并据之评估和检查全国教育事业的发展状况;有利于国家根据国民经济和社会发展战略,实施教育事业的重点发展战略。简而言之,集权制的教育管理体制的优点主要体现在两个方面:一是可以使教育的发展得到统一规划和调配;二是可以有效监控教育质量。

3. 集权制教育管理体制的弊端

集权制教育管理体制容易造成不顾地方特点,强求一致,不利于地方因地制宜发展教育事业,进而可能影响地方经济建设和社会发展所需人才的培养;教育管理的责任主要集中在中央,不利于调动地方发展教育事业的积极性和责任感;中央集中管理,地方缺少自主权,因而地方教育管理缺少灵活性,管理效率和效益都比较低下。简而言之,这种管理体制主要存在两个弊端:一是体制僵化,使教育缺乏灵活性;二是一旦中央主管部门失误,就会造成重大的全局性危害。

(二)分权制教育管理体制

1. 分权制教育管理体制的特点

分权制是指国家的教育事权由中央政府和地方政府分别执掌、以地方自主管理为主的教育管理体制。在这种管理体制下,中央政府和地方政府有各自的职责范围,维持着一种相对独立而非领导与被领导的隶属关系,中央政府只对教育进行宏观调控,地方政府在其权限范围内有完全独立的权力,因而这是一种平行的教育管理体制。美国是这种体制的典型代表。

美国宪法明文规定了禁止各州行使的权力和联邦政府的权力范围,但都未提及教育。也就是说,教育管理权力既未授予联邦政府又未禁止各州行使,依据“保留条款”便保留给各州或其人民。因此,美国的教育管理权事实上主要集中在州政府。到1867年才正式成立了只有三位分工办事职员的联邦教育部,并且其权限一直较小,仅限于搜集全国教育资料、传播教育思想和为地方教育提供服务。联邦教育部成立不到一年,由于各州担心教育部日渐扩张的管理权侵占各州保留的教育权力,不得不降级为教育署,后曾先后成为内政部、联邦安全总署、卫生教育福利部的下属单位。1979年《教育部组织法》颁布后,又重新成立了联邦教育部。该法对教育部的权限做出如下规定:“教育部之设立并不增加联邦政府对教育的权力,也不减低州、地方以及州其他机构所保留的教育权责。除经本法律授权,教育部部长或其他官员所提供的教育计划不应被视为该部已获授权从事对课程、教学、行政、教育人员……的指挥、监督和控制。”相应地,各州对教育管理的权限均有原则性的规定,州议会制定包括学制、公立中小学的课程设置、教育委员会成员的选任方式以及颁布其他教育法规等教育基本政策,由各州教育行政部门负责贯彻落实。在实际运行中,大多数州都将教育权限授予学区,只要不违背州和联邦的宪法、法规,学区教育委员会就可以制定和执行地方教育政策,包括公立中小学的设立和管理,地方教育人员的用人计划、选拔、录用,以及中小学教材的选择等,而且大多数学区实行教育财政独立,可以全权征收教育税和支付教育经费。①

综合起来看,分权制教育管理体制具有如下特点:中央与地方教育行政部门之间不是领导与被领导的关系,而是指导和协商的关系;在学校制度、教育选择、教学方法等方面,国家没有统一的标准和规定,由地方教育部门自己决定;教育经费主要由地方政府支付;教师由地方学区或学校聘任;高等学校有较大的自主权,实行大学自治,学术中立。②

2. 分权制教育管理体制的优点

与集权制比较,分权制的主要优点是:教育行政权力比较分散,有利于地方因地制宜发展教育,使教育适应地方经济和社会发展的需要;地方政府和教育行政机关执掌教育管理权力,避免了兴办教育事业时事事请示中央的现象,有利于充分发挥地方办教育的积极性和主动性;地方自主管理教育事业,有利于相关教育问题的及时处理和决断,提高教育管理效率,同时也有利于中央更有效地履行宏观管理的职能。

3. 分权制教育管理体制的弊端

由于教育行政权力过于分散,分权制的弊端也比较明显,主要表现在:不利于统一政令、统一标准、统筹规划和统筹兼顾;各地经济水平不同,对发展教育事业的认识不同,容易造成教育的不平衡发展;各地自主行政,中央调控能力有限,主要依靠市场自主调节,有一定的盲目性,同时也不利于组织地方之间的教育协作。简而言之,分权制主要存在两个弊端:一是各地教育的差别明显,不利于发挥教育的整体作用;二是教育主要依靠市场自主调节,有一定的盲目性。

(三)混合制教育管理体制

1. 混合制教育管理体制的特点

混合制教育管理体制又称为中央与地方共同合作制,是指中央教育行政与地方教育行政共同合作、共同管理教育事业的一种教育管理体制。它是一种介于集

① 参见袁祖望:《中外教育管理比较》,武汉工业大学出版社1992年版,第7—9页。
② 参见娄成武、史万兵编著:《教育经济与管理》,中国人民大学出版社2004年版,第291页。

权制与分权制之间的教育管理体制，中央与地方权力分配较为均衡，是一种合作关系。日本是这种管理体制的典型代表。日本的教育行政有中央、都道府县、市镇村三个层次，地方两级教育行政处于平级地位。依据1952年修订的《文部省设置法》和随后颁布的《地方教育行政组织管理法》等法律法规的规定，日本文部省拥有较大的教育管理权限，它不仅是为教育发展提供指导和服务的机关，而且是对地方教育具有一定的控制权、指挥权和监督权的教育行政管理机关。具体表现在：都道府县教育委员会任命教育长必须事先报经文部省大臣核准和认可；地方教育行政机关如有违法或不恰当的措施，文部省有权要求予以纠正；中小学课程标准、使用的教科书必须经文部省制定或审查等。同时，地方也有一定的教育自主权，表现为两级教委均向同级议会负责，而不向文部省负责；教委对内有组织权、事务分工权、规划制定权，对外则有行政执行权，有关本地公立学校的教育问题一般由教委处理，原则上能够独立行使教育行政权。①

从混合制的含义和实施这种教育管理体制的日本的具体做法不难看出，混合制的特点是中央政府在重大教育问题上实行集权的管理模式，在一些次要问题上给予地方教育行政较大的自主权。

2. 对混合制教育管理体制的评价

应该说，介于集权制和分权制之间的混合制比较好地吸取了集权制与分权制各自的优点，中央政府通过建立指导、建议、援助制度以及地方教育委员会的任命制度、教师任命制度等加强了中央与地方教育领导管理上的联系，也就是对地方教育加强了宏观控制，在保护地方办教育的积极性、主动性和创造性的前提下，统筹全局，有利于实现全国各地教育的均衡发展。因此，这种管理体制的利弊不体现在其本身，而在于它的运行中，即在实际操作中，如何平衡中央与地方的教育管理权，特别是在高校管理权限的平衡上显得很困难。这种教育管理体制仍在探索之中，有待进一步完善。

第三节　中国教育管理体制及其改革

教育管理体制有其历史发展的延续性和演变过程，这一过程受到一个国家的政治、经济等因素的影响。纵观中华人民共和国成立以来教育管理体制的演变历程，大致可分为两个阶段：第一个阶段是从中华人民共和国成立到20世纪80年代初，这一阶段建立了与计划经济体制相适应的教育管理体制；第二个阶段为20

---

① 参见袁祖望：《中外教育管理比较》，武汉工业大学出版社1992年版，第13—14页。

世纪 80 年代中期至今,这一阶段对原有的教育管理体制进行了改革,基本建立了与社会主义市场经济体制相适应的有中国特色的教育管理体制。

一、中国教育管理体制的建立及其弊端

(一) 中国教育管理体制的建立

中华人民共和国成立后,迅速建立起从中央到地方比较完备的教育管理体制。①

中华人民共和国成立后,废除了封建买办教育,保证了这一时期的教育稳定。1952 年教育部颁发《小学暂行规程(草案)》和《中学暂行规程(草案)》,其中规定,小学由市、县政府统筹设置,不论是公办的或私立的小学,都由市、县人民政府教育行政部门统一领导;中学由省、市文教厅、局遵照中央和大行政区的规定实行统一领导,其设立、变更等都要报大行政区文教部备案,并转报中央教育部备查,省文教厅必要时得委托学校所在地的专员公署、省属市或县政府领导。全国高等学校由中央人民政府教育部(高教部)统一领导,中央教育行政部门委托各大区行政委员会或省、自治区、直辖市人民政府直接管理有关高等学校。

1958 年到 20 世纪 80 年代初,确立了中央与地方两级分权的教育管理体制,不同时期权力的侧重点有所不同。

20 世纪 50 年代后期至 60 年代初,主要是中央向地方放权。1958 年毛泽东发表了《论十大关系》,随之在全国范围内开始解决中央与地方的关系问题,在教育方面,主要解决中央向地方放权的问题。同年,中共中央发布了《关于高等学校和中等技术学校下放问题的意见》,文件指出:除了少数综合大学、某些专业学院和某些中等技术学校仍旧由教育部或者中央有关部门直接领导以外,其他都可以交由省、自治区、直辖市领导。接着,中共中央和国务院又发布了《关于教育事业管理权力下放问题的规定》,文件规定:小学、普通中学、职业中学、一般的中等专业学校和各级业余学校的设置和发展,无论公办或民办,由地方自行决定;新建高等学校和中等工科技术学校,地方可自行决定或由协作区协商决定;还规定地方可以自行编写教材和教科书等。1959 年又进一步明确指出,公办的一般全日制小学由公社直接管理,民办小学由生产大队直接管理。这两个

① 中华人民共和国成立至 20 世纪 80 年代初的内容参考了以下著作的相关内容:萧宗六、贺乐凡主编:《中国教育行政学》,人民教育出版社 2004 年版,第 94—96 页;吴志宏、冯大鸣主编:《新编教育管理学》,华东师范大学出版社 2000 年版,第 73—75 页;陈孝彬主编:《教育管理学》(修订版),北京师范大学出版社 1999 年版,第 141—147 页;母国光、翁史烈主编:《高等教育管理》,北京师范大学出版社 1995 年版,第 24—31 页。

文件的目的在于充分发挥各省、市、自治区举办教育事业的主动性和积极性，加强地方对教育事业的领导与管理。但是，由于中央政府缺乏对教育事业发展的宏观控制，而地方政府和地方教育行政管理部门缺乏对教育特别是高等教育的管理经验，产生了盲目发展教育的问题。

1963 年至“文化大革命”前，仍然实行的是统一领导、分级管理的教育管理体制，但教育行政权力向中央集中。1963 年发布的《全日制小学暂行工作条例（草案）》和《全日制中学暂行工作条例（草案）》指出，“国家举办的全日制小学，由县（市属区）教育行政部门统一管理”，“全日制初级中学一般由县、市、自治区教育厅、局管理，也可以委托所在专区（市）或县（市）教育行政部门管理。全日制高级中学和完全中学一般由省、自治区、直辖市教育厅、局管理，也可以委托所在专区（市）或县（市）教育行政部门管理”。1963 年发布的《关于加强高等学校统一领导、分级管理的决定（试行草案）》规定，高等教育实行中央统一领导，中央和省、自治区、直辖市两级管理的制度。在当时，教育管理体制的主要方向是加强部门（所谓“条条”管理）的领导作用，而对地方（所谓“块块”管理）举办教育的积极性鼓励不够。

1976 年“文化大革命”结束后至 20 世纪 80 年代初，基本上恢复了“文化大革命”前实行的统一领导、分级管理的教育管理体制，强调中央教育行政的权威。教育部在 1978 年修订并颁发了《全日制小学暂行工作条例（试行草案）》和《全日制中学暂行工作条例（试行草案）》，其中规定：“全日制小学由县（市属区）教育行政部门统一领导和管理。社队办的小学，可以在县队的统一领导下，由社队管理。”“全日制中学原则上由县以上教育行政部门领导和管理，社队办的中学，可以在县的统一领导下，由社队管理。”1979 年，中央批转了《中共教育部党组关于建议重新颁发〈关于加强高等学校统一领导、分级管理的决定〉的报告》，对高等学校实行统一领导、归口管理。综合性大学、多科性工业大学、高等师范学校由教育部和省、自治区、直辖市教育行政部门管理；工、农、医、财经、艺术、体育学科高等院校，由中央或省、自治区、直辖市有关业务部门为主负责管理。

新中国成立至 20 世纪 80 年代初的教育体制是适应当时的国家经济体制和发展方针的。在国家经济实力有限的条件下，这样的教育体制不仅提高了全民的识字率，从而大大提高了劳动力素质，还为国家培养了大批经济建设亟须的各层次人才，促进了国家的发展。当然，这种教育体制也是有明显的局限性的，在国家经济发展驶入“快车道”以后就必须进行调整和改革了。

（二）中国教育管理体制的弊端

这一阶段的教育管理体制是与当时高度集中统一的计划经济体制相适应的统一领导、分级管理体制。

在管理体制上,一方面是教育机构为部门所有,条块分割,学校潜力难以发挥;另一方面是国家对学校统得过多、管得过死,加上多头领导、职权脱节,使学校缺乏应有的自主权,压抑广大师生的积极性、主动性和创造性,丧失了学校的活力,也束缚了社会各方面力量办学的积极性。在这样一种管理体制下,学校教育无法反映国民经济与社会发展对人才千差万别的需要,忽视法律和经济的调节手段,教育投资不讲效益,学校也不关心教育产出的结果,使教育与经济建设相脱离。

在办学体制上,一方面是办学形式和学校模式单一,各种类型、层次的学校缺乏自己的特色和风格;另一方面是教育结构不合理,普通教育与专业教育、中专和大专、大专与本科之间比例不协调,各层次学校的纵向衔接和横向联系存在脱节现象,高等教育的专业设置过于狭窄且重复,不能满足社会经济发展的需要,也落后于科学文化的发展。

在招生就业制度方面,国家实行的是"全包"政策,不利于毕业生充分发挥自己的才能,也不利于人才的流动。

二、中国教育管理体制改革的历程

(一)1985—2016年中国教育管理体制改革的几个阶段

1. 改革的起步阶段

1985—1991年是改革的起步阶段。以1985年颁布的《中共中央关于教育体制改革的决定》为标志,我国开始了以"提高民族素质,多出人才、出好人才"为目标教育管理体制改革。教育管理体制改革的中心是强调地方的责任。《中共中央关于教育体制改革的决定》明确提出,基础教育管理权属于地方,实行地方负责、分级管理的原则,扩大高等教育办学自主权,改革政府对高等学校统得过多的问题,加强省政府对设在本地区的高等学校的统筹权,使高校适应区域经济发展的需要。在这一时期先后出台了《中华人民共和国义务教育法》《关于农村基础教育管理体制改革若干问题的意见》《高等教育管理职责暂行规定》等法律法规,进一步明确和规范了中央和地方各级政府的教育管理权限。

2. 改革的推进阶段

1992—2010年是改革的推进阶段。1992年以来,建立了以地方统筹为主的条块结合新体制。以1993年《中国教育改革和发展纲要》(以下简称《纲要》)的颁布为标志,我国开始了建立与社会主义市场经济体制相适应的教育体制的改革;同时,教育也走上了法制化的道路。1995年颁布、2009年修订了《中华人民共和国教育法》,1998年颁布了《中华人民共和国高等教育法》,并于2006年修订了《中华人民共和国义务教育法》(以下简称《义务教育法》)等法律法规。

在管理体制上,《纲要》再一次重申了逐步推行简政放权的基本方针。《中华人民共和国教育法》也以法律的形式进一步强调“国务院和地方各级人民政府根据分级管理、分工负责的原则,领导和管理教育工作”。“中等及中等以下教育在国务院领导下,由地方人民政府管理。”“高等教育由国务院和省、自治区、直辖市人民政府管理。”对于中等以下各类教育形式的管理,由地方政府在中央大政方针的指导下,实行统筹和管理。国家颁发基本学制、课程设置和课程标准、学校人员编制标准、教师资格和教工基本工资标准等规定,省、自治区、直辖市政府有权确定本地区的学制、年度招生规模,确定教学计划,选用教材和审定省编教材,确定教师职务限额和工资水平等。省级以下各级政府的权限,由省、自治区、直辖市政府确定。

在办学体制改革上,改变政府包揽办学的格局,逐步建立以政府办学为主体、社会各界共同办学的体制。

高等教育体制改革,主要是解决政府与高等学校、中央与地方等部门之间的关系,逐步建立政府宏观管理、学校面向社会自主办学的体制。

在政府与学校的关系上,要按照政事分开的原则,通过立法明确高等学校的权利与义务,使高等学校真正成为面向社会自主办学的法人实体。

在招生、专业调整、机构设置、干部任免、经费使用、职称评定、工资分配和国际合作交流等方面,分清不同情况,进一步扩大高等学校的办学自主权。

政府对学校的管理,由原来的直接行政管理转变为运用立法、拨款、信息服务、政策指导和必要的行政手段,进行宏观管理。①

3. 改革的深化阶段

2010—2016 年是改革的深化阶段。2010 年颁布的《国家中长期教育改革和发展规划纲要(2010—2020 年)》(以下简称《教育规划纲要》)标志着我国教育管理体制进一步深化改革的序幕拉开。《教育规划纲要》专列第十五章规划和确定了到 2020 年我国教育管理体制改革的总体目标、战略和具体内容。

---

① 关于义务教育的管理体制,2006 年修订的《义务教育法》进一步完善了义务教育的管理体制,强化了省级的统筹实施。1992 年发布的《中华人民共和国义务教育法实施细则》第三条规定:“实施义务教育,在国务院领导下,由地方各级人民政府负责,按省、县、乡分级管理。各级教育主管部门在本级人民政府领导下,具体负责组织、管理本行政区域内实施义务教育的工作。”而 2006 年修订的《义务教育法》则在第七条明确规定:“义务教育实行国务院领导,省、自治区、直辖市人民政府统筹规划实施,县级人民政府为主管理的体制。”由此可见,2006 年修订的《义务教育法》在管理体制上突破了过去的省、县、乡三级管理的体制,而实行以县为主的管理体制;在投资体制上,实行省级政府统筹落实,县级政府必须把义务教育经费全额纳入预算,经费实行预算单列,县级财力不足的由省级政府予以平衡,同时中央财政要加大对省财政的转移支付力度。

一是健全统筹有力、权责明确的教育管理体制。以转变政府职能和简政放权为重点,深化教育管理体制改革,提高公共教育服务水平。明确各级政府责任,规范学校办学行为,促进管办评分离,形成政事分开、权责明确、统筹协调、规范有序的教育管理体制。中央政府统一领导和管理国家教育事业,制定发展规划、方针政策和基本标准,优化学科专业、类型、层次结构和区域布局。整体部署教育改革试验,统筹区域协调发展。地方政府负责落实国家方针政策,开展教育改革试验,根据职责分工负责区域内教育改革、发展和稳定。

二是加强省级政府教育统筹。进一步加大省级政府对区域内各级各类教育的统筹。统筹管理义务教育,推进城乡义务教育均衡发展,依法落实发展义务教育的财政责任。促进普通高中和中等职业学校合理分布,加快普及高中阶段教育,重点扶持困难地区高中阶段教育发展。促进省域内职业教育协调发展和资源共享,支持行业、企业发展职业教育。完善以省级政府为主管理高等教育的体制,合理设置和调整高等学校及学科、专业布局,提高管理水平和办学质量。依法审批设立实施专科学历教育的高等学校,审批省级政府管理本科院校学士学位授予单位和已确定为硕士学位授予单位的学位授予点。完善省对省以下财政转移支付体制,加大对经济欠发达地区的支持力度。根据国家标准,结合本地实际,合理确定各级各类学校办学条件、教师编制等实施标准。统筹推进教育综合改革,促进教育区域协作,提高教育服务经济社会发展的水平。支持和督促市(地)、县级政府履行职责,发展管理好当地各类教育。

三是转变政府教育管理职能。各级政府要切实履行统筹规划、政策引导、监督管理和提供公共教育服务的职责,建立健全公共教育服务体系,逐步实现基本公共教育服务均等化,维护教育公平和教育秩序。改变直接管理学校的单一方式,综合应用立法、拨款、规划、信息服务、政策指导和必要的行政措施,减少不必要的行政干预。

提高政府决策的科学性和管理的有效性。规范决策程序,重大教育政策出台前要公开讨论,充分听取群众意见。成立教育咨询委员会,为教育改革和发展提供咨询论证,提高重大教育决策的科学性。建立和完善国家教育基本标准。整合国家教育质量监测评估机构及资源,完善监测评估体系,定期发布监测评估报告。加强教育监督检查,完善教育问责机制。

培育专业教育服务机构。完善教育中介组织的准入、资助、监管和行业自律制度。积极发挥行业协会、专业学会、基金会等各类社会组织在教育公共治理中的作用。

可见,第三个阶段即教育管理体制改革进一步深化阶段,更进一步明确了中央政府和省级政府在教育管理上的权责，特别是强化了省级政府统筹义务教育、高级中等教育以及高等教育的管理体制，提出了更加明确的“建立健全公共服务教育体系”、推进“义务教育均衡发展”等具体的教育管理体制改革目标。

(二) 1985—2016年中国教育管理体制改革的基本走向

1985—2016年，我国的教育管理体制改革主要是沿着放权和多元两个走向展开的。

管理重心从高向低转移。即通过权限下放，改变过去教育管理权高度集中于中央政府和中央教育行政管理部门的状况，给予地方政府和学校更多的管理权和自主权。这一走向主要反映在两个方面。一是地方各级政府对本地教育活动管理权限的扩大。计划经济体制下建立的高度集中的教育管理体制，不利于发挥地方办学的积极性，难以适应由于社会发展和分化而出现的地区差异的扩大现象。同时，由于信息收集和掌握上的困难，也常常影响管理效率。为此，在教育管理体制改革中，中央政府明确规定基础教育管理权属于地方政府所有。除了大政方针和宏观规划由中央决定外，具体政策、计划的制订和实施，以及对学校的领导、管理和检查的权力和责任，都交给地方。二是扩大高等学校的办学自主权。高等学校在招生、专业设置与系科调整、机构的设置、干部任免、经费筹措与使用、职称评定、工资分配及国际交流等各方面的办学自主性明显加强。高等院校正朝着使自己成为在政府宏观管理下，面向社会自主办学的法人实体的方向发展。

建立多元化的办学体制和投资体制。改革开放以来，我国经济得到了长足发展，为地方、社会和个人提供了办学的经济支持；同时，教育管理权的下放，《中华人民共和国民办教育促进法》等相关法律法规的出台，为多元化的办学模式提供了法律和政策的保障。各种不同的社会办学力量的兴起，各种个性化学校的涌现，以及与国际上有关组织机构合作办学机制的出现等，反映了教育管理体制改革中举办主体多元的走向，这方面的改革还呈现出逐渐深化和扩大的趋势。与此同时，学校的举办者、管理者和办学者也在逐渐走向分离。过去，在政府包揽办学的体制中，学校的举办者、管理者和由政府任命的学校领导基本上都是同一的。政府既兴办学校，又管理学校，同时也是具体的办学者。如今，由于出现了体制外不同的举办主体，同时学校也获得了较大的自主权，使分离三者不仅有必要，而且有了可能。学校举办者多元化、管理者职业化、办学者专业化，有利于更好地动员各种社会资源发展教育，有利于调动办学者的积极性，但这同时也向教育管理提出了挑战，增加了难度。

客观地说，经过这段时间的改革，与社会主义市场经济体制相适应的教育管理体制已经基本形成。教育管理体制的改革极大地促进了我国教育的发展。到2018年年底,全国学前教育毛入园率达到81.7%,入园难问题得到进一步缓解。小学学龄儿童净入学率达99.95%,全国初中阶段毛入学率100.9%,高中阶段在校学生3934.67万人,毛入学率达到了88.8%。全国各类高等教育在学总规模达3833万人,高等教育毛入学率达到48.1%。①

(三)仍然存在的矛盾和问题

由于改革产生的分化而引起的各种不和谐与冲突未能得到有效的调整,改革过程中的某些不当导致了一些发展中的问题和矛盾。这些问题和矛盾主要体现在以下几个方面:

第一,教育管理权限划分不清。中央和地方各级政府之间的管理权限尚未完全理顺,各级政府和教育行政部门的基础教育管理职权不清。尽管2006年修订的《义务教育法》对义务教育阶段以及中央与省级、县级政府之间的关系划分比以前明确了许多,但对高中阶段教育等的权限划分仍然不清。而且从现行高等教育管理体制看,中央拥有对高等教育管理和决策的最大权力,国家高等教育管理的职能机构和地方政府对所辖高等学校实施分级管理,实质上这种管理模式从本质上还是没有摆脱计划体制下的行政集权模式,只是换了一个主管部门,学校的"附属性""依赖性"仍然没有改变,"全能政府"的权力运行方式仍然存在。这种管理模式不仅与市场经济的大环境发生冲突,而且会由于管理部门的判断和决策出现偏差,从而导致压抑教育主体参与市场运行的消极性后果。

第二,相关政策法规不到位、操作困难。2010年以来,国家虽然相继颁布了一些针对教育管理的法律法规,但部分教育法律法规仍然不够完备,而且与WTO"共同规则"的相关要求有明显差距。例如,关于外国人或外国办学机构在中国享有国民待遇和在中国融资办学,中国高校出境办学、开拓国外教育市场的优惠政策和保护措施等方面,许多与之相适应的法规还都是空白。科教兴国已经是国家的基本战略方针,而《中华人民共和国高等教育法》没有体现出各级政府在贯彻该战略方针中的主导性作用和责任。高等教育的社会监督、分类评估的科学规范制度,以及社会力量办学的资助性政策等,都存在着无章可循或无操作性等制度性缺位问题。另外,对我国的教育法规制度没有及时进行清理、修改,有的还带有明显的计划经济特征,结果这些政策、措施在执行过程中被曲解或严重变形,不仅损害了法规的严肃性和权威

① 教育部:《2018年全国教育事业发展统计公报》,2019年7月24日,教育部网站,http://www.moe.gov.cn/jyb_sjzl/sjzl_fztjgb/201907/t20190724_392041.html,2019年7月17日访问。

性，也导致了管理失效。

第三，不同程度地存在教育发展缺乏科学的教育预测和教育计划、教育决策和教育评价不遵循教育发展规律等问题。

解决教育管理体制存在的这些矛盾和问题，就是在中国特色社会主义进入新时代，解决人民群众对教育的需求与供给不充分和不平衡之间的矛盾必须要完成的任务。

（四）当前的中国教育管理体制改革

2017年9月，中共中央办公厅、国务院办公厅联合下发了《关于深化教育体制机制改革的意见》（以下简称《意见》），这是在面对目前教育管理体制依然存在的种种问题，特别是在中国特色社会主义进入新时代的背景下，对我国教育体制特别是教育管理体制改革的深度谋划和前瞻性的指导。

1. 当前教育管理体制改革的目标

《意见》指出："深化教育体制改革的主要目标是：到2020年，教育基础性制度体系基本建立，形成充满活力、富有效率、更加开放、有利于科学发展的教育体制机制，人民群众关心的教育热点难点问题进一步缓解，政府依法宏观管理、学校依法自主办学、社会有序参与、各方合力推进的格局更加完善，为发展具有中国特色、世界水平的现代教育提供制度支撑。"

2. 当前教育管理体制改革的指导思想及原则

《意见》指出："当前我国教育改革发展已进入一个新的阶段。深化教育体制机制改革的指导思想是：……全面贯彻党的教育方针，坚持教育为人民服务、为中国共产党治国理政服务、为巩固和发展中国特色社会主义制度服务、为改革开放和社会主义现代化建设服务，全面深化教育综合改革，全面实施素质教育，全面落实立德树人根本任务，系统推进育人方式、办学模式、管理体制、保障机制改革，使各级各类教育更加符合教育规律、更加符合人才成长规律、更能促进人的全面发展，着力培养德智体美全面发展的社会主义建设者和接班人，为实现'两个一百年'奋斗目标、实现中华民族伟大复兴的中国梦奠定坚实基础。"

《意见》指出，深化教育体制机制改革的基本原则是：(1)坚持扎根中国与融通中外相结合。(2)坚持目标导向与问题导向相结合。(3)坚持放管服相结合。深化简政放权、放管结合、优化服务改革。(4)坚持顶层设计与基层探索相结合。

建设新时代中国特色社会主义教育管理体制，要遵从《意见》中明确的指导思想和原则，遵循教育规律。

3. 当前教育管理体制改革的内容及路径

《意见》和《国家教育事业发展"十三五"规划》制定的教育管理体制改革的

内容及路径是:

第一,健全教育宏观管理体制。完善教育标准体系;建立健全教育评价制度;完善教育督导体制;完善教育立法和实施机制,提升教育法治化水平;提高管理部门服务效能,建立和规范信息公开制度。

第二,深化教育领域的"放管服"的改革。教育领域的改革,宏观上要求中央及地方教育行政部门"简政放权、放管结合、优化服务";要加快完善新时代中国特色社会主义教育法律法规体系;全面加强教育规划工作,建立规划的动态调整和实施监测机制;完善科学、民主和依法决策机制;积极开展教育行政管理干部培训,提高行政管理干部素质;落实行政执法责任。微观层面上,要进一步精简学校行政部门和行政审批事项,还教于师生;进一步强化和完善教代会、家长会制度,充分听取教师和家长的意见,完善学校内部管理制度。

第三,创新教师管理制度。健全加强师德建设长效机制。把教师职业理想、职业道德教育融入培养、培训和管理全过程,构建覆盖各级各类教育的师德建设制度体系。在准入招聘和考核评价中强化师德考查;实施师德师风建设工程;要改进各级各类教师管理机制;要切实提高教师待遇;完善中小学教师绩效工资制度;落实艰苦边远地区津贴、乡镇工作补贴,以及集中连片特困地区和艰苦边远地区乡村教师生活补助政策;完善老少边穷岛等贫困艰苦地区教师待遇政策;进一步完善特殊教育教师工资保障机制和职业院校内部收入分配激励机制,扩大高等学校收入分配自主权。

第四,健全教育投入机制。完善财政投入机制。合理划分教育领域财政事权和支出责任,保证国家财政性教育经费支出占国内生产总值比例一般不低于4%,确保一般公共预算教育支出逐年只增不减,确保按在校学生人数平均的一般公共预算教育支出逐年只增不减。各地结合实际制定出台公办幼儿园、普通高中生均拨款或生均公用经费标准,逐步健全各级各类教育经费投入机制。国家财政性教育经费使用,坚持向老少边穷岛地区倾斜,向家庭经济困难学生倾斜,向薄弱环节、关键领域倾斜。完善教育转移支付制度,完善国家奖学金、助学金政策,完善国家助学贷款机制,提高资助精准度。

第五,完善各级教育的教育管理体制。一是建立健全国务院领导、省市统筹、以县为主的学前教育管理体制。二是进一步创新义务教育管理的体制机制。三是完善在国务院领导下,分级管理、地方为主、政府统筹、社会参与的职业教育管理体制。四是健全促进高等教育内涵发展的管理体制。

党的二十大报告向我们提出了"办好人民满意的教育"的改革任务,还提出了"坚持以人民为中心办好教育,加快建设高质量教育体系"的具体改革要求。

为此,我们要“深化教育综合改革。加快建设高质量教育体系,统筹推荐育人方式、办学模式、管理体制、保障机制改革”①。

【本章小结】

教育是培养人的社会活动。本书使用狭义教育即学校教育的概念。教育具有政治功能、促进科技发展的功能、经济功能、文化功能和促进个体身心协调发展的功能。教育管理主要包括教育预测、教育计划、教育决策、教育督导和教育评价。教育管理体制指在教育活动中,国家、地方政府、学校之间隶属关系及管理权限划分等方面的制度、形式等的总称。其核心是中央政府与地方政府、教育行政部门与学校的隶属关系,以及围绕教育事权方面的权限划分。

本章介绍了几种不同类型的教育管理体制。现在西方国家有以法国为代表的集权制教育管理体制、以美国为代表的分权制教育管理体制和以日本为代表的混合制教育管理体制。这三种教育管理体制各有利弊。

本章对我国教育管理体制的沿革进行了梳理和评价。改革以前,我国实行的是中央统一领导、地方分级管理的教育体制。改革开放以来,与社会主义市场经济体制相适应的教育管理体制已经基本形成。当前教育管理体制改革的内容是:健全教育宏观管理体制;深化教育领域的“放管服”的改革;创新教师管理制度;健全教育投入机制;完善各级教育的教育管理体制。

【思考题】

1. 教育管理的主要内容有哪些?
2. 怎样理解教育管理的地位与作用?
3. 比较不同教育管理体制的利弊。
4. 当前我国教育管理体制改革的核心内容是什么?
5. 如何在改革中借鉴国外的教育管理经验?

【参考文献】

1.〔美〕E. 马克·汉森:《教育管理与组织行为(第五版)》,冯大鸣译,上海教育出版社 2005 年版。

---

① 《中共中央关于进一步全面深化改革 推进中国式现代化的决定》,新华网,http://www.news.cn/politics/20240721/cec09ea2bde840dfb99331c48ab5523a/c.html,2024 年 8 月 1 日访问。

2. 陈中原主编:《中国教育改革大系·教育改革理论卷》,湖北教育出版社 2016 年版。
3. 樊改霞:《教育与公共性:公共教育的现代性转型》,福建教育出版社 2012 年版。
4. 霍力岩等:《美、英、日、印四国学前教育体制的比较研究》,北京师范大学出版社 2013 年版。
5. 李玲、郑家福主编:《教育体制综合改革发展报告》第一辑,高等教育出版社 2017 年版。
6. 杨东平主编:《2020:中国教育改革方略》,人民出版社 2010 年版。
7. 袁连生主编:《中国教育改革大系·教育体制与教育财政卷》,湖北教育出版社 2016 年版。
8. 朱永新、马国川:《重启教育改革:中国教育改革十八讲》,生活·读书·新知三联书店 2014 年版。

案例

广东春夏季两次高考的新制度

第五章　科技事业管理

【本章目的】

通过本章的学习，掌握科技管理的内涵，了解科技管理与科研管理的联系与区别，把握加强科技管理的意义；知晓世界上主要发达国家科技管理体制的内容和特点；了解我国科技管理体制的改革发展历程，理解我国科技管理体制改革的深层原因，把握完善我国科技管理体制的主要路径。

【本章重点】

1. 科技管理的含义
2. 科技管理的主要内容和特点
3. 不同类型科技管理体制的比较
4. 各国科技管理体制的共同特点
5. 我国科技管理体制的弊病
6. 当前我国科技体制改革的目标

第一节　科技与科技管理

一、科技与科技管理的内涵

（一）科技和科技活动

要了解什么是科技管理，首先要清楚什么是科技和科技活动。科技是科学与技术的统称。科学是关于自然、社会和思维的知识体系，其任务是认识世界。技术则是根据生产实践的经验总结和科学原理而发展起来的各种技能与操作方法。广义地讲，技术还包括相应的生产工具和工艺装备与设备，以及指导生产实践和从事生产实践所必需的全部知识。

科学和技术本来是两个概念。科学的任务是通过回答“是什么”和“为什么”的问题，揭示自然的本质和内在规律，其目的在于认识自然。技术的任务是通过回答“做什么”和“怎么做”的问题，满足社会生产和生活的实际需要，其目的在于改造自然。技术的产生要比科学早得多。在奴隶社会,技术的概念和内容在工匠奴隶那里就已经产生了,而科学的出现只有几百年的历史,如果从哥白尼的《天体运行》一书发表的1543年算起,到现在仅有四百多年。直到20世纪初,它们一直平行发展着,虽然有时也互相产生某些影响与作用,但那是极其少见的。

从20世纪20年代开始,特别是60年代以来,科学与技术的相互作用与相互依赖有了明显的加强,科学与技术的发展日益一体化。科学技术日益成为一个一体的概念,并被人们所接受。但是,科学技术发展的一体化并不意味着科学与技术可以混为一谈。它们各自有各自的性质、作用和发展规律。

(二) 科技活动的分类

从现代科技活动的性质来看,可以分为以下三类。第一类是基础科学研究,也就是通常所说的科学研究,其内涵主要是指自然科学中的基本问题和基础理论的研究。这类科技活动不直接考虑用途,以揭示客观事物的本质、运动规律,获得新发现、新学说为目的或对已有的规律、发现、学说做系统性的补充而进行理论研究或实验,其成果以科学论文、科学著作为主要形式。基础科学研究要回答“是什么”和“为什么”的问题。与具体的技术研究相比,它是科技与经济发展的源泉和后盾,是新发明或技术研究的先导。这一类研究活动的特点是成果难以在较短的时间内实现商品化,无法推向市场,但它却是社会生存、发展所必需的。

第二类是应用技术研究,即通常所说的技术发明活动。它回答的是“做什么”和“怎么做”的问题,它是在一定的基础科学研究的基础上,根据现实的需要综合利用知识,将科学研究提供的物化可能变为现实,也包括为解决研究与发展活动阶段产生的新产品、新装置、新工艺、新技术、新方法、新系统和服务等能投入生产或在实际中运用所存在的技术问题而进行的系统性活动。这一类研究活动是直接针对现实的尤其是企业的需要开展的,所以产品比较容易商业化,并可以通过市场方式提供。

第三类是公益性研究和技术推广。公益性研究主要是指一些涉及公众整体利益、难以分割的技术研究和运用,如关系到气象服务、灾害研究等方面的技术和研究等;技术推广主要是指涉及公众利益和社会整体的经济发展的技术的推广,如农业方面的种子改良技术推广等,推广这类技术是社会发展的基础性需要。公益性研究和技术推广在相当程度上都属于技术研究或技术发明的范畴,但由于涉及公众的共同利益和社会发展的基本需求,所以具有非排他性、非竞争性,难以由市场提供。

（三）科技管理的概念

科技管理即对科学技术工作的管理,其实质是对全社会的科学技术活动进行有效调节和控制。国内学者对科技管理的研究一般侧重于公共科技管理和政府科技管理,并且一般对这两个概念不加区分。一些学者从不同角度对科技管理进行了界定。有学者把科技管理分为宏观管理和微观管理,指出:“国家对科技事业的整体管理,包括制定科学技术方针政策,确定科研体制和布局,制定长远的科学技术发展规划等,一般称为宏观管理。对科研单位的具体管理,一般称为微观管理。”①另有学者基于政府对科技相关活动的宏观管理视角,将科技管理定义为:“为满足社会公共科技需要,维护国家和社会公共利益,生产和消费由市场机制无法提供的科技产品(或称公共科技产品)的政府科技管理行为。”②还有学者将政府科技管理理解为:“政府或政府职能部门对辖区范围内的科学研究、技术开发以及与科技活动相关的其他因素进行的宏观管理。”③“科技管理是对整个科学技术活动的组织和管理工作的总称。”④

综合不同专家的观点,我们同意这样的定义:“科技管理,即对科学技术活动的管辖、控制与治理,是科技活动过程中,所有计划、组织、指挥、协调、控制等管理功能的统称。”⑤科技管理是现代管理科学的一个分支。它一方面是管理理论和技能应用于科技活动的实践,另一方面又是对科技活动作用于管理理论的新的概括和总结。管理理论指导了科技活动;科技活动也丰富和发展了管理理论,并推动了科技管理理论的发育和成长。

二、科技管理的职能和任务

（一）科技管理的职能

科技管理与一般管理相同,也有五项职能:计划、组织、指挥、调整和协调。

计划是预定未来的行动。计划的目的是确定科学研究的目标,合理地使用科研力量、物资和经费,把握未来的发展方向,以便争取获得最大的成果。计划是管理的灵魂,体现管理者的决策思想和对科研选题的鉴别能力。

组织是管理的基础,是实现管理目标的保障。其任务是为实现科研计划

---

① 关西普、汤步华主编:《科学学》,浙江教育出版社 1985 年版,第 109 页。

② 曹丽燕、马宪民、蔡齐祥:《关于公共科技及其管理的几个问题》,《科技管理研究》2007 年第 5 期,第 34—37 页。

③ 颜振军:《公共管理视角下的政府科技管理定位》,《科学决策》2009 年第 2 期,第 11—20 页。

④ 艾强主编:《卓越科技管理》,广东经济出版社 2001 年版,第 5 页。

⑤ 孙岗主编:《科技管理学》,中国对外经济贸易出版社 1997 年版,第 35 页。

和达到预期目标,建立各种业务组织,配备适当人员,规定各部门分担的业务工作内容和相应的职责,建立起各个部门、各类人员之间的关系,使他们协同工作。

指挥是各项决策的具体贯彻,包括科技政策、计划、规章制度的发布和下达,以及对研究机构的领导和监督。有力的指挥来源于决策的正确。严密而高效率的组织是指挥得力的保证。

调整或控制主要是指审核科研计划在执行过程中是否符合实际,及时发现错误或不足之处并采取有效措施,进行必要的调整或探求新的研究方案,以求最终达到预期的目标。

协调是管理工作的主要组成部分。现代科学研究越来越需要多学科联合作战,科研的中试、推广也需要与生产企业紧密联系,这些多部门的联系协调工作均应由管理部门完成。

(二) 科技管理的作用和任务

科学技术本身属于生产力,而科技管理属于科技领域中的生产关系。按照生产力与生产关系的一般规律,当生产关系与生产力相适应时便能促进生产力的发展。科技管理是科技活动的相关主体(主要指科技决策部门、机构或管理者)根据科技活动所拟定的任务和所要完成的预期目标,对科技活动诸要素(包括科技活动利益相关者、资金、科研仪器设备、科技组织、科技信息)进行计划、组织、指挥、协调、控制、激励和沟通等,以发挥各种科技资源作为整体的最大作用。因此,科技管理的作用就在于:科技管理能够适应科技的性质与能力时,就能促进科技的发展;反之,科技管理满足不了科学发展的需要时,势必阻碍或破坏科技的发展。

科技管理的任务应该包括以下几个方面:

(1) 制定科技政策。科技方针政策是制定科研规划和计划的依据。方针政策要有严肃性,要相对稳定。

(2) 确定科研体制和机构的设置。科研体制和机构的设置要符合精简、职责明确、高效率的原则。同时,要针对科研的特点,特别要体现学术性质,而不是单纯的行政领导。

(3) 编制科技发展规划与计划。规划和计划是方针、政策的体现,是科研的依据和保证。规划和计划的制订要有充分的科学依据,要经过科学论证。规划和计划要有连续性、严肃性,同时又要留有余地。

(4) 确定科研重点和主攻方向。科技发展必须选择重点和主攻方向。重点和主攻方向的选择,首先取决于国家的需要以及科技发展本身的需要,其次是看现时的人力、物力、资源和技术条件。

(5) 组织科研协作。当代的一些重大科研任务越来越带有综合性,不是一个学科或一个部门所能完成的,必须围绕重点研究任务,实现多学科、多工种、多部门的大协作。这是科学技术管理工作的一个重要内容。

(6) 科研经费的管理。这主要是指搞好科研的预算和决算。要确定在各类研究工作、各学科、各研究部门的投资比例及投资重点。要进行课题的核算和科研投资的效果分析。要研究扩大科研经费的渠道(建立科研基金会、利用银行贷款和进行合同研究等),以及合理使用和分配外汇等,真正做到财尽其用。

(7) 提供科研物质条件和知识资料。搞科学实验需要具备必要的物质条件,这些物质条件包括仪器、设备、材料和基本建设等。科研的知识资料包括科技情报和图书,这些都属于科研后勤工作。后勤无保障,科研工作就不能正常进行。

(8) 组织学术交流和国际合作。要引进和吸收发达国家的科技成果,博采国外一切科技成就和先进经验为我所用。要有计划地进行人员交流和研究项目的合作,广泛地开展国际学术交流。有目的地引进必要的大型的先进精密仪器设备,以提高科研水平和研究效率。

(9) 科技人员管理。科技人员管理包括对科技人员的选拔、使用、考核、晋级和培养提高等项工作。要善于发现人才,大胆地使用人才,真正做到人尽其才。目前主要是构建科研与生产、科研与教学的渠道,通过科技人员的兼职与交流,促进科研、生产与教育的共同发展。

(10) 科技成果管理。科技成果管理包括成果鉴定、评价、登记、交流、推广、奖励等项工作。成果推广应用是科技工作最后一个程序,也是检验科技成果是否过硬的试金石。

三、科技管理的特点和原则

(一) 科技管理的主要特点

科技管理作为现代管理学的一个分支,必然和其他管理有许多共同之处,但知识生产与物质生产毕竟是两种不同性质的生产,所以科技管理又必然具有特殊性。

第一,科技管理具有很大的灵活性。科技管理的灵活性来自于科技和科技工作的灵活性。一是科技领域未知因素多、内容变化迅速,科技管理要适应科学转移的需要。二是科技劳动自身具有灵活性。科技劳动是以探索性和创造性劳动为主的脑力劳动,在科研课题选定以后,虽然制订了该课题的研究方案、实施计划,但是在研究过程中,往往会出现难以预计的问题,又不得不根据实际情况来修改方案,甚至会完全推翻原定方案,或者在课题进行之中考虑多方面因素,特别是技术创造的要求,需及时撤销、转题,使计划提前或延迟等,这就要求科技管理具有相应的灵活性。三是科技活动本身具有相当的自由度。一般来说,科研的自由度因其研究活动的不同具有很大的差异。这种差异要求管理也具有同样的自由度。即不但允许某一研究的方案、计划发生变动,而且还应该允许失败。因此,我们对科学技术研究工作的任务、计划的管理必须留有余地,保证一定的弹性、柔性、灵活性和机动性。

第二,科技管理具有整体性和协调性。为了适应各学科之间的相互渗透、相互交叉和综合性大科学的出现,科技管理要充分反映科学技术各领域的内在关系,并具有协调一致的能力,使整个科研机构形成一个有机的整体,形成一个协调一致的工作系统。对国家来说,要按照国家发展科学技术的战略规划,纵深部署,形成协调一致的、整体性的科技发展网络,集中优势力量解决与国民经济发展休戚相关的重大科技问题,保证人、财、物的投入与供应,使整个国家的科研体系运转正常。对每个科研部门来说,要在立足于本部门的研究任务的同时,兼顾与其他科研机构的衔接和配合。

第三,科技管理具有长远性和预见性。无论对一个国家还是对一个具体的科研机构的科技管理,都要有长远的战略目标和规划,要进行科学的预测。一般来说,科技管理的长远性是建立在预见性之上的。科技管理要对科学技术的发展趋势有充分的估计,在此基础上建立自己的长期发展规划,力求在长期发展目标中根据自己的优势,选准自己的科技发展战略和突破口。与此同时,还要密切跟踪科技发展新动向,做好近期和当前科技工作的安排,形成合理的梯度分布,构成远近结合的完整的科技发展网。

(二)科技管理的原则

鉴于科技管理的特殊性,在科技管理中应坚持以下原则:

(1)系统性原则。系统性原则,就是应用系统工程、系统分析的方法进行科研组织、管理。在现代大规模科学研究工作中,任何一个科研部门或任何一项科研工作都不是孤立的,都是由相互联系、相互制约的各个部分组成的有机系统,而这个系统又处在一个重大系统之内。

(2)前瞻性原则。所谓前瞻性原则,是指科技管理机构要对科技发展的趋势有充分的估计,发挥科技情报和科技预测的作用,密切跟踪科技发展新动向。当代科学技术发展日新月异,尤其是在市场经济条件下,激烈的市场竞争不断要求缩短技术创新的周期，这就要求宏观科技管理加强对科研机构和企业的技术创新研究的前瞻性指导，加强对国内外技术市场的预测和调控。

(3) 能级性原则。能级主要是指管理机构各部门或者其中的工作岗位职能上的等级差别。由于科技管理机构是技能级层次构成的稳定的组织形态，因此应明确划分不同能级的责、权、利，使各部门和每一个工作岗位责任明确、权限清晰，做到奖惩有据，这样才能形成高效率的管理机制。

(4) 协作性原则。现代科学技术工作大部分是集体劳动的成果，必须分工协作。分工就是把整个工作分解成各个单元，各个单元按照客观规律制定工作规范和细则，使工作规范化。分工是协作的基础，没有专业化的分工，也就无所谓协作。

(5) 综合平衡原则。这是指科研任务与科研条件的综合平衡。科研任务是科研工作的目标、目的；科研条件主要包括人员、设备、经费、资料等，它是科研能力的表现。只有使两者相对的统一和平衡，目的才有实现的可能。为便于综合平衡，任务与条件的决定权应相对集中。

四、加强科技管理的意义

科技管理是管理科技知识创造、发展、应用和传播系统的工作。加强科技管理，对当今世界的科技、经济、社会的发展，特别是我国的社会主义现代化建设，有着极其重要的意义。

(一) 加强科技管理是适应现代科技发展与新技术革命的需要

20世纪下半叶以来，现代科学技术呈现出许多前所未有的新特点：一是科学的多极化发展和各门类、各个学科越来越交叉综合，使科学不仅在物质的各个层面展开，而且在不同层面之间相互协作，形成众多知识的交融，使科学呈现网络化展开的新局面；二是20世纪70年代以来出现的世界性新技术革命，使得科学和技术的联系越来越紧密，特别是科学—技术—开发应用现代化的趋势，使科学技术的发现、发明到应用的周期越来越短，以高技术为特征的新技术革命正改变着传统产业和产品的结构，崭新的高技术产业群体纷纷出现，改变着世界发展的面貌和速度；三是科学技术和社会、经济紧密联系，自然科学和社会科学结合的成果被用以解决重大的社会、经济问题；四是知识的增长量以指数级的速度增长。这些新特点和新趋势给科技管理提出了新挑战，一旦科技决策和管理失误，将会给科技发展带来不可估量的损失。

(二) 加强科技管理是建设科技强国的需要

党的二十大报告将“科技强国”列为中国式现代化的重要特征，建设科技强国是我们当前的主要任务之一。现代科学技术渗透在社会生产力的各个要素之中,使生产力的总体水平提高到一个新的高度,并且在社会生产的物化劳动中充分体现出来。科学技术是第一生产力的深刻含义主要表现在这里。科技发展战略是国家发展战略的重要组成部分,也是国家或地区科技发展具有全局性、纲领性和方向性意义的重大科技政策。因此,科技发展战略的制定不能仅仅从科技实力出发,定位于科技的长远发展,更要立足于国家安全与利益的高度,服从并服务于国家战略的需要。为了努力发展生产力,落实科技兴国、富国的战略方针,必须加强科技管理和科技投入,这是我国现代化建设的必由之路。

(三) 加强科技管理是加快和深化改革的需要

2012年9月中共中央、国务院印发的《关于深化科技体制改革加快国家创新体系建设的意见》提出,到2020年我们要进入创新型国家行列和新中国成立100周年时成为世界科技强国的宏伟目标。要实现这一目标,必须深化科技体制改革。科技发展战略制定除了宏观布局外,还需要有与之相应的中、微观层面的配套措施,包括针对性的政策和相关的科技计划,特别是要有保证战略目标和重点任务落实的组织体系及管理体制。科技改革每深入一步,都要有完善的管理制度与之配套,否则改革与目标之间就不能契合。

(四) 加强科技管理是提高管理水平的需要

我国的科技干部基本上属于"科研"型干部,即自己有专业、是某一领域的专家,但是对管理却不一定在行,对科研成果的开发、经营可能就更不擅长了。对于多数科技管理干部来说,既要从学者、专家向管理者、领导转变,也要从以往的微观管理向现代间接的宏观指导转变。只有提高科技管理水平,彻底解决科技与经济建设的"两层皮"现象,才能使科学技术在现代化建设中发挥更大的作用。

总之,科技管理是一项艰巨而复杂的管理活动,从某种意义上说,科技管理水平的高低,直接决定着科技发展的方向和水平。因此,加强科技管理,特别是加强管理中的调节与控制,使管理更趋于完善,是至关重要的。

第二节　科技管理体制

国家宏观科技管理体制是一个非常复杂的系统,不同国家科技管理体制的形成都有其特殊的历史和文化背景,受到国家特定因素(national specific-factor)的制约。由于国家的科技管理体制往往是复杂的、多元的,给不同国家的科技管理体制进行合理分类是一项难度很大的工作,以组织结构作为划分标准,大致可以分为三类:多元分散型、高度集中型和分散与集中相结合型。

一、多元分散型科技管理体制

(一)多元分散型科技管理体制的特点

市场经济发达国家通常采用多元分散型科技管理体制,政府对科技管理的介入较少。其中特征最明显的是美国,美国的这一体制是在第二次世界大战以后确立的。该体制的主要特点是:

第一,决策机构多元化。在科技管理体制上,联邦政府没有设立专门的机构负责全国科学技术活动的组织、协调与规划,而是由行政、立法、司法三个系统不同程度地参与国家科学技术政策的制定和科技工作的管理。其核心决策与咨询机构是白宫和国会。前者包括白宫科技政策办公室、总统科学技术顾问委员会和国家科学技术委员会。其中,白宫科技政策办公室具有较强的行政和管理职能,其他两个都是咨询、协调性质的委员会。这三个机构的主任都由总统科技事务助理兼任。国会的参众两院都设有负责科技事务的委员会。众议院负责科技事务的是科学委员会。参议院负责科技事务的授权委员会是商务、科学与运输委员会。白宫和国会是科技决策的核心,也是各种政治势力争夺决策主导权的焦点。

第二,管理机构分散化。美国没有统一的科研管理机构,而是分属于各个不同的职能部门,由它们各自根据自己部门的使命去管理。经费管理也是直接拨给各个部门,其中行政系统涉入程度最大。各联邦部门大都有涉及科技的管理机构,其中最重要的部门有国防部、卫生部、能源部、国家航空航天局、商务部、农业部、运输部、环保局、国家科学基金会等。国家科学基金会是美国行政机构中唯一的专职科技管理部门,但在宏观科技管理体制中不扮演决定性的角色,基本上不具有归口管理的职能,也没有下属研究机构。它是美国联邦政府为资助基础研究、促进科学教育、发展科技情报工作、促进国际合作而专设的独立科技管理机构。它的职能更多的是提供"横向"资助,也就是说,对于不适合由各具体职能部门承担的科技工作,特别是一些基础研究,主要由国家科学基金会资助并管理。

此外,美国也有国家科学院、工程院等专职科技管理机构,但它们是半官方性质的,主要负责授予荣誉学术称号、提供政策咨询等,行政管理的职能很弱。

美国没有一个科技主管部门,与其文化背景和历史背景有关。主要原因之一是科学家们担心长期以来可以灵活选择科研项目的自主权可能因权力过于集中而受到限制;同时,在美国科技活动中占了很大份额的基础研究与应用研究,也需要相对宽松的管理环境。由于国力雄厚,又处在一个相对完善的市场经济环境中,科技工作同样面临激烈竞争的压力,使得分散、重复等弊端难以发生或发展,因此美国科技实力在第二次世界大战结束以来一直居世界前列。

(二) 多元分散型科技管理体制的优点

多元分散型科技管理体制的优点如下:

第一,科学界有较大的自由性。美国基础科学成果多、水平高,新学科、新思想活跃,其中一个原因就是美国的多元分散型科技管理体制使科学界享有较大的自由性。在科学发展方向、科学成果的评价方面,科学家不完全受其他方面的控制。

第二,大学在科研工作中的作用突出。在美国,发展科学技术的特点之一是加强大学在研究工作中特别是在基础研究工作中的作用。美国大学既是培养高级专门人才的教学中心,又是大规模开展科研工作的中心。美国的基础研究主要是在大学里进行的,大学是基础研究和跨学科研究的主要基地。自第二次世界大战初期以来,联邦政府就开始在大学设立大型的科研中心,比较著名的有:麻省理工学院的林肯实验室、加州理工学院的喷气推进实验室、哥伦比亚大学的辐射实验室、加利福尼亚大学的劳伦斯利弗莫尔国家实验室、北卡州立大学的新能源研制中心等。这些研究中心由联邦政府出资、由一所大学或几所大学甚至几十所大学共同进行管理并在科学上进行指导,其研究计划则根据联邦政府有关部门的研究任务确定。这些研究中心不仅经费充裕、规模宏大、拥有先进的仪器设备,而且吸收了大学的许多优秀科学家参加和指导科研,因此,取得了很多重要成果,在美国的高科技发展方面做出了重大贡献。这些科研中心已成为美国政府的科研骨干力量。

第三,工业企业的研究与市场结合密切。美国的工业企业占用了美国一半以上的应用研究经费。它们的研究课题密切结合生产与市场目前及今后的需要,充分考虑到生产企业的资金、人力、技术、条件、原料、产品销售、成本等方面的因素,因此,其成果容易得到推广,容易在生产和经济中发挥作用。

(三) 多元分散型科技管理体制的局限

这种管理体制的局限主要表现在,总统会直接对科技决策产生影响。美国行政、立法、司法三个系统都有科技决策权,但因为各系统工作程序不一样,工作效率就不一样,最后在实际决策中的作用也就不一样。在美国,虽然总统和国会都有权提出新的科研计划项目,但在实践中,国会的工作周期长,一个法案提出后,有可能被无限期拖延,得不到表决,而总统的预算法案则有明确的年度表决期限,不大可能拖延。因此,新的科研计划项目往往是总统提出的。在这种体制下,总统个人对科技的态度在很大程度上影响到科研计划项目的设立。

另外,管理机构的分散,也会造成经费使用的低效率。美国有四类研究机构,即政府、民间产业界、高等院校和非营利机构,美国正是按照这一分类来掌握各个部门的科研经费和人员,并逐年提供经费和聘用人员的。管理机构分散,就意味着联邦政府中主管科学研究经费的部门很多;此外,大学、私人基金会、企业也有经费。这样,就可能造成科研经费的浪费。

二、高度集中型科技管理体制

(一)高度集中型科技管理体制的特点

发展中国家和新兴工业化国家的科研管理体制大多为高度集中型的。这种体制主要具有如下特点:

第一,科技管理权力集中。国家将科技活动的管理与资源分配集中在特定的权力部门,其他部门只负责制定和实施相应的科技政策和短期的科研项目。例如,韩国设立了科学技术处作为主管科学技术的行政机构,同时制定了《科学技术振兴法》。科学技术处负责制定国家科技发展政策、规划,为政府科研机构、大学和企业提供科学技术发展资金,协调政府其他各部制定科技政策等。1988年,韩国对科技管理机构进行了改组,成立专设机构"科学技术委员会",由副总理级官员任委员长,同时,将科技处升级为科技部。科学技术委员会负责科技工作的宏观决策和调控,对国家预算有分配权;科技部则负责制定和实施各项政策、规划,对预算进行分配,具体主管国家的科技事务。到20世纪90年代,逐步形成以科技部为宏观管理决策部门的集中协调型管理体制。印度政府对整个科技活动的管理采取的是政策和计划指导下的部门负责制。在整个国家的科技活动中,中央负责制定科技发展政策和计划,支持研究与开发活动以及技术转让等各个环节的工作。而邦政府则侧重于结合本地资源现状,支持和协调中央工作,以解决本地实际问题为主的科技活动,如遥感技术的应用、农业技术的推广和再生能源的利用等。

第二,科技计划约束性很强。国家科技发展规划与计划是指令性的,各地区、各部门和各科研机构的任何科研项目的设置,必须置于国家计划的约束之下。在韩国最具综合性、广泛性的科技管理手段是由国家科学技术委员会实施的"国家研究开发事业调查分析评价",该项活动主要是以利用国家研究开发预算或政府基金的研究开发计划为评价对象。此外,执行政府研究开发计划的各部门也对自己分管的计划和项目定期进行评价。直属国务总理室的三个自然科学系列的研究会——基础技术研究会、产业技术研究会和公共技术研究会,作为研究管理机构,每年也要接受国家科学技术委员会的评价。

第三,科技经费主要来自国家预算拨款。例如,为了迎接国际竞争的新挑战,巴西政府选择了自主发展科技、重新振兴经济之路。近年来,由于对科技投入的不断加大,巴西的科技发展已在拉美国家中处于领先地位,在自动化与信息技术、小型飞机制造、汽车生产、水电工程技术、采矿、生物工程以及新材料等技术领域已具有较高的水平。

(二) 高度集中型科技管理体制的优点

为了实现用科技发展追赶发达国家的国家发展战略,新兴工业化国家和发展中国家都实行高度集中的科技管理体制,这种管理体制更容易发挥“集中力量办大事”的优势。印度的科技研发经费主要由中央及各邦政府提供,这部分占了85%。以其软件业发展为例,1991年,印度政府制定政策,大力扶持软件行业,实施零税率,在银行贷款上也给予“优先权”,引发了印度软件行业的一场革命。1998年,印度政府发布了“信息技术行动计划”(Information Technology Action Plan),提出了三大目标:一是加快信息基础设施建设,二是到2008年软件和服务的出口突破500亿美元,三是加大信息技术的普及力度。为实现上述三大目标,该计划提出了108项政策建议。这些政策建议具体包括:政府对软件实施零关税、零流通税和零服务税,海外投资和采购的一揽子协议,以及银行优惠贷款和风险投资等方面将采取一系列促进软件出口的措施,并将挑选出若干有前途的软件出口企业给予长期扶持,甚至通过外交渠道为这些企业的产品和服务出口创造必要的条件等。由于政府决策和定位得当,印度迅速崛起为一个软件生产大国,一跃成为世界上软件业增长最快的国家。近年来,印度软件业的年均增长率一直保持在5%以上,而世界软件业年均增长率是2%,印度软件业迅速崛起的重要因素在于政府的大力支持。

(三) 高度集中型科技管理体制的局限

高度集中型科技管理体制对于促进科技进步和经济发展能够起到一定的积极作用,但是这种体制也存在明显弊端:一是管理结构僵化、科研机构缺乏自主权,这与科技活动的能动性、自主性相违背,不利于科学技术的发展;二是在政府决策不当的情况下,科研、开发可能会与生产脱节,技术转让环节受阻。

三、分散与集中相结合型科技管理体制

(一) 分散与集中相结合型科技管理体制的特点

分散与集中相结合型科技管理体制,也称为分散与集中相协调型科技管理

体制,是介于多元分散型和高度集中型之间的一种中间类型。英国、德国和法国都属于这一类型。其主要特点是:

第一,政府主导,分散管理。英国政府宏观科技管理的模式体现了政府是基础科学的主要投资者、大学和企业合作的服务者、创新的管理者和公众科学信仰的推动者。英国政府科技主管部门不直接管理公立研究机构,而是通过七个研究理事会对其进行管理和经费支持。根据支持领域的不同,英国共有七个研究理事会:医学研究理事会、生物技术与生物科学研究理事会、自然环境研究理事会、工程与自然科学研究理事会、粒子物理与天文研究理事会、经济与社会研究理事会、研究委员会中心实验室理事会。研究理事会在科技办公室研究理事会总司长的领导下,每个研究理事会有一位首席执行官负责日常行政工作。

第二,分工有序,协调合作。例如,法国的科研体系由公共科研机构、大学科研机构、企业科研机构及民间科研机构组成。公共科研机构主要由政府支持,是基础性研究与技术开发活动的主要承担者。法国的公共科研机构分为三类:科技型、工贸型和管理型。① 法国的大学科研机构主要从事基础研究,它们和公共科研机构一起承担基础研究工作。法国企业的研究开发力量主要集中在占企业总数5%的3700家大型企业和集团中。政府对企业的科技投入达到其研发费用的25%左右,其中国有企业分享了政府工业科技投入的绝大部分。民间科研机构是从事协调、服务的非营利性的协会和科学技术研究基金会等。民间科研机构的经费来源是国家预算或协会与基金会的资助。②

第三,管理方式灵活多样。1983年以来,法国政府提出要加强科技开发政策地方化的工作,采取了国家计划、各部指令、合同制的管理方式,目的是确保地区和企业的发展战略同政府在国家计划中确定的政策目标和国家的总体利益目标协调一致。自这些管理方式推广以来,全国22个大区已相继签署了各类科研合同,越来越多的国营和私营企业相继效仿。此外,国家还健全了地区的组织机构,如地区研究与技术代表、地区技术创新与技术转让中心、地区技术顾问网络。

(二)分散与集中相结合型科技管理体制的优点

这种管理体制具有明显的优点。一是政府主导作用突出。任何一个国家,要想在科学技术上取得较快发展,必须在发展战略上具有宏观性、整体性和前瞻性。这一战略的实现,非政府主导莫属。二是分散与集中相结合型科技管理

---

① 参见黄宁燕、孙玉明:《法国的科研机构及科技管理》,《中国科技成果》2005年第1期,第47页。

② 参见李伟红:《法国科技体制改革的研究与借鉴》,《产业与科技论坛》2007年第4期,第67—68页。

体制注重管理权限的下放、中央与地方关系的协调、管理方式的多样化、各类管理主体积极性的调动,因而能够实现科技的快速发展。实行这一体制的法国是科技强国,其科技水平整体质量较高,在欧洲名列前茅,某些领域与美国不相上下,且明显领先于日本。从获国际大奖的人数看,法国仅居美国和英国之后。法国是世界第四大经济、贸易和金融强国,也是全球科技高度发达的工业化国家之一。与法国类似的英、德等国,其科技实力、发展速度以及取得的科技成就也居世界前列。

四、各国科技管理体制的共同特点

由于各个国家的国情不同,发展历程与发展水平不同,所以政府科技管理机构和科研机构的设置、有关科技政策和发展战略的内容也各不相同。但若加以分析,也可以看出不少“共性”的东西。

(一) 科技管理有法可依

各国都制定了科技管理的法律法规,使科技管理有法可依。科技政策与法规是各国管理科技活动的基本手段和规则,各国越来越把科技政策与法规环境的建设放在一个重要位置。有关法律法规的及时制定、实施与调整,是发展科技的基本保障。无论何种管理类型的国家,与科技有关的立法以及科技发展战略的拟定与修订,都集中在国家这一层次上。当然,为了促进地方科技进步与经济发展,地方也制定一些地方性的政策法规。

更应当引起重视的是,这些国家对科技工作各类决策都有规范的程序,都设有专门的科技咨询审议机构,例如:美国的总统科学技术顾问委员会,日本的综合科学技术会议、产业技术审议会等。这些咨询审议机构的职能是:在政府制定科技政策、设立科研机构、确定国家及部门的研究计划时,依照有关程序充分发表意见,严格把关。

(二) 对国家科技活动进行有效的宏观调控

除美国外,这些国家都有自己的科技主管部门,以加强对整个国家科技活动的宏观调控。政府的若干部门往往也有隶属于自己的科研机构。科技主管部门与其他主管部门有时还对某些研究机构实行共同管理。

我们还必须看到,美国虽然没有科技主管部门,但美国政府对科技工作的投入远非一般国家可比:20 世纪 40 年代至 50 年代的“两弹计划”、60 年代的“阿波罗”登月计划、80 年代的“星球大战”计划即战略防卫计划、90 年代的“信息高速公路计划”等,都动员、组织了十分庞大的力量,并取得了预期的效果。

这些事实都清楚地表明了美国政府对科技的管理是强有力的，是非常有效的。20 世纪 90 年代成立的、总统亲自“挂帅”的“国家科学技术委员会”虽然有时被称为“虚机构”，但实权在握。在新的历史条件下，在美国科技实现转型与发展的过程中，该机构发挥了重要的作用。

（三）政府主导，产学研相互协调

各国研究开发与推广体系的主要组成部分大体相同，即由政府所属的科研与推广机构、大学、企业、民间机构组成，各类机构所从事的活动各有侧重。

政府所属的科研机构与成果推广机构多从事公益性、产业共性基础技术的研究，协助政府开展有关的政策研究，开展与科技成果转化有关的活动；大学主要从事基础研究；企业多从事应用研究和技术开发；民间机构的活动领域则横跨应用研究、技术开发和技术推广，个别的也从事一些基础研究。

20 世纪 80 年代以来，各国政府对科技如何更好地与经济相结合的问题越来越重视，并进行了一系列的政策调整。调整工作主要包括以下几个方面：

第一，调整科技管理机构，以加强对科技工作的管理。加强对科技工作管理的主要原因首先是国际竞争加剧，资源对经济增长的约束增强，使得科技对经济发展的推动力更为重要，经济对科技的需求也更为紧迫。冷战结束后，从经济意义上讲，已是“得科技者得天下”。在这种形势下，一个国家的政府对科技工作已不能有丝毫疏忽，只能加强。其次是现代科技的发展以综合性、高难度为特征，多数情况还需要高强度的投入。因此，集中优势力量，开展跨专业、跨学科的合作研究，已成为取得科技突破的重要甚至是必要的条件。在这种情况下，政府的组织与协调工作尤显重要。

第二，制定科技发展战略。无论是制定科技发展战略，还是调整科技投资方向，都越来越重视科技与国情相结合，以推动经济的有效增长和国民生活质量的明显改善。

第三，增加科技投入，包括基础研究和应用研究的投入，尤其重视基础性研究，以确保国家科技发展的后劲。正确把握科技发展方向，首先需要政府领导人的眼光和远见卓识，同时也需要有预见性的科技发展政策。当然，各国的国情不同，侧重点也有所不同。

第四，即使是典型的市场经济国家，政府对企业的科技工作也仍然是高度关注的，并给予了相当可观的直接或间接的经费支持。

第五，制订与实施国家科技计划。制订大型科技计划，集中相当一部分国力加以实施，是增强国家的科技实力进而促进某个产业或产业群发展的有效途径，而整个国力则可能因某些大型科技计划的有效实施得以增强。

第六,由于科学技术的不断发展和经济环境的不断变化,技术政策调整需要经常进行。但在调整过程中,十分注意政策的连续性与稳定性。20 世纪 80 年代以来,美国政府加大了对企业科技工作的支持;20 世纪 90 年代后,美国政府进一步加强了对应用研究和技术成果转移方面的支持力度;进入 21 世纪,美国的科技政策和战略一直围绕"创新"和"竞争力"展开,现在美国约 50%的 GDP 增长得益于创新。特别是 2008 年金融危机爆发以后,美国联邦政府更是增加对科技投入,大力支持自主创新。

(四)有完整的科研计划和严格的项目管理制度

科研计划管理是科研管理的首要环节。科研计划是关于科研工作的长远设计和总体设计,是一种战略性的全局部署方案。项目管理是科研计划管理的重点和核心。只有项目管理科学化,才能保证整个科研计划取得最佳效果。

英国政府的现行科研计划包括:政府制订的各科研计划和政府各行业管理部门制订的科研计划。英国政府具体的科研计划包括:技术预测计划、"联系"计划、基因组计划、电子科学、基础技术计划、小型企业研究与技术奖励计划和公众认知计划等。

德国的联邦教研部将对专业领域的计划及项目的管理主要委托给专门设立的"项目协调管理单位"(Projekttrager)完成。项目协调管理单位在联邦教研部的直接领导下,行使计划及项目管理职能,包括确定优先领域、遴选并审核项目、监督项目的执行。它主要职责是:在联邦教研部直接资助范围内,向项目申请者提供专业技术、申请程序、行政管理等方面的咨询;审核申请项目并向联邦教研部提出批准建议;跟踪并监督项目执行情况以及审核最终研究成果。

日本国家科技预算的编制过程是严谨和细致的,预算必须认真贯彻执行国家的政策和方针。日本科研计划的分配和项目管理,概括起来说,除了根据国家已经确定的"科技基本法"和"科技基本计划"外,是由日本综合科学技术会议决定有关分配的战略方针,文部科学省负责各科技领域具体的分配工作。

美国没有专门针对科研项目的管理办法,科研计划和项目管理使用和其他政府拨款项目同样的管理办法。但是,美国法律详细规定了政府拨款项目的预算审核、运行监督和事后评估程序。

第三节　中国科技管理体制改革及创新

科技体制是经济体制的重要组成部分,科技体制的改革直接促进了我国经济、社会和科技事业的发展。根据科技管理的发展特点,可以从总体上把我国的科技体制改革分为两个阶段:第一阶段是从 1949 年中华人民共和国成立到 20 世纪 80 年代初,这一阶段我国模仿苏联建立了一整套科技管理体制;第二阶段是从 1985 年到现在,这一阶段我国对原有的科技管理体制进行了改革,基本建立了与社会主义市场经济体制相适应的有中国特色的科技管理体制。

一、中国科技管理体制的建立及其弊端

(一) 中国科技管理体制的建立

新中国科技管理体制的基本结构是在 20 世纪 50 年代逐步形成的,它经历了一个发展、变化的过程。这一体制的形成虽然受到苏联的影响,但主要是根据我国科技发展的实际情况逐步建立起来的。1949 年,中央人民政府在南京"中央"研究院和北平研究院以及延安自然科学研究院的基础上组建了中国科学院。在 1956 年国务院学科规划委员会成立之前,中国科学院不仅是全国最高学术中心,而且也承担了全国科技管理中心的职责。1956 年以后,我们相继建立了一批国家级科研和管理机构、大学和工业系统的研究机构。在此基础上,初步建立了科技体制的基本框架,形成了由国家研究机构、大学研究机构、产业部门研究与开发机构、地方科研机构、国防科研机构五个方面研究力量构成的科技体系。

这套科技体制建立的背景是:我国处于被西方敌对国家包围的封闭状态,有联系的、比较先进的国家就是苏联及其他社会主义国家;我国整个政治、经济体制都是以苏联的体制为"样本"建立的。这套科技体制的突出特点和优势是:第一,在管理上采用与计划经济体制相适应的集中型模式。这种科技体制在 20 世纪 50 年代和 60 年代具有一定的优势,便于打破国际势力的封锁,集中力量办大事。第二,政府主导,即在研究与开发投入和重大科技项目实施过程中,政府起主导作用,企业基本处于从属地位。这种高度集中的、计划式的科技管理体制,保证了我们在极端困难的条件下,取得包括"两弹一星"在内的一系列重大科技成果,增强了中国的实力。

(二) 中国科技管理体制的弊端

到 20 世纪 70 年代末,高度集中的科技管理体制的弊端逐渐显露。这些弊

端主要表现在:

第一,宏观管理结构行政化、僵硬化。一方面,国家的科技组织完全行政化,国家对科技活动进行直接、微观的管理,科研机构缺乏应有的自主权;另一方面,科技组织不用进行经济核算,也不承担任何经济责任,导致科研机构自成系统、自我封闭,人员结构和知识结构僵化。这些都与科技活动的能动性、自立性相违背,十分不利于科技事业的发展。

第二,科研与生产相脱离,"两张皮"现象严重。科研组织的工作任务完全由国家以计划形式管理,科技活动完全游离于社会经济活动之外,结果是:一方面,科技成果应用于生产、转化为经济效益非常困难;另一方面,生产中急需解决的技术问题也不能成为专门科研人员的研究课题。科学技术与经济社会之间难以形成相互依存、相互促进的关系,实际上就是国家有限的科技研究资源不能得到有效的利用,造成了研究资源的浪费。

第三,人才使用不合理。一方面,由于科技人员实际上是部门所有、单位所有,专业人员不能合理流动、限制过死,现有人才远未做到人尽其才;另一方面,科技人员的劳动成果与个人经济利益缺乏联系,知识和人才没有得到应有的尊重。这一切都抑制了科技人员的积极性和创造性。

为适应经济体制的改革和发展,科技体制改革势在必行。

二、中国科技管理体制的改革

(一) 改革起步阶段

1985—1991 年是改革的起步阶段。1982 年中共中央提出"经济建设必须依靠科学技术、科学技术必须面向经济建设"的科技发展指导方针,为科技改革的展开做了准备。1985 年通过的《中共中央关于科学技术体制改革的决定》(以下简称《决定》)标志着我国科技管理体制改革进入全面起步阶段。

《决定》指出:"科学技术体制改革的根本目的,是使科学技术成果迅速地广泛地应用于生产,使科学技术人员的作用得到充分发挥,大大解放科学技术生产力,促进经济和社会的发展。"这一时期改革的指导思想是"经济建设必须依靠科学技术、科学技术工作必须面向经济建设"。改革的主要内容是:"在运行机制方面,要改革拨款制度,开拓技术市场,克服单纯依靠行政手段管理科学技术工作,国家包得过多、统得过死的弊病;在对国家重点项目实行计划管理的同时,运用经济杠杆和市场调节,使科学技术机构具有自我发展的能力和自动为经济建设服务的活力。在组织结构方面,要改变过多的研究机构与企业相分离,研究、设计、教育、生产脱节,军民分割、部门分割、地区分割的状况;大力加强企业的技术吸收与开发能力和技术成果转让为生产能力的中间环节,促进研究机构、设计机构、高等学校、企业之间的协作和联合,并使各方面的科学技术力量形成合理的纵深配置。在人事制度方面,要克服'左'的影响,扭转对科学技术人员限制过多、人才不能合理流动、智力劳动得不到应有尊重的局面,造成人才辈出、人尽其才的良好环境。"

在这个改革思想的指导下,1986 年 2 月,国务院发出《关于成立国家自然科学基金委员会的通知》,正式成立了国家自然科学基金委员会,将 1981 年由中央财政拨款设立的自然科学基金完善为在国内全面实施的科学基金制。实施科学基金制是深化科技体制改革、推进科技资源优化配置的重要举措。1988 年,中科院提出"一院两制"办院方针,迈出了科技管理体制改革的一大步。所谓"一院两制"就是"一院两种运行机制",其内容就是,对中国科学院的科学研究和技术开发两种不同类型工作,根据其不同的特点和规律,采取不同的运行机制、管理体制和评价标准。① 这些改革对我国基础研究和应用研究产生了重大影响,标志着我国基础研究向着规范化、与国际接轨方面迈出了实质性的一步。

(二) 科技体制改革推进阶段

1992—2005 年是改革的推进阶段。1992 年,我国确立建立社会主义市场经济体制并将科技体制改革作为其中一部分;1992 年 3 月,国务院颁布《国家中长期科学技术发展纲领》,明确提出我国科技体制改革的总目标、具体目标、客观要求、改革阶段及改革核心等重要的基本问题,标志着科技体制改革进入推进阶段。

1996 年 9 月 15 日发布的《国务院关于"九五"期间深化科学技术体制改革的决定》中指出,"九五"期间深化科技体制改革的主要目标是:"全面贯彻科学技术是第一生产力的思想,进一步落实经济建设必须依靠科学技术,科学工作必须面向经济建设和努力攀登科学技术高峰的方针。坚持在面向经济建设和社会发展主战场、发展高技术和建立高新技术产业、加强基础性研究三个层次上进行科技体制改革的战略部署,按照'稳住一头,放开一片'的原则,加强基础性研究、应用研究、高技术研究和重大科技攻关活动,增加科技储备,解决国民经济建设和社会发展中重大、综合、关键、迫切的技术问题,尽快缩小与国际先进水平的差距。大多数研究开发机构直接进入市场,加速科技成果转化,大幅

① 参见《中科院编年史:1988》,2009 年 9 月 28 日,中国科学院网站,http://www.cas.cn/jzzky/ysss/bns/200909/t20090928_2529271.shtml,2018 年 2 月 9 日访问。

度提高社会生产力和经济效益,提高农业、工业和第三产业的科技水平。”

这一阶段的科技体制改革取得了一定的成效,如经费与人才配置引入竞争机制、应用研究机构面向市场、应用研发项目试行招标制、加速民营科技发展等。取得了载人航天、杂交水稻、陆相成油理论与应用、高性能计算机等为标志的一大批重大科技成就,这些成就极大地增强了我国的综合国力,提高了我国的国际地位,振奋了我们的民族精神。

但是,我国的科学技术总体水平与世界发达国家相比还有较大差距,主要是因为我国科技体制还存在一些明显的问题,严重制约了国家整体创新能力的提高。一是企业尚未真正成为技术创新的主体,自主创新能力不强。二是各方面科技力量自成体系、分散重复,整体运行效率不高,社会公益领域科技创新能力尤其薄弱。三是科技宏观管理各自为政,科技资源配置方式、评价制度等不能适应科技发展新形势和政府职能转变的要求。四是激励优秀人才、鼓励创新创业的机制还不完善。

(三) 推进国家创新体系建设阶段

2006—2015 年是推进国家创新体系建设阶段。

“建设国家创新体系”是中国科学院在 1998 年提出的国家战略,国务院批准由中科院试行。2012 年中共中央、国务院印发《关于深化科技体制改革加快国家创新体系建设的意见》,这表明“国家创新体系建设”被正式纳入国家发展战略。这一阶段围绕“国家创新体系”的建设,通过实施《国家中长期科学和技术发展规划纲要(2006—2020 年)》,不断深化科技体制改革。

这一阶段改革的指导思想是:以服务国家目标和调动广大科技人员的积极性和创造性为出发点,以促进全社会科技资源高效配置和综合集成为重点,以建立企业为主体、产学研结合的技术创新体系为突破口,全面推进中国特色国家创新体系建设,大幅度提高国家自主创新能力。

2005 年 12 月,国务院印发《国家中长期科学和技术发展规划纲要(2006—2020 年)》,不仅确定了“自主创新,重点跨越,支撑发展,引领未来”的科技工作指导方针,而且对“国家创新体系”做出了清晰的描述,这就是:“以政府为主导、充分发挥市场配置资源的基础性作用、各类科技创新主体紧密联系和有效互动的社会系统。”改革围绕建设这样的创新体系在各个相关领域展开。

科技体制改革的重点任务是:第一,支持鼓励企业成为技术创新主体;第二,深化科研机构改革,建立现代科研院所制度;第三,推进科技管理体制改革,重点是健全国家科技决策机制,努力消除体制机制性障碍,加强部门之间、地方之间、部门与地方之间、军民之间的统筹协调,切实提高整合科技资源、组织重大科技活动的能力；第四，全面推进中国特色国家创新体系建设。

（四）建立创新型国家的科技管理体制阶段

2012年，党的十八大报告明确提出“国家创新驱动发展战略”。2016年5月19日，中共中央、国务院印发《国家创新驱动发展战略纲要》，提出：“创新驱动就是创新成为引领发展的第一动力，科技创新与制度创新、管理创新、商业模式创新、业态创新和文化创新相结合，推动发展方式向依靠持续的知识积累、技术进步和劳动力素质提升转变，促进经济向形态更高级、分工更精细、结构更合理的阶段演进。”显然，在建立创新型国家中，科技创新居于首位的地位要求科技管理体制深化改革。

1. 当前我国科技管理体制的基本现状

尽管经过了三十多年的改革，我国科技管理体制仍然是高度集中型的。这种管理体制的特点是，政府将科技活动管理、相关生产活动的管理以及资源分配的最终权力都集中于特定的权力部门，其他部门负责制定和实施相应的政策和短期项目。

现在我国的科技管理体制有三个层次的组成结构，即最高决策层、执行层和协调层、具体科研机构的管理层。最高决策层就是1998年国务院成立的国家科技教育领导小组。组长由国务院总理担任，副组长由国务院分管副总理担任，成员包括国家发改委主任、教育部部长、科技部部长、国防科工委主任、财政部部长、农业部部长、中科院院长、中国工程院院长、国务院副秘书长、国家自然科学基金委主任等。作为科技管理的最高决策层，国家科技教育领导小组的主要职责是：研究、审议国家科技和教育发展战略及重大政策；讨论、审议科技和教育重要任务及项目；协调国务院各部门与地方之间涉及科技或教育的重大事项。执行层和协调层由科技部、其他参与国家科技教育领导小组的各部委及地方科技管理部门组成。2018年8月8日《国务院办公厅关于成立国家科技领导小组的通知》中指出，按照深化党和国家机构改革统一部署，根据议事协调机构调整有关安排和工作需要，国务院决定将国家科技教育领导小组调整为国家科技领导小组。

我国现在的科研机构由国有研发机构、高校和企业三类机构组成。另外，还有近些年逐步发展起来的科技中介机构，如科技企业孵化器、科技咨询评估机构、技术市场、科技情报信息机构、科技风险投资中心等。

我国现行科技人才管理体制在不断完善。2016年3月，中共中央印发《关于深化人才发展体制机制改革的意见》，提出：改进战略科学家和创新型科技人才培养支持方式，更大力度实施国家高层次人才特殊支持计划（国家“万人计划"),构建科学、技术、工程专家协同创新机制,建立统一的人才工程项目信息管理平台,推动人才工程项目与各类科研、基地计划相衔接。逐渐破除人才流动障碍,打破户籍、地域、身份、学历、人事关系等制约,促进人才资源合理流动、有效配置,为人才跨地区、跨行业、跨体制流动提供便利条件。2016 年 11 月,中共中央办公厅和国务院办公厅印发《关于实行以增加知识价值为导向分配政策的若干意见》,允许高校和科研人员通过合同约定知识产权和转化收益,以及允许科研人员和教师依法依规适度兼职兼薪等,充分调动科研人员工作积极性,建立起对科研人员的长效激励机制。

2. 深化科技体制改革的指导思想和目标

2015 年中共中央、国务院印发《关于深化体制机制改革加快实施创新驱动发展战略的若干意见》《深化科技体制改革实施方案》(以下简称《方案》),2016 年又印发《国家创新驱动发展战略纲要》。这一系列重要改革文件的印发,不仅表明科技体制改革已经进入攻坚阶段,其重要性、紧迫性更加突出,而且表明中央关于"十三五"期间以及中长期的科技体制改革的方略已经完全明确。

《方案》提出的深化科技体制改革的指导思想是:"……坚持走中国特色自主创新道路,聚焦实施创新驱动发展战略,以构建中国特色国家创新体系为目标,全面深化科技体制改革,推动以科技创新为核心的全面创新,推进科技治理体系和治理能力现代化,促进军民融合深度发展,营造有利于创新驱动发展的市场和社会环境,激发大众创业、万众创新的热情与潜力,主动适应和引领经济发展新常态,加快创新型国家建设步伐,为实现发展驱动力的根本转换奠定体制基础。"

《方案》提出的深化科技体制改革的主要目标是:"到 2020 年,在科技体制改革的重要领域和关键环节取得突破性成果,基本建立适应创新驱动发展战略要求、符合社会主义市场经济规律和科技创新发展规律的中国特色国家创新体系,进入创新型国家行列。自主创新能力显著增强,技术创新的市场导向机制更加健全,企业、科研院所、高等学校等创新主体充满活力、高效协同,军民科技融合深度发展,人才、技术、资本等创新要素流动更加顺畅,科技管理体制机制更加完善,创新资源配置更加优化,科技人员积极性、创造性充分激发,大众创业、万众创新氛围更加浓厚,创新效率显著提升,为到 2030 年建成更加完备的国家创新体系、进入创新型国家前列奠定坚实基础。"

3. 深化科技体制改革的任务

深化科技体制改革是建设中国式现代化的重要内容,是实施创新驱动发展战略、建设创新型国家的根本要求。党的二十大报告对科技改革提出了具体要求,即“深化科技体制改革,深化科技评价改革,加大多元化科技投入,加强知识产权法治保障,形成支持全面创新的基础制度”①。为了贯彻落实党的二十大精神,我们需要从以下几个方面推进改革:

第一,建立技术创新市场导向机制。即要健全技术创新的市场导向机制和政府引导机制,加强产学研协同创新,引导各类创新要素向企业集聚,促进企业成为技术创新决策、研发投入、科研组织和成果转化的主体,使创新转化为实实在在的产业活动,培育新的增长点,促进经济转型升级提质增效。

第二,构建更加高效的科研体系。即要深化科研院所分类改革和高等学校科研体制机制改革,构建符合创新规律、职能定位清晰的治理结构,完善科研组织方式和运行管理机制,加强分类管理和绩效考核,增强知识创造和供给,筑牢国家创新体系基础。

第三,改革人才培养、评价和激励机制。即要改革和完善人才发展机制,加大创新型人才培养力度,对从事不同创新活动的科技人员实行分类评价,制定和落实鼓励创新创造的激励政策,鼓励科研人员持续研究和长期积累,充分调动和激发人的积极性和创造性。

第四,健全促进科技成果转化的机制。即要完善科技成果使用、处置和收益管理制度,加大对科研人员转化科研成果的激励力度,构建服务支撑体系,打通成果转化通道,通过成果应用体现创新价值,通过成果转化创造财富。

第五,建立健全科技和金融结合机制。即要大力发展创业投资,建立多层次资本市场支持创新机制,构建多元化融资渠道,支持符合创新特点的结构性、复合性金融产品开发,完善科技和金融结合机制,形成各类金融工具协同支持创新发展的良好局面。

第六,构建统筹协调的创新治理机制。即要加快政府职能转变,加强科技、经济、社会等方面政策的统筹协调和有效衔接,改革中央财政科技计划管理,完善科技管理基础制度,建立创新驱动导向的政绩考核机制,推进科技治理体系和治理能力现代化。

第七,推动形成深度融合的开放创新局面。即要坚持引进来和走出去相结合,开展全方位、多层次、高水平的国际科技合作与交流,深入实施“千人计划”“万人计划”,加大先进技术和海外高层次人才引进力度,充分利用全球创新资源,以更加积极的策略推动技术和标准输出,提升我国科技创新的国际化水平。

---

① 习近平:《高举中国特色社会主义伟大旗帜 为全面建设社会主义现代化国家而团结奋斗——在中国共产党第二十次全国代表大会上的报告》,人民出版社 2022 年版,第 35 页。

【本章小结】

本章介绍了科技管理的基本概念。科技管理是按照科学技术自身发展的规律和特点,以现代管理手段为基础,组织和管理各项科学技术活动,从而有效地完成预定的科学技术研究和发展目标的管理活动。科技管理的主要特点是灵活性、整体性和协调性、长远性和预见性。

本章介绍了世界上有代表性的几种科技管理体制。现在世界上主要有多元分散型科技管理体制、高度集中型科技管理体制及分散与集中结合型科技管理体制三种类型。发达国家科技管理的法制性、政府的有效宏观调控以及产学研相互协调值得我们借鉴。

本章专门介绍了我国的科技管理。20 世纪 90 年代初,为适应社会主义市场经济体制的改革需要,科技体制改革坚持在面向经济建设和社会发展主战场、发展高技术和建立高新技术产业、加强基础性研究三个层次上进行战略部署。进入 21 世纪,为适应建设创新型国家的改革要求,科技体制也进入了以构建中国特色国家创新体系为目标的全面深化改革的新阶段。党的十八大以来,中央明确了中长期科技体制改革方略,并围绕贯彻落实中央的改革决策,打通科技创新与经济社会发展通道,最大限度地激发科技第一生产力、创新第一动力的巨大潜能,进行了具体改革任务的部署。

【思考题】

1. 科技管理的含义是什么?
2. 试述科技管理的内容、特点和主要原则。
3. 加强科技管理的意义是什么?
4. 科技管理体制主要有哪几种类型?
5. 我国科技管理体制改革主要经历了哪几个阶段?
6. 当前我国科技管理体制改革的方向和目标是什么?

【参考文献】

1. 白春礼主编:《世界主要国立科研机构概况》,科学出版社 2013 年版。
2. 发达国家科技计划管理机制研究课题组编著:《发达国家科技计划管理机制研究》,科学出版社 2016 年版。
3. 胡智慧等编著:《世界主要国立科研机构管理模式研究》,科学出版社 2016 年版。

4. 李石柱编著:《科技管理与创新 》,中国财富出版社 2016 年。
5. 刘传铁、徐顽强:《基层科技管理体制机制创新研究》,科学出版社 2017 年版。
6. 郑逸芳主编:《科技管理》,中国农业出版社 2015 年版。

案例

用改革“点火器”发动创新引擎

第六章　文化事业管理

【本章目的】

通过本章的学习，掌握文化管理的相关概念和基本内容，以及政府对文化进行管理的必要性；了解几种不同类型的文化管理体制；掌握我国目前文化管理体制存在的问题，并明确深化我国文化管理体制改革的途径。

【本章重点】

1. 文化的特性和文化管理的基本内容
2. 不同类型文化管理体制的基本特点
3. 我国文化事业管理体制存在的问题及改进途径

第一节　文化与文化管理

一、文化与文化事业

（一）文化的内涵及特性

文化是人们最经常使用的词语之一，但到目前为止仍然没有一个统一的界定。近代以来，人们从人类学、哲学、历史学、生物学、地理学、心理学和社会学等角度探讨了大量的文化现象和文化问题，并提出了有关“文化”的各种不同定义。英国文化学家泰勒（E. B. Tylor）就将文化等同于人类的精神生活，认为文化是“包括知识、信仰、艺术、道德、法律、习俗和任何人作为一名社会成员而获得的能力和习惯在内的复杂整体”①。我国学者周谷城也持大致相同的观点，他认为：“所谓文化，无论是中国的或世界的，东方或西方的，都只能是一个概括的、复杂的统一体。”②我国台湾地区学者黄文山则强调了文化的工具价值，认为：文化是人类为满足生存的需要，凭借语言系统、技术发明、社会组织与习惯，

---

① 转引自林国良：《现代文化行政学》，学林出版社1995年版，第4页。

② 复旦大学历史系编：《中国传统文化的再估计》，上海人民出版社1987年版，第372页。

累世承袭创建出来的有价值的“工具实在”。①

我国学术界对“文化”这一概念的普遍看法是:文化是人类在社会实践过程中所获得的能力和创造的成果。广义的文化指人类在社会实践过程中所获得的物质、精神的生产能力和创造的物质、精神财富的总和。狭义的文化指精神生产能力和精神产品,包括一切社会意识形式:自然、科学、技术科学、社会意识形态。有时又专指教育、科学、文学、艺术、卫生、体育等方面的知识与设施。②

本书在狭义文化定义的基础上展开对文化事业及其管理的研究。

文化具有公共性和私人性的双重属性。一方面,文化作为人类精神生活方式的总和是抽象的,是人类集体智慧的结晶;另一方面,文化的现实载体又是高度分散化、物质化的。前者决定了文化的公共性、公益性、普适性,后者决定了文化的私人性。分散的、具体的文化载体的差异,不仅造就了文化的个性,而且制造了个性化的文化需求。任何社会和时代都需要文化,文化在推动人类社会发展中发挥着重要的非物质性的作用。个性化的文化也会有积极的外部性。发展个性化、私利性的文化,只要处理得当,也会在整体上有利于社会的发展和进步。

在现实中,文化的双重属性普遍地表现为文化同时具有意识形态的属性和产业的属性。文化公共性、公益性的一面往往直接与意识形态紧密联系在一起,所以任何政府都非常重视文化的作用和影响,会以各种形式加以控制和引导;而文化个性化、私利性的一面又可以直接与文化产业相联系。满足人们对个性化文化的需求,是文化市场、文化产业发展的动力和机会。随着社会的进步和科技水平的提高,人们个性化的文化需求会不断增加,在此基础上可以形成前途广阔的新经济增长点。

认识文化这两个“双重属性”是促进文化发展、推进文化事业改革的前提。

(二)文化事业与文化产业

“文化事业”是中国特有的概念,它不能等同于文化,而要与中国特有的“事业”和“事业单位”概念联系起来理解。文化事业是中国特有的“事业”的组成部分,也就是说,文化事业的范畴并不是前述狭义文化的全部范畴,而只是狭义文化中国家专门设置了事业机构进行管理的部分。

“文化产业”这个概念第一次由中央文件正式提出是在2000年。2000年

① 参见黄文山:《文化学体系》(第二版),台湾中华书局1971年版,第98页。

② 辞海编辑委员会编纂:《辞海》,上海辞书出版社1999年版,第4365页。

10月,党的十五届五中全会通过的《中共中央关于制定国民经济和社会发展第十个五年计划的建议》里,第一次正式使用了“文化产业”这个概念。该文件提出,完善文化产业政策,加强文化市场建设和管理,推动有关文化产业发展。

“文化产业”被承认,是在改革开放以后文化的商品属性被承认,继而“文化市场”被承认的基础上实现的。20世纪70年代末,中国走上改革开放的道路以后,人们对基本文化产品和个性化文化产品的需求喷涌而出。为了适应这样的社会发展,1988年文化部和国家工商行政管理局联合发文,在《关于加强文化市场管理工作的通知》中第一次提出了“文化市场”的概念。这份法规性工作文件中明确规定了文化市场的范围、任务、原则和方针。次年,文化部下设文化市场管理局,文化市场管理被正式纳入文化管理体系。

允许“文化市场”“文化产业”发展的理论基础是“文化”的双重特性。即提供公益性文化服务是政府的职责,提供个性文化服务的任务则完全可以交给市场去完成。

通过上述分析可以看到,文化事业和文化产业是两个既有联系又有区别的概念。两者的联系是,现在我们所谓的文化产业是从文化事业的概念中分化出来的一部分。文化产业这个概念被提出和使用的同时,实际上就使传统的文化事业概念变成了所谓的“大文化事业”概念,而传统文化事业概念中未被允许产业化的那部分,就成为与文化产业相对应的“小文化事业”概念。简而言之,在没有使用“文化产业”这个概念之前,我们只有一个“文化事业”的概念。在使用“文化产业”概念之后,就出现了两个“文化事业”的概念:一个是传统意义上的概念,即“大文化事业”的概念;另一个是在特定环境下使用的、与“文化产业”概念对应的“小文化事业”概念。

文化事业和文化产业的区别体现在两个层面。就“大文化事业”概念而言,文化产业是其中的一部分,二者是包含和被包含的关系;就“小文化事业”概念而言,文化产业是与其对应的概念。在后一个层面上,两者的主要区别在于:文化事业具有公益性,它们是非营利的,所需经费由国家全部或部分提供的;而文化产业则指文化中非公益性的营利部分。文化产业形成的原因在于人们文化需求差异的存在。发展文化产业要把社会效益放在首位,实现社会效益和经济效益相统一。

(三)文化事业的主要类型

文化的内容丰富、形式繁多,但是从文化管理的角度,以提供文化服务是否收费和收费多少为标准,对所有形式的文化活动进行分类,得到的结果就很简单,只有公益性文化事业和营利性文化产业两类。

公益性文化事业即非营利性文化事业,是以满足社会共同的文化需要为目标的文化事业。这类文化事业着眼于提高公众的文化素质和文化水平,它们既能给公众以一定社会所能提供的最基本的文化精神享受,也是保证和维持社会生存与发展所必需的文化基础和条件。由于这类文化服务或文化活动是同一社会中每个成员都应该享有也能够享有的,所以举办者不应该以营利为目的,需要有足够的财政经费保证。这类文化事业的主要内容或活动形式有公共图书馆、文物馆、博物馆、纪念馆、群众艺术、群众文化站(馆)等。

经营性文化也可以称为营利性文化,它是以满足特定的群体或个人的文化消费需求为主要目标的文化活动。这类文化活动主要关注特定群体和个人的享受需求和发展需求,主要满足特定群体和个人的文化消费偏好,但也是促进社会文化繁荣发展的基本动力。人类文化发展的历史表明,文化消费需求的水平和满足程度,是与社会的进步、经济的发展密切相连的。在社会经济科技整体水平提高后,人们对文化的需求就会多元化,而社会也有可能满足对多元文化的需求。所以,应该在基本满足大众对公益性文化需求的基础上,满足特定群体和个人对个性文化的需求。经营性文化的主要内容或活动形式包括娱乐业、演出业、新闻出版、广播电视、影视音像等。

二、文化管理及其必要性

(一) 文化管理的内涵

文化管理是各级政府及其文化行政部门和各种文化企事业单位对各项文化事业和具体文化活动的规划、组织、协调和监督。文化管理包括宏观文化行政和微观文化管理两个层面。

文化行政是政府对文化事业的宏观管理,是各级政府及其文化行政部门以文化法律和法规为基本依据,以整个国家的文化事业为管理对象,对有关文化行政系统和文化企事业单位的事务进行决策、组织和调控的行为。文化企事业单位对自身文化经济活动和文化社会活动的管理是文化事业的微观层面,其管理内容主要涉及企事业单位的管理原则、管理制度、管理机构及人员、运行机制和对具体文化活动的组织与协调等。管理的目的是在各种约束条件下,最有效地利用各种资源实现企事业单位的文化目标。

可见,文化管理是对文化领域的各种社会活动包括文化设施建设、文化人才培养、文艺创作活动、文化交流、文化产品的生产与流通和文化消费等的管理。文化管理必须由政府、有关部门和文化单位共同完成,文化行政离不开文化单位的支持,文化单位的管理也离不开政府的引导。

(二)文化管理的必要性

政府管理文化事业和文化产业的必要性具体表现在以下几个方面:

第一,文化产品的外部性决定了政府必须介入管理。一方面,文化产品的基本属性之一就是公共性,就是满足社会全体成员基本的文化需要,这是一种共同的文化需要,它的外部性最强,但也正是这一外部收益性的存在,往往使私人不愿投资,所以仅靠市场是无法保证满足公众基本的文化需求的。而政府介入,通过一定的方式加强社会基础文化设施建设,才能保障公众基本文化需求的满足;同时,这也是政府代表社会对外部收益支付费用。另一方面,现代社会中电视广播、报纸杂志虽然自身具有经营能力,但一些代表国家意识形态和主流思想的政治性报刊,以及一些反映国家科学文化事业水平的理论性较强的刊物,具有十分突出的外部收益(而其经营效益会受影响),所以政府应代表社会对这一收益支付费用。

第二,文化产品所具有的意识形态属性决定了政府必须介入管理。文化是一种精神产品,属于意识形态领域,文化事业活动中贯穿着特定的意识形态和价值取向。因此,现实中的所有国家,尽管它们有不同的文化传统和政治经济体制,有不同的经济发展程度,国家对文化事业管理的方式和程度也各不相同,但统治阶级总会凭借掌握的对国家社会生活的强控制力,介入和控制文化产品市场,通过制定政策甚至法律法规,对文化产品的生产进行必要的引导和管理,以维护自己的政治经济利益。哪怕是自诩为世界上最民主、最自由的国家的统治阶级,为了巩固自己的统治地位,都不可能放任文化产品的生产自行发展,也要对本国的文化发展进行一定的引导和管理。

第三,文化产品的双重属性决定了政府必须介入管理。文化产品具有双重属性和价值:它既有一般商品的共性,又有精神产品的特殊性;既有经济效益,又有社会效益。在市场经济条件下,文化产品的社会效益与经济效益有统一的一面,也有对立的一面。有的文化产品既有社会效益又有经济效益,价值与价格可以一致,由市场调节价格没有问题。但还有不少文化产品的社会效益和经济效益只有一方面占优势,价值与价格难以一致。如果听凭市场选择,一些主要有社会效益而经济效益不足的文化产品,可能会被完全排挤出市场,从而消失,比如一些民族的文化精粹和一些应该弘扬的时代主旋律;同时,另外一些低俗的、糟粕的文化产品,则可能因为有明显的经济效益而在市场上大行其道,败坏社会风气。因此,政府必须介入文化产品市场,在尊重市场机制的基础上,充分发挥政府的引导和支撑作用,促进文化产品的社会效益与经济效益的统一,实现文化发展与经济发展的良性循环。

第四,文化产品的商品属性也决定了政府必须介入管理。如同任何市场都会出现失灵现象一样,文化市场也不例外,完全自由化的文化商品市场也是不能真正满足社会对文化产品的需求的。对文化产品的生产、流通、销售进行监管,也是政府的基本职能。如果缺乏必要的规范和监督,在经济利益的驱动下,诸如高价演出和偷税漏税、娱乐业中的色情服务和赌博、非法出版物和制黄贩黄、走私和倒卖文物等将大量出现,从而损害一个国家民族的、现代的和大众的文化的形成,影响文化事业的健康发展。

因此,对文化市场进行规范和监督是现代社会中任何一个国家保证文化事业发展必不可少的条件。

（三）文化管理的基本内容

现代社会文化管理的基本格局应是生产主体多元化,政府通过文化投入和扶持政策等,分类管理、分级指导,国家保证重点,社会兴办文化事业。具体来说,现代社会文化管理主要包括以下几个方面的基本内容:

第一,制定文化发展战略与规划。文化发展战略是文化发展的整体规划,是在一定时期内为实现国家和社会的总体目标而作出的有关文化发展的目标、重点、发展阶段、投资方向、力量部署、对策措施的谋划与抉择。制定文化发展战略与规划,旨在发展先进文化,凝聚全社会精神力量,从而使文化事业能适应国家经济、社会发展并不断促进社会的进步。制定文化发展战略与规划是文化管理的首要任务。文化发展战略与规划具有权威性、原则性、科学性和系统性,文化发展战略与规划既是宏观文化行政的科学依据,也是微观文化管理的指导性纲要,对动员各种社会力量参与国家文化的发展具有重要的作用。制定文化发展战略与规划是从中央到地方各级政府及其文化部门的重要任务,其中,加强公共文化基础设施建设和公益文化事业的规划是政府的首要职责。

第二,优化文化资源配置。文化资源是人们从事文化生产或文化活动时所利用或可资利用的资源。在市场经济条件下,文化资源配置与社会其他领域的资源配置一样,也可以通过市场机制,将文化资源转化为文化产业,实现文化资源的经济价值。然而,大多数文化产品不具有完全的竞争性和排他性,纯粹以市场机制配置文化资源,必然会给文化产业的发展带来很大的负面效应。例如,在经济利益的驱动下,某些文化经营者会将文化资源投向投资少、见效快的娱乐业,造成娱乐业与其他大众需要的文化产业发展的严重失衡。这就需要政府在研究分析各地文化资源分布、配置情况的基础上,积极利用经济政策手段调控文化资源的流向,引导社会投入,加大文化产业开发力度,优化文化产业结构。只有政府与市场两种力量有机融合、相互配合、相互弥补,文化资源的合理流动和文化产业的蓬勃发展才能实现。

第三,规范文化市场行为。文化产品和文化服务一旦以商品的形式进入流通领域就构成了文化市场。我们所谓的文化市场,实际上是文化市场体系,一般由出版市场、文化娱乐市场、文艺演出市场、文化交流市场、文物市场、文化艺术培训市场和文化人才市场等几类市场构成。文化市场是推动文化事业全面发展的重要力量。文化市场管理的主要内容是:制定文化市场管理规范;管理文化市场经营者,包括培育文化市场,对文化市场的经营者和服务者的准入资格进行审查,规范文化市场经营者的行为,支持或扶持文化市场经营者;对文化产品本身进行管理,包括对文化产品是否具有商品资格进行鉴别,对文化产品内容是否符合有关法律法规进行审查;文化产品价格管理,包括对文化产品和服务的收费标准进行检查,对实行指导价的文化产品进行管理,对一些文化产品实施特殊的税收与价格政策。

第四,引导文化消费倾向。文化消费是人们为满足精神文化生活的需要所进行的消费活动。文化消费具有明显的层次性和多元性。随着人们生活水平的不断提高和生活方式的相应变化,文化消费需求将不断增加,层次将越来越高,选择将日益多样化。但许多人在多样化的文化产品面前,没有明确的消费目的,容易受周围消费倾向的影响而陷入盲目攀比的消费中,甚至消费有损身心健康、有害社会进步的文化产品,如消费迷信、赌博、色情等黄色文化产品。因此,政府应对大众的消费选择施加影响:一方面,积极倡导和引导人们选择健康的文化消费品和消费健康的文化服务;另一方面,出于维护文化消费者的合法权益,加强对文化消费领域的规范和管理,从而使积极向上的文化消费在促进自我发展的同时,能够推动精神文明建设的发展和社会文化水平的全面提高。

第五,开展对外文化交流。文化交流的形式是多样的,包括派出和接待政府文化代表团与其他国家和地区签订文化协定、与各种国际文化组织建立和保持各种形式的联系等。文化交流是国际交流的重要渠道,是增进各国之间的相互了解和友谊的重要桥梁。在经济全球化背景下,文化的对外开放和交流,也是推动我国社会主义现代化建设事业的需要。同时,文化交流与国家文化安全直接联系,所以维护国家的文化安全是一国政府在开展对外文化活动中的重要责任。经济全球化是一柄"双刃剑",在促进各国经济发展和各国间经济联系的同时,也会给一些国家的民族文化生存带来威胁。在对外文化交往日益频繁、日趋扩大的今天,越来越多的国家认识到,国家安全不仅包括军事安全、政治安全、外交安全和经济安全,也包括文化安全这一项重要的内容。文化管理要在扩大对外文化交流的同时,确保本民族的文化安全。

第二节 文化管理体制

一个国家的文化管理体制是该国社会历史和现实生活在文化事业管理工作中的折射。世界各国的历史、文化传统、政治经济体制和经济发展程度不尽相同,采取的文化事业管理体制也各不相同。由于各国文化管理体制多元复杂,因此对世界各国的文化管理体制进行归类比较困难。从政府管理文化的方式和手段上来划分,大致可以分为以下三种类型:社会调节型、多元复合型和政府主导型。

一、社会调节型文化管理体制

(一)社会调节型文化管理体制的特点

社会调节型文化管理体制是一种依靠社会力量引导、调节文化事业的开放式管理体制。在这种管理体制下,政府不直接介入文化事业的管理,而主要是通过立法、公共政策进行宏观调控,社会力量即民间文化机构和中介组织是调节文化事业的主要力量。这也是一种间接管理文化事业的体制。美国、加拿大、澳大利亚和英国等西方发达国家均采用这种管理体制,其中以美国最为典型。

这种管理体制的主要特点是:

第一,文化立法较为健全。美国是一个法治国家,联邦政府和各州政府分别制定了有关文化事业的法律,对文化事业的管理和规范起到了促进作用。1965 年美国国会通过了《国家艺术及人文事业基金法案》,这是美国制定的第一部支持文化事业发展的法律。那些没有专门立法的文化行业,宪法和其他有关法律也对它们作了规定。比如,美国没有专门的出版法,但涉及出版活动的法律很多,使其基本有法可依。

第二,不设文化行政部门,政府机构不直接干预文化事业的发展。美国在国内的文化事业的所有制结构上实行多种所有制并存,且大多为私人所有。政府充分强调自主经营、自负盈亏,强调文化依赖于公众,一般不对文化的发展方向和文化形式加以政策限制,并允许文化单位在市场上自由竞争、优胜劣汰。

第三,对营利性和非营利性的文化事业采取不同的政策。美国政府对营利性的文化事业实行"商业决定型"的放任政策,以满足个性化的需要。营利性文化单位一般由个人投资或各种形式的合资组建,采用老板负责制的管理体制,决策与管理均由老板负责,在若干名雇员的帮助下开展工作,不能享受减免税的优惠政策,政府一般也不给予资助而彻底交由市场调节,它们必须自谋生路,在文化市场中参与竞争。美国政府通常对非营利性文化单位提供财政援助,以满足大众的文化需要。政府虽不直接插手文化事业,但可以通过国家艺术基金会和国家人文基金会这两个半官方色彩的独立管理机构来影响和引导文化事业的发展。美国国会每年将一部分国家预算拨给这两个基金会,再由基金会下属的拨款委员会按照法律规定,将这些经费提供给申请拨款的非营利性艺术团体或艺术家个人。申请拨款的艺术团体和艺术家,必须就其团体的性质、作品的艺术质量、财政状况和管理水平提交一份详尽的书面报告,由有关艺术门类的专家小组实地评估并提出建议,最后由拨款委员会以表决的方式裁定。基金会的资助数量很少,一般只占艺术团体总收入的5%以下。因政府拨款有限,许多文化单位不得不千方百计地去寻求社会资助,而政府也通过减免税收等法律政策,鼓励各种基金会、大公司或个人投资于文化事业,这实际上也是政府援助文化单位的另一种重要形式,但这种援助仅限于非营利性的文化单位。同时,美国还设立新闻署,由其负责对外文化宣传和组织管理对外文化、教育及学术交流。而这一领域也并非由国家垄断,各类大学、民间组织和民间基金会也大量参与。

(二) 社会调节型文化管理体制的主要优点

社会调节型文化管理体制的优点如下:

第一,依靠法律手段而非行政手段规范文化市场和推动文化发展的做法,有利于文化事业健康、有序地向前发展。美国的文化立法大多由地方创设,然后渗透到联邦,最后上升为联邦政府的法律,所以法律较符合客观实际,容易落到实处。

第二,政府对非营利性文化单位采取经济优惠政策等手段而非行政拨款的方式进行扶持,这一方面避免了文化事业发展的"官僚化"倾向,减轻了政府的财政负担,另一方面又鼓励了社会各界关心支持文化事业的发展,有利于聚集更多的社会财富用于发展文化事业。

第三,政府不直接干预文化管理,文化单位在文化市场上自由竞争、优胜劣汰,有利于形成符合文化活动规律、多样化多层次的文化格局,从而较好地满足人们的多元多层的文化生活需要,提升人们文化生活的质量。

第四，依靠众多民间文化机构去调节文化与公众的关系，沟通文化单位之间的联系，有助于调动地方和个人的积极性，扩大对内对外的文化交流水平，丰富社会各阶层的文化生活。

（三）社会调节型文化管理体制的局限

各种非官方的文化管理机构较多，它们与有限的官方管理机构混在一起，容易造成管理权限的重叠混乱和管理中的扯皮现象，不利于在意识形态领域中形成统一的意志和思想，社会凝聚力差，无力抵御外来有害文化的侵害。

二、多元复合型文化管理体制

（一）多元复合型文化管理体制的特点

多元复合型文化管理体制是一种综合运用集权、分权和放权等多重手段进行文化事业管理的体制，即在同一个国家里，对不同的文化产业或相同文化产业的不同层次采取不同的管理体制，在不同的发展时期对同一文化产业采取不同的管理方式，甚至在同一文化产业的管理体制中，包含了截然对立的多元复合因素。法国是采用这一模式的典型国家。

这种管理体制的主要特点是：

第一，设有专门的文化事业管理机构。与美国政府相比，法国政府设有专门的文化事业管理机构。比如，法国历届政府均设有文化部，并先后成立了法新社最高委员会、广播电视质量委员会等独立的行政分支机构。这些文化行政机构主管全国的文学、艺术、电影、戏剧、音乐、博物馆、广播、电视、出版、档案、建筑和美食等事务。此外，还另设各种咨询机构、专门协会及直属专业中心协助处理这些事务。

第二，政府注重对文化事业的宏观调控。例如，法国政府对文化事业的宏观调控力度就比美国政府强。法国政府允许成立文化机构管理协会等民间组织，以帮助建立全国文化事业管理网并帮助其开展活动，改善文化单位的经营管理；政府对一些重点文化建设项目全力投资；对国家文化机构及与国家有合同关系的文化团体，每年给予固定补贴，金额逐年增长；对易受市场冲击的特殊行业采取必要的保护措施，如当电影业面临美国电影和本国电视、录像业的冲击而出现危机时，政府便出面干预，协调关系；对被视为重要文化遗产而又在市场中面临困境的文化团体，成立专门基金会来挽救与扶持。

第三，充分发挥地方和市场的积极作用。法国在强化政府对文化事业的宏观调控的同时，并不大包大揽，而是大力推行“分散文化权力”的政策。比如，把一些文化权力移交给地方,加强地方机构的文化设施建设,帮助地方建立文化活动中心和文化发展中心,通过合同制对地方重要文化项目给予帮助等。对营利性的文化产业和文化单位,法国政府交由市场自动调节。即使在一般人看来最需宏观调控的新闻事业,法国政府也采取了国家垄断与自由放任相结合的方式。例如,法国的法律规定,法国公共广播部门为国家垄断,国营、私营的广播电视部门都必须置于国家控制之下,但对同属于新闻事业的报刊业,则采取自由放任政策,从报道内容到机构设置均不受政府干预。法国还推行"文化的民主性"政策,采取措施提高公众对文化管理的参与力度。

第四,利用文化手段来解决社会经济问题。法国政府还积极利用文化手段来解决社会经济问题,缓和社会危机。近些年法国的经济一直处于低迷状态,政府面临着巨额财政赤字、高失业率、社会排斥和社会骚乱等问题的困扰,但没有牺牲文化投资来发展经济,而是通过增加文化投入推动文化事业的发展,进而推动法国社会经济的发展。文化投资在国家经费预算中所占的比例不断提高。实践证明,文化投资的增加不仅促进了经济的复苏,而且通过文化活动为不同阶层人士提供相互沟通和了解的机会,减少了社会排斥和动乱,维护了社会稳定和繁荣。

(二)多元复合型文化管理体制的优点

集权、分权、放权的多元交叉并用是多元复合型文化管理体制的根本特征,其优点体现在:

第一,多元复合型管理体制具有相当的灵活性和弹性,可根据实际情况适时适度选择不同的管理方式,使文化事业管理能顺应文化活动本身的规律和要求。

第二,国家干预与市场调节相结合,既利于对那些需要加强调控的部门进行有效的监控,又可以使那些可交由市场调节的行业得到充分自由的发展。

第三,中央集权与地方分权相结合,既利于调动地方办文化的积极性,又利于增加对地方文化单位和文化活动的资助,并在必要的时候保护本国文化不受外来文化的冲击,维护国家文化安全。

(三)多元复合型文化管理体制的局限

没有一种模式是完美的,多元复合型模式也有其内在的缺陷,集权和分权的矛盾、放权和收权的冲突给管理带来一定的负面影响,给协调工作造成较多的问题,这些问题主要有:

第一,中央集权管理的范围并不确定,容易引发中央与地方的矛盾。由于特定时期的国家财力是既定的,中央政府在斥巨资扩建卢浮宫和新建奥赛博物馆等重大工程的同时,也在无形中减少了对地方文化事业的财政投入。

第二,分权与集权的“平衡点”难以掌控。法国政府一般不给予电影业经济援助,但当其受到内外冲击时,又不得不出面进行协调扶持,甚至将其直接纳入干涉和管理的范围。

三、政府主导型文化管理体制

(一) 政府主导型文化管理体制的特点

政府主导型文化管理体制是政府以强有力的方式引导和调控文化事业发展的管理体制。在这种体制下,文化事业虽以私人兴办为主,但政府并不放任自流,而是积极主动引导,使文化发展“繁荣”而不“出格”。这是后发国家推动文化事业迅速发展的主要体制,新加坡是采用这种模式的典型国家。

这种管理体制的主要特点是:

第一,设置专门机构进行管理。新加坡设立了新闻与艺术部来管理文化事业。它包括新闻局、广播局、旅游局、电影审查委员会等主要部门,新加坡广播公司等直属事业单位,以及莱佛士博物院、图书馆等其他单位。其主要职能是负责制定新加坡政府国内信息服务政策和计划,审查大众传媒、电影和出版物,以保证社会的稳定、道德水平的提高以及正确价值观在青年一代中的形成。

第二,强化政府对文化事业的管理。新加坡政府认为加强管理是文化繁荣的重要保证。为了维护国家安定和保证社会生活的健康有序,也应像其他领域一样由政府对文化领域进行引导、干预和严格的管理。为加强对文化事业的引导和管理,新加坡政府还规定任何文化活动都不得违背以下基本准则:一是在政治上不得从事危及政府和政局稳定的宣传;二是在道德上不得有悖于东方传统的价值观念,尤其不得鼓励、放纵、渲染色情和极度暴力。迄今为止,新加坡政府对新闻活动仍采取高度集权的强控型管理模式,由以政府股份为主的报业控股集团对报业进行管理,该集团董事长经政府批准方可任职。广播、电视业由新加坡广播局统一管理,局下设广播与电视节目部,再下面设台一级的建制。为了防止西方文化中极端个人主义价值观、色情、暴力、吸毒和凶杀等消极颓废内容对国民心灵的腐蚀,新加坡政府还制定了一系列严格的审查制度,对境外进口的图书报刊、影视节目、音像制品进行从严管理。

第三,政府加强对文化发展的引导。在对不良文化进行"堵"和"控"的同时,新加坡在文化领域中还注重"疏"和"导"。针对新加坡华人占绝大多数、受儒家文化深刻影响的情况,新加坡政府以儒家文化作为对其国民进行思想道德教育的重要内容,并加强同中国的文化交流,向中国购买了大量的影视节目,以满足人们的文化生活需求。

第四,政府高度重视文化产业发展。新加坡政府从宏观上管文化,而不是微观上办文化,做到既让文化在开放中繁荣,又防止文化在开放中腐化。在政府的鼓励下,国内各种大众传媒办得有声有色,时效快,内容新颖,文化娱乐形式多样,对外文化交流紧密,人们的文化素质高,文化生活水准同现代社会生活非常和谐。新加坡也因保持了丰富多彩且健康的文化生活而享有"文化绿洲"的美誉。

(二) 政府主导型文化管理体制的优点

政府主导型文化管理体制的特征是对文化的管理收放适度、活而不乱。它具有以下优点:

第一,保证了文化管理的高效率。新加坡文化管理机构非常精干,尤其是广播电视系统的"局台合一"建制有利于提高管理效率,同时也为部分文化事业单位转为企业、参与市场竞争、谋求发展创造了条件。

第二,有效地消除了文化中的不良倾向。政府的强力主导和调控有助于消除文化交流中颓废、腐朽等不良外来文化的负面影响,有助于帮助国民消除现代过程中焦急、困惑、不信任等消极文化心理的束缚,有助于继承和发扬本国的优秀文化传统,进而提高社会的整合程度。

(三) 政府主导型文化管理体制的局限

这种管理体制的局限性也很明显,政府工作面太广。实际上,它比较适合人口少、地域小、民族和文化比较简单、单一制的国家,不太适合人口众多、地域辽阔、多民族、文化多样的国家,也不适合复合制国家。

第三节 中国文化管理体制及其改革

一、中国文化事业管理体制的建立及其弊端

文化事业一直是我国经济和社会发展的重要组成部分,新中国成立以来对政府机构进行过多次改革,但相关的文化管理机构一直都被保留,只是其中部

分机构的归属有所调整。

（一）中国文化事业管理体制的建立

1949年中华人民共和国成立，在当时的政务院中就设置了文化教育委员会，下设文化部、教育部、科学院、新闻总署、出版总署等机构。经过1954年与1956年的两次国务院机构调整后，文化部作为独立的部委予以保留，新华通讯社、广播事业局、对外文化联络局、中国文字改革委员会等定为国家机构，至此新中国的文化事业管理体制基本形成。此后二十多年时间里，随着中央与地方权力反复收放，文化管理机构也反复简胀。但基本是延续一个国务院部委机构加若干国务院直属机构的文化事业管理体制。

这一时期，我国实行的是以国家统包统管为主要特征的文化管理体制。在这种文化管理体制中，文化部和新闻、出版、广播等中央政府直属机构一起，组成了一个自上而下的高度受控的、严密的组织体系。这样的组织体系是实现党管意识形态原则的载体，中央政府可以有效地通过这样建立起来的行政隶属关系，直接指挥、调动、管理全国各地的各级各类文化事业单位，并可以运用行政指令的方式直接干预所属文化事业单位的所有文化活动。

这一时期的文化管理体制是在解放区军管文化管理体制的基础上建立的，而且在建立的过程中，明显受到苏联模式的影响。这种管理体制与当时实行的计划经济体制是相适应的。在中华人民共和国建立初期，这种文化管理体制对克服旧社会私有经济基础上形成的文化糟粕、配合社会主义改造工作的推进，以及在很短的时间里确立社会主义意识形态在全社会的主导地位，发挥了重要的积极作用。所以总体上应该肯定，这一时期的文化管理体制与我国的基本国情是相符的，在我国这样一个有着众多民族、众多文化传统的大国里，它既有利于形成统一意志，又有利于传承文明。

（二）中国文化事业管理体制的弊端

文化领域的各事业单位作为我国事业单位的组成部分，具有传统事业单位的全部特征，当然也就同时具备了传统事业单位的弊端。不仅如此，由于文化领域是与意识形态直接联系的特殊敏感领域，在改革前极左思想的影响下，所受到的集中控制更加严格，管理体制也更加僵化，所以事业单位的弊端在文化领域表现得也更加明显。

所有制单一，国家“包办”文化，文化事业发展缺乏动力。在文化行政管理部门直接控制基层文化企事业单位的管理体制下，基层文化企事业单位的出版、演出、影片拍摄、节目制作等所有微观活动，都需要报上级机关批准，否则没有经费。制作完成了还要将成品上报,审查通过才能与读者、观众见面。文化工作者没有任何工作自主权,文化事业发展的动力被逐步削弱。

文化管理意识形态化,文化事业发展受到严重摧残。中华人民共和国建立初期,文化领域贯彻执行"百花齐放、百家争鸣"的方针,党和国家的主要领导人先后就文化建设、文化管理、人才培养等问题作过重要指示。当时总的发展趋势是积极、健康的。但是在1957年以后,随着国家大环境的"左"转,文化事业管理体制的政治色彩也越来越浓厚,以致在"文化大革命"期间形成文化专制,即所有的文化作品都要按照"高""大""全"的理想模式塑造英雄人物,所有的文化作品都要以"阶级斗争为纲",所有的文化作品都要为宣传主流意识形态服务,所有传统的、民族的、西方的文化统统作为"封""资""修"被打倒、批评、禁止。这种完全违背文化发展规律的"管理",极大地摧残了文化事业。

文化单位行政化,层层建立专业文艺团体,重复设置,造成人财物的浪费,有限的文化事业经费用非所需。与其他事业单位一样,文化事业单位也完全行政化,这不仅表现在管理体制完全照搬行政体制,不能适应文化的特性,还表现在文化活动的非产业化。由于不必进行经济核算,也无法进行经济核算,文化部门人员过多,却效率低下。有限的文化事业经费主要用于"养人",制作的有限的文化产品,多数是"献礼"作品,是按上级指令完成的,并不是群众所需要的,也以向上级汇报展出、演出为主,并不为群众服务。

人事制度僵化,没有建立正常的人员流动和淘汰机制。一方面,各种专业团体机构臃肿、冗员充斥;另一方面,人才培养不受重视,人才流失严重。

分配平均化,不论业务能力大小、业务水平高低,收入都一样,这实际上就是不鼓励钻研业务,也不奖励业务专长。在"文化大革命"期间,钻研业务和业务拔尖甚至还会受到批判。

总之,改革前的文化事业被作为阶级斗争的工具,而不是人民生活必需的公共产品,文化管理体制也主要是为政权服务,而不是为满足人民精神文化生活需要服务。这样的文化定位和文化管理定位显然不能适应党的十一届三中全会确立的以经济建设为中心的工作重点,文化管理体制改革势在必行。

二、中国文化管理体制的改革

1978年年底,中国进入改革开放的历史阶段,文化领域也不例外。文化领域的改革大体经过了这样几个阶段。

（一）文化事业复苏和空前繁荣阶段

1978 年至 1992 年是改革的第一个阶段。党和国家的工作重心转到经济建设上后，文化领域改革的第一步就是恢复到"文化大革命"前的体制。尽管"文化大革命"前的体制也是有弊端的，但是比"文化大革命"期间扭曲人性、禁锢思想的极左思潮的控制，还是成就了当时文化领域的空前繁荣，一大批文学、美术、电影作品被创作出来，深受人民群众的欢迎。

同时，原有体制的弊端也日益显现。1980 年 2 月召开的全国文化局长会议上，明确提出要坚决地有步骤地改革文化事业制度，改革经营管理制度。此后改革的主要措施有：

（1）调整艺术团体的布局。对大中城市及县市专业文艺演出团体提出精简调整要求，对重复设置的院团进行撤并，以改变全国专业文艺演出团体数量过多、布局不合理的状况。

（2）在文化单位推行承包经营责任制。借鉴农村和一些企业改革的成功经验，在文化单位也试行承包制，以解决统得过死和吃"大锅饭"的问题。这样的改革收到了一定的成效。

（3）在文艺表演团体中实行"双轨制"。国家继续主办少数高水平的表演团体；对于其他艺术表演团体，则实行多种所有制形式，允许各种社会力量主办。

20 世纪 80 年代后期，随着经济体制改革的深入，人民群众对文化生活的多元化需求日趋迫切，一些营业性的舞会、音乐茶座日益盛行，文化市场的合法性问题成为文化管理首先必须面对的问题。1988 年，文化部、国家工商行政管理局发布《关于加强文化市场管理工作的通知》，正式明确提出文化市场的概念。文化市场的发展和文化市场合法地位的确认，是这一阶段文化体制改革最核心的成果。

（二）文化事业改革全面推进阶段

1993 年至 2002 年是改革的第二个阶段。建设社会主义市场经济体制这一改革方向的确立，也为文化事业的改革指明了方向。1996 年党的十四届六中全会通过的《中共中央关于加强社会主义精神文明建设若干重要问题的决议》（以下简称《决议》）成为这一阶段文化体制改革的纲领性文件。《决议》指出，改革的目的在于增强文化事业的活力，充分调动文化工作者的积极性，多出优秀作品，多出优秀人才。《决议》强调，文化体制改革要符合精神文明建设的要求，遵循文化发展的内在规律，发挥市场机制的积极作用。改革要区别情况，分类指导，理顺国家、单位、个人之间的关系，逐步形成国家保证重点、鼓励社会兴办文化事业的格局。

这一阶段的改革主要从四个方面推进:

(1) 深化文化单位的内部改革。主要是通过健全激励竞争机制,增强文化单位自身的生机和活力。各类文化单位根据自身工作性质和特点,通过改革干部人事制度、工资奖金分配制度,建立新的激励机制、竞争机制、约束机制,建立考评聘任制等制度,充分调动个人的工作积极性,并建立正常的人员流动和淘汰机制。

(2) 培育社会主义文化市场。通过规范文化市场行为、完善文化市场运行机制,促进文化市场繁荣、健康、有序发展,同时初步建立了包括文艺演出市场、电影电视市场、音像市场、文化娱乐市场、文化旅游市场在内的文化市场体系。

(3) 加大了文化管理部门的改革力度。文化管理部门是政府职能部门,所以文化管理部门的改革是政府改革的组成部分。在政府提出转变职能的同时,文化管理部门转变职能的改革目标也被明确。文化管理部门将工作重心转到对文化事业的宏观管理方面,并努力提高工作效率,以适应文化发展规律的要求,适应发展社会主义文化市场的要求。

(4) 大力推进依法管理。在依法治国的大背景下,文化管理也被纳入法制的轨道。在这段时间里,全国人大、国务院及中央的各文化管理部门陆续制定和颁发了两百多部法律、法规、政策性文件和部门规章,这些法律法规涵盖了舞台艺术、新闻出版、广播影视、互联网和其他文化经济等诸多领域,其中《著作权法》《广播电视管理条例》《电影管理条例》《出版管理条例》《音像制品管理条例》等,在全社会都引起了比较大的关注。

在这一阶段的改革中,具有突破性意义的文件是2000年党的十五届五中全会通过的《中共中央关于制定国民经济和社会发展第十个五年计划的建议》,其中第一次正式提出了“文化产业”的概念,这是中央文件对我国文化产业地位的认可。

(三) 加速推进改革阶段

2003年至2013年,以党的十六大召开为标志,文化事业管理改革进入了一个新的阶段。这个阶段的改革以新世纪新阶段党和国家的奋斗目标和行动纲领为指导,同时在全国九个省市进行组建文化产业集团、事业单位转制企业等方面的试点,明显加快了文化体制的改革。

党的十六大报告对文化建设和文化体制改革进行了专门论述,其中第一次将文化分为文化事业和文化产业,同时强调要积极发展文化事业和文化产业。

这是改革以来第一次明确提出文化体制改革的方向和目标，表明党和国家对文化发展规律有了更清楚的认识，对文化事业管理体制改革也有了更成熟的思考。

2003年党的十六届三中全会通过了《中共中央关于完善社会主义市场经济体制若干问题的决定》（以下简称《决定》）。《决定》进一步细化了文化体制改革的目标。《决定》提出："深化文化体制改革。按照社会主义精神文明建设的特点和规律，适应社会主义市场经济发展的要求，逐步建立党委领导、政府管理、行业自律、企事业单位依法运营的文化管理体制。"2011年党的十七届六中全会通过了《中共中央关于深化文化体制改革推动社会文化大发展大繁荣若干重大问题的决定》，指出："文化引领时代风气之先，是最需要创新的领域。必须牢牢把握正确方向，加快推进文化体制改革，建立健全党委领导、政府管理、行业自律、社会监督、企事业单位依法运营的文化管理体制和富有活力的文化产品生产经营机制，发挥市场在文化资源配置中的积极作用，创新文化走出去模式，为文化繁荣发展提供强大动力。"

在这些纲领性文件的指导下，文化体制的改革试点工作在党中央的直接领导下，积极探索，大胆试验，顺利推进。在改革实践中，对文化事业单位采取了分离改制、整体改制、"一步到位"和加大投入四种措施，前三种是针对有经营性职能的事业单位，第四种是针对主要承担公益性职能、需要保留的事业单位。

分离改制，即区分文化事业单位的公益性职能和经营性职能，将承担经营性职能的机构从原单位中分离出来，改制为企业。例如，对报纸、电视、广播等事业单位，将其中的广告、印刷、发行、娱乐节目（版面）等部分分离出来，转制为企业，按照市场规律和企业机制运营，同时也接受集团的领导和监督，以保障这些改制企业经营方向的正确。

整体改制为企业，即将主要是经营性的文化事业单位整体改制为文化企业，国家不再承担它们的人员和业务活动经费。例如，中国对外演出公司和中国对外展览公司整体改制为中国对外文化集团，广东出版集团也从事业单位整体改制为企业。整体改制后，有利于更充分地调动改制单位的积极性，更好地面向市场，发展壮大，同时也更好地满足市场需求。

"一步到位"，即对经营性的文化事业单位直接进行股份制改造。这是探索在改制文化企业建立现代企业制度中更大胆的尝试。例如，北京儿童艺术剧院、北京歌舞剧院、《中国证券报》和《电脑报》等都进行了这样的改革，整体效果比较理想。其中，北京歌舞剧院转制改企后成立的是由首都旅游集团控股，歌华集团、北京电视台和北京三奇广告有限公司联合投资的北京歌剧舞剧有限责任公司。这些"一步到位"改制企业与整体改制企业的不同在于,它们实行自主经营、自负盈亏、自我发展、自我约束,所以企业化改革就更为彻底,"一步到位"就是"一步"直接跨到社会大市场里。

加大投入,即国家对确定保留的、主要承担公益性职能的事业单位加大投入,进行基础设施建设。2003年以来,国家出资对国家大剧院、国家博物馆、国家图书馆等大型文化项目进行扩建或整体维修,提高这些事业单位的基础设施质量和水平,也就是提高它们承担公益性职能的能力,更好地满足人们不断提高的精神文化生活需求。

在对所属事业单位深化改革的同时,文化行政管理部门内部改革也在推进。文化管理部门的改革主要是转变职能、依法行政、科学高效行政。文化管理部门以宏观调控、市场监管、社会管理、公共服务为基本职能,依法实行对文化及文化单位的管理,并将管理的重心从微观转到宏观,转到抓相关政策制定和管文化发展的导向、原则、规划、布局方面,转到社会监管和公共服务方面,抓市场、管市场秩序、管活机制、抓质量、抓效益。这样明显提高了管理水平,同时对促进文化体制改革产生了全面而深刻的影响。

总之,这个阶段在进行文化体制改革时,一手抓公益性文化事业发展,一手抓经营性文化产业发展,而且始终把社会效益放在首位,实现经济效益和社会效益有机统一,使我国的文化事业发展和文化市场繁荣都上了一个大台阶。

(四)全面深化文化管理体制改革的新阶段

2014年至今,以落实党的十八届三中全会精神为标志,进入了全面深化文化管理体制改革的新阶段。2013年10月,党的十八届三中全会通过了《中共中央关于全面深化改革若干重大问题的决定》(以下简称《决定》),对文化领域提出了"推进文化体制机制创新"的改革新要求。

1. 全面深化文化体制改革的原则和目标

党的十八届三中全会以后,中共中央办公厅、国务院办公厅连续印发《关于加快构建现代公共文化服务体系的意见》和《国家基本公共文化服务指导标准(2015—2020年)》,在此基础上制定颁布的《国家"十三五"时期文化发展改革规划纲要》,对深化文化体制改革提出了更为具体的要求,并作了具体的部署。

《决定》指出:"建设社会主义文化强国,增强国家文化软实力,必须坚持社会主义先进文化前进方向,坚持中国特色社会主义文化发展道路,培育和践行社会主义核心价值观,巩固马克思主义在意识形态领域的指导地位,巩固全党全国各族人民团结奋斗的共同思想基础。坚持以人民为中心的工作导向，坚持把社会效益放在首位、社会效益和经济效益相统一，以激发全民族文化创造活力为中心环节，进一步深化文化体制改革。”

2017年编制的《文化部“十三五”时期文化发展改革规划》提出，“十三五”时期文化发展改革的基本原则是：“第一，坚持正确方向。坚持党对文化工作的领导，牢牢把握社会主义先进文化前进方向，贯彻‘二为’方向、‘双百’方针，把中国梦和社会主义核心价值观贯穿到文化建设各领域各环节，坚持把社会效益放在首位、社会效益和经济效益相统一。第二，坚持以人为本。坚持以人民为中心的发展思想和工作导向，发挥人民主体作用，坚持共建共享，努力利民惠民，着力提高人民群众文化参与度，提升国民素质和社会文明程度，促进人的全面发展。第三，坚持改革创新。积极探索有利于解放和发展文化生产力的新举措、新途径，全方位推进文化创新，深化文化体制改革，推进文化领域供给侧结构性改革，激发全民族文化创造活力。第四，坚持科学发展。加快转变文化发展方式，促进城乡、区域文化协调发展，推动文化与其他领域融合发展，努力实现更高质量、更有效率、更加公平、更可持续的发展。第五，坚持传承弘扬。把弘扬优秀传统文化与发展现实文化有机统一起来，在继承中发展，在发展中继承，实现中华优秀传统文化创造性转化和创新性发展。第六，坚持开放包容。构建全方位、多层次、宽领域文化对外开放格局，吸收借鉴人类优秀文明成果，讲好中国故事、阐释中国道路、体现中国精神、展示中国形象，推动中华文化走向世界。”

“十三五”时期文化发展改革的目标是：“到2020年，社会主义文化强国建设取得重要进展，国家文化软实力进一步提高。中国梦的引领凝聚作用进一步增强，社会主义核心价值观更加深入人心，人民群众精神文化生活更加丰富，文化参与的广度和深度不断拓展，国民素质和社会文明程度显著提高。文学艺术繁荣发展，无愧于民族、无愧于时代的文艺精品不断涌现，中华优秀传统文化传承体系基本形成，现代公共文化服务体系基本建成，现代文化产业体系和现代文化市场体系更加完善，文化产业成为国民经济支柱性产业。对外文化交流体系逐步建立，中华文化影响力持续扩大。国家文化安全得到有效维护。区域文化发展格局更加优化，文化治理体系和治理能力现代化水平显著提升。”

2. 推进文化体制机制创新的主要内容

《决定》提出推进文化体制机制创新的主要任务，这就是：

第一，完善文化管理体制。按照政企分开、政事分开原则，推动政府部门由办文化向管文化转变,推动党政部门与其所属的文化企事业单位进一步理顺关系。建立党委和政府监管国有文化资产的管理机构,实行管人管事管资产管导向相统一。健全坚持正确舆论导向的体制机制。健全基础管理、内容管理、行业管理以及网络违法犯罪防范和打击等工作联动机制,健全网络突发事件处置机制,形成正面引导和依法管理相结合的网络舆论工作格局。整合新闻媒体资源,推动传统媒体和新兴媒体融合发展。推动新闻发布制度化。严格新闻工作者职业资格制度,重视新型媒介运用和管理,规范传播秩序。

第二,建立健全现代文化市场体系。完善文化市场准入和退出机制,鼓励各类市场主体公平竞争、优胜劣汰,促进文化资源在全国范围内流动。继续推进国有经营性文化单位转企改制,加快公司制、股份制改造。对按规定转制的重要国有传媒企业探索实行特殊管理股制度。推动文化企业跨地区、跨行业、跨所有制兼并重组,提高文化产业规模化、集约化、专业化水平。鼓励非公有制文化企业发展,降低社会资本进入门槛,允许非公有制文化企业参与对外出版、网络出版,允许以控股形式参与国有影视制作机构、文艺院团改制经营。支持各种形式小微文化企业发展。在坚持出版权、播出权特许经营前提下,允许制作和出版、制作和播出分开。建立多层次文化产品和要素市场,鼓励金融资本、社会资本、文化资源相结合。完善文化经济政策,扩大政府文化资助和文化采购,加强版权保护。健全文化产品评价体系,改革评奖制度,推出更多文化精品。

第三,构建现代公共文化服务体系。建立公共文化服务体系建设协调机制,统筹服务设施网络建设,促进基本公共文化服务标准化、均等化。建立群众评价和反馈机制,推动文化惠民项目与群众文化需求有效对接。整合基层宣传文化、党员教育、科学普及、体育健身等设施,建设综合性文化服务中心。明确不同文化事业单位功能定位,建立法人治理结构,完善绩效考核机制。推动公共图书馆、博物馆、文化馆、科技馆等组建理事会,吸纳有关方面代表、专业人士、各界群众参与管理。引入竞争机制,推动公共文化服务社会化发展。鼓励社会力量、社会资本参与公共文化服务体系建设,培育文化非营利组织。

第四,提高文化开放水平。坚持政府主导、企业主体、市场运作、社会参与,扩大对外文化交流,加强国际传播能力和对外话语体系建设,推动中华文化走向世界。理顺内宣外宣体制,支持重点媒体面向国内国际发展。培育外向型文化企业,支持文化企业到境外开拓市场。鼓励社会组织、中资机构等参与孔子学院和海外文化中心建设,承担人文交流项目。积极吸收借鉴国外一切优秀文化成果，引进有利于我国文化发展的人才、技术、经营管理经验。切实维护国家文化安全。

3. 全面深化文化体制机制改革的具体内容

《文化部“十三五”时期文化发展改革规划》提出，深入推进文化体制改革，建立健全党委领导、政府管理、行业自律、社会监督、企事业单位依法运营的文化体制机制。

第一，完善文化管理体制。深化文化行政部门职能转变，建立健全行政权力和责任清单制度。继续深入推进行政审批制度改革，加强事中事后监管，促进简政放权、放管结合、优化服务“三管齐下”。深入推进政府管理与服务创新，综合运用法律、行政、经济、科技等手段提高管理效能。深化文化市场综合执法改革，逐步形成权责明确、监督有效、保障有力的文化市场综合执法管理体制，推进文化领域跨部门、跨行业综合执法。按照政企分开、政事分开原则，推动文化行政部门与其所属的文化企事业单位进一步理顺关系，依法赋予企事业单位更多的法人自主权。

第二，推进文化事业单位改革。深化文化事业单位人事、收入分配、社会保障、经费保障等制度改革，创新管理运行机制，积极探索政事分开、管办分离的有效形式。推动公共图书馆、博物馆、文化馆等建立事业单位法人治理结构，吸纳有关方面代表、专业人士、各界群众参与管理，健全决策、执行和监督机制。推动保留事业体制院团内部机制改革。完善绩效评估考核，结合文化单位特点制定科学的绩效指标体系，适当引入第三方评估，加强评估结果的公开和运用。

第三，建立把社会效益放在首位的现代企业制度。党的二十大报告在提出“繁荣发展文化事业和文化产业”改革任务的同时，要求坚持把社会效益放在首位、社会效益和经济效益相统一，深化文化体制改革，完善文化经济政策。健全现代文化产业体系和市场体系，实施重大文化产业项目带动战略。[①]

第四，培育和规范文化类社会组织。加强对业务主管的文化类行业协会、基金会、民办非企业单位等社会组织的引导、扶持和管理，促进规范有序发展。积极发挥行业组织在行业自律、行业管理、行业交流等方面的重要作用。厘清文化行政部门与所属行业协会的职能边界，积极稳妥推进文化行业协会与行政机关脱钩。加大政府向文化类社会组织购买服务力度，将适合由社会组织提供的公共文化服务事项交由社会组织承担。

---

① 习近平：《高举中国特色社会主义伟大旗帜 为全面建设社会主义现代化国家而团结奋斗——在中国共产党第二十次全国代表大会上的报告》，人民出版社 2022 年版，第 45 页。

【本章小结】

本章介绍了文化的概念和特性。文化是人类精神生活方式的总和。文化具有公共性和私人性的双重属性。在现实中,这样的双重属性就表现为文化同时具有意识形态的属性和产业的属性。文化可以分为文化事业和文化产业,文化事业与文化的公共性密切相关,文化产业则与文化的私人性相关。认识文化的特性是从事文化管理的前提。文化事业的公共性决定了政府必须介入文化物品和服务的供给,即政府管理对于文化事业是必需的。

本章介绍了几种不同类型的文化管理体制,主要有以美国为代表的社会调节型、以法国为代表的多元复合型和以新加坡为代表的政府主导型。这三种文化管理体制各有利弊,为我国的文化事业管理提供了借鉴。

本章还梳理了我国文化管理体制的沿革。改革前,我国实行的是国家统包统管为主要特征的文化管理体制。改革以来,我们承认了文化产业,并在此基础上区分了文化事业和文化产业,政府承担公益性文化产品和服务的供给,而明确把经营性文化推向市场。对原有事业单位,按照"坚持区别对待、分类指导,循序渐进、逐步推开"的原则进行全面改革。现在我们深入推进文化体制改革,主要是要完善文化管理体制,推进文化事业单位改革,建立健全有文化特色的现代企业制度,培育和规范文化类社会组织。

【思考题】

1. 文化有什么特性?认识文化特性对于文化管理有什么意义?
2. 试述文化事业与文化产业的区别和联系。
3. 文化管理的基本内容是什么?
4. 不同文化管理体制形成的背景是什么?
5. 其他国家的文化管理体制对我国有什么借鉴意义?
6. 目前我国推进文化事业发展的主要内容是什么?
7. 深化我国文化管理体制改革的途径是什么?

【参考文献】

1. 胡惠林、陈昕、单世联主编:《文化战略与管理》第 2 卷,上海人民出版社 2013 年版。
2. 胡惠林:《关于文化产业发展若干问题的思考》,《华中师范大学学报(人文社会科学版)》2016 年第 6 期。

3. 胡筝编著:《文化事业管理概论》,中国统计出版社 2010 年版。
4. 李丹编著:《公共文化管理》,高等教育出版社 2018 年版。
5. 孙萍主编:《文化管理学》(第三版),中国人民大学出版社 2015 年版。
6. 赵立波:《文化事业单位改革模式选择与推进战略》,《北京行政学院学报》2012 年第 5 期。

案例

人民日报评"杜甫很忙"现象:文化产品不能娱乐至上

第七章　卫生事业管理

【本章目的】

通过本章的学习，掌握卫生事业的特点、卫生事业管理的必要性及影响因素；了解几种不同类型的卫生管理体制，以及当前其他国家卫生管理体制改革的主要趋势；了解我国卫生事业的发展历程及概况，认识我国卫生事业管理前两个阶段改革的教训，了解当前我国卫生事业改革所面临的严峻形势、改革的基本思路和要重点抓好的几个方面的工作。

【本章重点】

1. 卫生事业的特点
2. 不同类型卫生管理体制的比较
3. 我国卫生管理体制改革的教训和基本思路

第一节　卫生与卫生事业管理

一、卫生和卫生事业

卫生事业是一个国家、民族生存和发展的基本条件。它与国家性质及经济发展的程度紧密相连。

（一）卫生和公共卫生的含义

“卫生”一词，顾名思义，就是保卫、护卫生命、生灵的意思。稍加引申就可以得到对“卫生”的解释：卫生是防治疾病、延长寿命、改善身体健康和机能的科学和实践。其中“防病”是积极的、主动的，是防患于未然，而“治病”是消极的、被动的，是救死扶伤。

卫生有狭义和广义之分。狭义的卫生主要指疾病的预防和治疗。广义的卫生则包括了全部与人类健康有关的业务活动及制度建立工作。本书的卫生事业管理是基于广义的卫生概念展开的。

人类求医问药的历史与自身的发展史是等长的。所以，卫生的内涵也是以人类社会的发展进步为基础,同步发展进步,并不断得到丰富和深化的。卫生曾经是非常私人的概念,但是随着科学技术的发展,以及人们对卫生认识的深化,“公共卫生”的概念不仅出现了,而且被普遍使用,成为国际社会和官方正式使用的概念。

“公共卫生”的概念代替“卫生”的概念,一方面,是因为卫生有很明显的外部性,在现代社会,它已经完全不是私人的卫生,实际上是与公众、社会的卫生联系在一起的;另一方面,各国政府也承认,为了实现对基本人权的保障,有责任和义务提供全社会的卫生保障。

“公共卫生”就是,通过有组织的社会努力,改善环境卫生,防病治病,普及个人卫生知识,并建立一套能够保障社会成员享有健康生活水准的社会体制的社会科学和实践。现在我们所说的“卫生”实际上是“公共卫生”的简称,本书中的卫生事业也就是公共卫生事业。另外,卫生事业又是以医疗为主要内容的,所以人们也经常称卫生事业为医疗卫生事业。本书对卫生与医疗卫生也不作严格区分。

（二）卫生事业及其性质

卫生事业是我国公共事业的组成部分,是国家和社会在防治疾病、保护和增进居民健康方面所采取措施的总和。

在我国,卫生事业的内容主要包括医疗、卫生、医药、医学和药学研究、突发事故救护等。医疗是指临床医学所涉及的、医疗机构以治病为主要内容的业务活动;作为卫生事业组成部分的卫生是狭义的卫生,主要是指对疾病的预防,尤其是以对流行疾病的预防工作为主要内容的业务活动;医药是指以防病、治病、保健为主要目的的药品研制业务活动;医学和药学研究是指专门的研究机构对病理、药理及临床治疗技术的研究活动;突发事故救护是指专门的救护机构对突发伤病进行的救助和护理工作。

需要特别指出的是,不同国家的卫生事业的具体内容是不同的。同一国家在不同时期、不同经济发展阶段的具体内容和性质也不同。

卫生事业具有公益性和福利性。

所谓公益性,即卫生事业所具有的“人人需要、共同受益”的本质属性。在我国社会主义市场经济条件下,卫生事业是不以营利为目的、使社会全体成员共同受益的公益事业。公益性对我国卫生事业的基本要求是:

(1)举办卫生事业不以营利为目的。我国卫生事业可以由政府举办,也可以由社会其他组织利用国有资产举办,政府在政策上予以支持,所提供的公共卫生服务可以收费,但不能以营利为目的。

(2)卫生事业享有政府给予的某些特权,如免税权、土地征用权以及其他特权。

(3)卫生事业机构应承担公共卫生服务,主要指社会卫生防疫、急危病人抢救等。

(4)政府对卫生工作进行政策干预和法律管理,以保证大多数人的利益。

(5)卫生事业单位按照有关政策法规,提供免费公共卫生服务,也同时提供收费卫生医疗服务,但基本特征是服务民众、让公众受益。

所谓福利性,即卫生事业所具有的以个人消费分配补充形式存在的社会属性。福利并不与劳动直接相连,它是政府或社会团体通过再分配形式给劳动者或社会成员的一种物质帮助或照顾。福利性的主要内容是:

(1)医疗保障中的福利政策主要指医疗保障基金的筹集按照不同人群的实际需要和可能,由国家、集体(组织)、个人三方合理负担。

(2)财政投入的福利政策包括简单再生产的补偿性投入和实现扩大再生产的建设性投入。

(3)医疗卫生服务收费的福利性,主要是对不同的卫生服务内容采取不同的收费政策,对预防保健服务免费或适当收费。

总之,卫生事业是一项对公众意义重大的非营利公益事业,是社会保障体系的重要组成部分,国家、集体和个人对其发展都应负一定的责任。

二、卫生事业管理的概念

(一)卫生事业管理的定义

卫生事业管理是对各个层次卫生行政和卫生业务管理活动的总称谓,是人们为实现卫生组织的决策目标,根据卫生事业的性质、特点,通过组织协调和控制达到最佳效能所进行的活动。①

卫生事业管理包括:卫生行政管理、卫生规范管理和卫生经营管理。② 卫生行政管理包括:制定卫生政策、建立医疗卫生保障制度、实施区域卫生规划、组织和提供基础医药研究,以及设置必要的管理机构等。卫生规范管理包括:医疗卫生产品的标准建立和认证,以及医学、医药、器械的技术规范和操作规程的建立和执行等。卫生经营管理包括:医药市场监管、经营资质的认定、卫生医疗价格、药品价格的确定,以及市场监督等。

---

① 参见周力主编:《卫生事业管理》,重庆大学出版社 2003 年版,第 1 页。

② 参见朱仁显主编:《公共事业管理概论》,中国人民大学出版社 2003 年版,第 149—150 页。

(二) 卫生事业管理的主要影响因素

各国卫生事业管理的具体内容是不断调整和发展的,其主要影响因素有:

(1) 社会制度。卫生事业同社会制度密切相关,社会制度不同,国家体制就存在差异,卫生事业管理的重点、方针政策及方法都会不同。

(2) 经济基础。卫生事业与其他事业一样,很大程度上受经济基础的制约,经济落后的国家难以将更多的资金用于卫生事业,其卫生事业管理内容和措施也必然受到影响。

(3) 管理水平。卫生管理水平反映在卫生保健组织体制、医疗保健体制、卫生人力资源开发、卫生事业经营管理、办医形式以及卫生改革等各个方面。同样的资源条件,管理水平的高低、管理质量的好坏,直接影响到预期结果。

(4) 文化背景。国家的民族、宗教、传统不同,对卫生管理所涉及的范围的认定就不同,对卫生管理可以实行的政策、手段、方法的接受程度也不同。

(5) 人口状况。人口状况是指人口数量、人口增长情况、人口年龄结构以及人口分布。人口数量决定着卫生资源平均占有量,与卫生事业管理关系密切。

(6) 科技发展水平。科技发展水平决定医疗产品和服务的供给能力,也决定卫生事业管理的能力和水平。

三、政府管理卫生事业的必要性

(一) 政府管理卫生事业的原因

由于卫生事业本身具有公益性和福利性,而医疗卫生服务又同时存在营利和非营利两种类型,所以政府必须对卫生事业进行管理。

第一,卫生事业的公益性决定了政府必须介入。市场不会提供具有纯公共性的产品,而卫生事业中有相当部分的产品属于纯公共产品,如基础医学研究、卫生防疫产品,这些卫生产品不能用市场的方式获得。同时,即便是完全私人性的卫生产品,如药品、治疗器械等,也因为具有明显的外部收益,不能完全依赖市场机制。因此,政府必须对卫生事业产品市场进行必要的干预。

第二,医药领域存在的明显的信息不对称性决定了政府必须介入。尽管卫生领域的多数产品是准公共产品,即可以由市场提供,但是医患之间的信息是绝对不对称的,这种信息的不对称是技术原因造成的,所以是难以改变的。而信息不对称就必然形成垄断,必然导致市场失灵。为了维护医疗市场的公平、保障患者的利益,政府就必须介入。

第三,公众对卫生产品支付能力的不确定性决定了政府必须介入。每一个社会成员都需要卫生产品,但是需要卫生产品的时间、方式、类型、数量等具体内容都是不确定的,更重要的是每一个社会成员对卫生产品的支付能力是不确定的。这种不确定不仅表现在不同社会成员的支付能力不同,而且表现在同一社会成员不同时间的支付能力也可能不同。为了保障社会成员都能享有基本的卫生保障,政府必须介入卫生事业。

(二) 政府干预卫生事业的主要内容

政府在卫生事业管理中的干预主要在以下几个方面:

(1) 卫生筹资。政府需要通过多种形式筹得卫生事业发展所需的资金。我国传统的卫生管理体制是政府"全包",即实行单一的政府保障的形式,但现在随着社会所有制的多样,传统管理体制必须改革,政府可以通过制定政策,强制要求各类社会组织及个人都成为卫生筹资的对象。

(2) 卫生人才管理。卫生人才是提供卫生服务的前提条件之一。除了在培养从事卫生工作、卫生教育、卫生管理的专门人才方面,政府必须承担基本投资外,政府还应该制定和实施有关政策,允许并方便卫生人才的合理流动,鼓励卫生技术人才到缺医少药的地区工作,创造优秀卫生人才成长条件。

(3) 药品监管服务。为了保证绝大多数居民的基本医疗服务需要,政府应通过完善有关政策和改革管理体制,积极发展提高质优价廉的基本药物,并使之经营规范化。

(4) 基本卫生服务。基本卫生服务是全体社会成员都需要的服务,也是消费者承受得起的卫生服务,政府主要不是干预,而是通过政策引导,以此提供各种便利条件,主要由市场发挥调节作用。

第二节　卫生管理体制

根据政府和私人在医疗卫生体系中的作用、范围和具体实现形式,世界各国卫生管理体制主要可以分为政府导向型、社会导向型、市场导向向政府导向过渡型等,各种体制都有优点,也有不足。因此,各国都进行了一系列相应改革,试图规避现有的弊端,提高服务提供的有效性。

一、政府导向型卫生管理体制

(一) 政府导向型卫生管理体制的特点

政府导向型卫生管理体制的主要特点是,政府直接控制和经营卫生服务机构,并为其提供经费。英国和加拿大是实行这种管理体制的典型国家。不过由于英国实行的是完全“国营”,加拿大实行的是“国有民营”,所以英国的政府导向更为彻底。现在国内改革取向中讨论最多的也是“英国模式”,因此我们在这里主要研究英国式的政府导向型。

政府导向型模式强调,医疗是公民权的组成部分,国家有义务提供全面的健康服务。英国的医疗卫生体制叫国家卫生服务体系。1974 年英国卫生部和社会安全部合并成立了卫生及社会安全部,全权负责英国卫生事业计划、决策和资源配置。英国的国家医疗服务体系由英国各级公立医院、各类诊所、社区医疗中心和养老院等医疗机构组成,这些医疗机构常被称为联合体。英国政府承担了建立医疗制度、提供医疗费用、经办医疗机构、雇佣医务人员、提供医疗服务等一系列职能。

英国模式的核心原则是按需要提供医疗服务,而不是按支付能力提供医疗服务;目的是使全体居民没有生病的后顾之忧,即使是失业或者没有工作能力的人,也不必为个人或家人生病发愁,因为居民可以享受近乎免费的医疗服务。① 其模式的主要特点是福利性和公平性。

英国模式也有一个改革和完善的过程。从 20 世纪 90 年代起开始对全民医保体制进行了根本性变革,主要是坚持以一般税收为基础,在全社会国民免费提供医疗服务的原则下,尝试引入内部市场机制,以形成医院之间的竞争,实现保护患者权利和提高医院工作效率。1993 年对医疗卫生服务体系进行重组,将地区卫生局和家庭医疗服务机构合并。一方面,简化管理责任、削减管理费;另一方面,保持初级和二级医疗服务的一致性,以加强中央政府对市场的控制。② 1997 年和 2002 年进行了两轮改革,主要目的都是扩大医疗经费来源,同时提高医疗机制的效率,以及提高民众对服务的评价权利。2010 年上台的新政府再次调整了对公共卫生机构的改革,并在 2013 年开始实施健康服务与社会一体化的《健康与社会服务法案 2012》(The Health and Social Care Act 2012)。该法案给予国家卫生机构更大的自由权,以此防止政治权力过度干预微观层面的管理。同时,政府下放了更多的权力和责任给医疗机构的职业人员,特别是那些直接与患者接触的职业人员,包括全医院和他们的实际操作团队。总之,英国“国家卫生服务体系”的改革,是在保持公平和免费的基本原则基础上,从政府包揽走向多元化合作,同时保留了政府的主导能力。

---

① 参见李和中、马秀玲:《布莱尔政府的国民医疗服务体制改革及其借鉴意义》,《新视野》2006 年第 6 期,第 70 页。

② 参见丁纯、柳岳强:《英国医疗保障制度改革》,《世界经济情况》2001 年第 2 期,第 3 页。

(二) 政府导向型卫生管理体制的优点

政府导向型管理体制的主要优点在于:第一,国家实力雄厚,卫生保障有力。英国在1946年颁布了《国民卫生服务法》,建立了"国家卫生服务体系"(National Health Service,NHS)。经费的主要来源是税收和社会慈善经费。六十多年来,政府不断增加投入,英国的医疗设施和能力也不断得到改善和扩大。1948年NHS刚刚在英国推出,那时的预算是4.37亿英镑,约合现在的90亿英镑的价值,而到2013年,英国政府对NHS的预算投入已达1089亿英镑,占当年GDP的9.4%。① 第二,卫生保健惠及全民。"国家卫生服务体系"的原则是"不论个人收入如何,只根据个人的不同需要,为人们提供全面的、免费的医疗服务"。《国民卫生服务法》规定英国所有的纳税人和在英国有居住权的人都可免费享受该医疗保健服务。英国的"国家卫生服务体系"分为三个管理等级:初级卫生保健服务、社区卫生服务和医院服务。其中,初级卫生保健服务系统由通科医生提供,社区卫生服务由当地政府负责。

(三) 政府导向型卫生管理体制的局限

随着英国人口的增加和百姓健康要求的提高,完全依赖国家的"国家卫生服务体系"逐渐不堪重负,弊端慢慢显现。政府导向型卫生管理体制的优点实际上成为它的局限。

第一,国家财政不堪重负。1997—2010年间,NHS的预算资金的年平均实际增长率高达5.7%。2011—2013年间,为满足日益增长的医疗需求所需资金和实际可获得金额之间的差额高达150亿—200亿英镑,而2010财年的实际预算才1000亿英镑。这就意味着,为弥补这个资金缺口,NHS每年需要至少提高运营效率4%—5%。②

第二,效率不高。在这种模式下,医院是公有的,又受当地卫生局的直接管辖,没有自主权。公立医院的完全垄断性,导致了医疗供给效率低下、服务质量降低、机构利益高于病人利益等弊端,引起了广大民众的强烈不满。

① 参见于广军:《英国国家卫生服务体系新一轮改革及其对我国的启示》,《中国卫生资源》2015年第5期,第372页。

② 参见付明卫、朱恒鹏、夏雨青:《英国国家卫生保健体系改革及其对中国的启示》,《国际经济评论》2016年第1期,第75页。

二、社会导向型卫生管理体制

(一) 社会导向型卫生管理体制的特点

社会导向型卫生管理体制的特点是,政府和社会共同承担卫生领域的组织与管理职责,但政府提供的是间接的管理和控制,政府主要是起规范的作用,而不是起经营的作用。德国是实行这种卫生管理体制的典型。

德国是世界上最早实施社会保障制度的国家,有足够的法律保障,拥有相对发达和完善的医疗保险体系。德国实行的是一种强制性的、以社会健康保险为主、辅之以商业保险的医疗保险制度。法定医疗保险对一定收入以下的人有强制性要求,保险费由雇员和雇主平均分摊,法定医疗保险的参保人享受的是无差异的医疗待遇,投保人缴纳保险费的多少主要取决于他的经济收入,而享受的医疗保险服务不以缴纳保险费的高低而有区别,充分体现社会医疗保险的公平。

20 世纪 90 年代以后,为控制医疗费用的长期增长以及提高卫生系统的运行效率,德国医改从管制配给转变为强调竞争激励的作用,朝向加强市场竞争和政府干预的管理型竞争模式发展。以激励机制为基础的改革包括三方面内容:患者方面,实行费用分担机制的改革,增加参保个人责任;医保方面,加强了保险基金的相互竞争;医疗机构方面,进一步增强了对医疗机构的费用控制。为弥补市场竞争的不充分,德国政府通过行政和法律手段防止单纯的市场竞争造成的不利影响,并尝试对卫生系统不同部门进行整合。① 德国政府于 2003 年下半年推出了医疗保险改革方案:扩大医疗保险的缴费基数、取消不应由医疗保险支出的项目、提高住院治疗的费用、建立以家庭医生为中心的护理模式、将有生育的家庭护理费用转嫁给国家税务局。进入 21 世纪,德国的医疗改革并没有实质改变原有的医疗保险结构,而是在前几次改革基础上进行的持续性改革。德国未来仍然会不断推进医疗改革,改革趋势主要体现在促进跨部门形式的一体化护理、提高医疗服务质量、增加医疗服务的平等性、加强法定医疗保险与私人医疗保险之间的竞争等方面。②

(二) 社会导向型卫生管理体制的优点

社会导向型卫生管理体制有几个显著的优点:

---

① 参见房珊杉、孙纽云、梁铭会:《德国医疗保障体系改革及启示》,《中国卫生政策研究》2013 年第 1 期,第 29 页。

② 参见刘权、邓勇:《德国医疗卫生体制的新变与启示》,《中国医院院长》2016 年第 15 期,第 70 页。

第一,以立法形式动员全社会力量办卫生。德国政府通过立法,以社会保险的形式强制筹集卫生资金,同时以大量的医学立法规范管理卫生,保证了全国比较高的健康保障水平。德国现行医疗保险体制以法定医疗保险为主、私人医疗保险为辅,即一定收入以下的人有强制性义务,而收入超过该标准的人可以自由选择加入法定医疗保险或私人医疗保险。法定医疗保险体系的中心原则是团结互助、社会共济。参加法定医疗保险者的保险费由雇员和雇主各付一半,按照一定百分比从工资中扣除。保险费取决于投保人的经济收入,收入多者多缴,收入少者少缴,无收入者不缴,但投保人享受的医疗服务没有不同。

第二,卫生经费的使用效率比较高。在医疗服务体制上,德国不实行医疗定点制度,医院分为公立医院、私立非营利性医院、私立营利性医院。德国卫生体系中提供者和购买者的分离比较清晰,两者是合同关系。同时,德国医院的所有权也比较清晰。公立医院的比例小于英国,医院的投入成本和运营成本各有其补偿来源。这样做的实质是医院、医药可以公平竞争,患者的就医选择余地很大,所以卫生经费的使用效率高。

第三,充分发挥非政府组织的筹资作用。德国约90%的人参加了法定医疗保险,由非营利性的公法社团承办的法定医疗保险保证了组织的公益性、独立性和资金的广泛性,法定医疗体系的经费来自每一位参保的社会成员,与他们的收入直接相关。法定医疗体系的保费体现高收入者与低收入者、高健康风险与低健康风险的参保人的互助。另外,德国从费用结算机制上杜绝了医生个人和医疗机构从患者身上赚取收入的冲动,有效避免了因医生的中饱私囊而引发医患利益冲突。

(三) 社会导向型卫生管理体制的局限

随着时代的发展和德国社会经济结构的变化,德国医疗保险体系也面临严峻挑战。

首先,收缴保险费的增长速度赶不上医疗保险费用支出的增长速度,即入不敷出的矛盾日趋尖锐。一方面,由于德国的卫生筹资机制是根据个人的实际收入和雇主的利润按一定比例筹集的,所以实际筹集的资金与实际需要不是对应的,而总趋势是收缴增长速度赶不上支出增长速度。另一方面,由于德国私人医疗保险所具有的灵活性和优先权优势对高收入人群来说具有更大的吸引力,所以大量的高收入人群转而选择私人医疗保险,从而导致法定医疗保险的保费收入无法满足日益高涨的费用支出。

其次,政府投入不足,出现医院费用上涨趋势。德国医院的收入主要通过政府投资和为疾病基金委员会提供服务取得,但随着政府投资的减少,医院的收入更多地依赖于其服务收入,这往往导致医疗费用的上涨。同时,传统的德国强制性健康保险中只强调第三方的职责,更加剧了医疗费用的上涨。因此,德国政府在20世纪90年代后期出台了一系列改革措施,以控制医疗费用的开支。

最后,私人医疗保险具有的优先治疗权是部分参保人选择退出法定医疗保险,参加私人医疗保险的原因之一,也引发了医疗服务不公平的问题。[①]

三、市场导向向政府导向过渡型卫生管理体制

(一)过渡型卫生管理体制的特点

美国是市场导向向政府导向过渡型卫生管理体制的典型国家。20世纪初以来,美国政府围绕着全民医保、控制医疗费用为主要内容对医疗保险制度进行了持续性的改革,但是改革阻碍重重、进展缓慢。在改革演进过程中,逐渐形成了以私营商业医疗保险为主体、以政府医疗照顾和医疗救助为补充的医疗保障体系。

美国的医疗保障体系以商业保险为主体,其正常运转主要依靠三大支柱的支撑:第一,雄厚的综合经济实力与科学技术水平;第二,政府在为包括老年人、残疾人、孕妇、低收入家庭成员、现役和退伍军人以及没有医疗保险但急需医治的病人在内的社会特定人群提供公共医疗服务和依法监管医疗保健市场方面发挥着关键性作用;第三,美国拥有最大的医疗保健产业、产品与服务市场以及最大的私营医疗保险市场。

20世纪80年代,美国经济出现滞胀,医疗保险费用急剧上升,一方面私人医疗保险发展迅猛,另一方面又一直有相当一部分低收入民众没有医疗保险。历届美国政府都试图对现行医疗保障体制进行改革,以解决政府医保成本快速增加、无保险人士的医疗保障等问题。20世纪80年代,里根政府实行紧缩财政政策,大量削减了对医疗保健服务的经费投入,全民医疗保健服务的建设暂时搁浅。90年代,克林顿提出了以解决无保险人士的医疗保障问题为核心的改革计划,由于要求扩大政府监控职能,未被国会批准。2010年,奥巴马政府在国会以微弱多数通过了被称为“实现全民医保”的医保法案,引起朝野的极大震动。这个医疗改革政策强调建立单一给付制度,即要求美国人必须购买保险,否则将被罚款,无法承担者将获得政府的资助。这样就将全国的医疗保险覆盖率由

---

① 参见曾理斌、倪少凯:《“双轨”运营模式下的德国全民医保发展经验与启示》,《中国卫生经济》2014年第6期,第94页。

当时的85%提升到95%,从而实现全民享有医疗保险。但是美国政治被共和党和民主党两个政党左右,两党有不同的目标和利益,在包括医疗保险等重大的经济和社会问题上有着严重的分歧。因此,医疗保险制度的改革同两党政治力量的对比密切相关,积极推动医疗保险制度改革基本都是在民主党执政期间,而共和党执政期间医疗保险制度的改革则比较保守。民主党和共和党在理念和利益方面分歧严重,使得医保法案在国会通过非常艰难。有时即便通过了,也会因总统换届而被事实上打回起点,比如奥巴马执政时通过的医保法案在其继任者特朗普上台后就被废除了。

(二) 过渡型卫生管理体制的优点

市场化的运营减轻了国家的包袱。美国的医疗机构分为三种类型:非营利性医院、营利性医院和公立医院。市场化的运营减轻了国家的包袱,但国家在这个过程中充分体现了其作为公权的管理和服务的职责。一方面,政府以公立形式为社会弱势群体提供医疗保障,以立法和管理的形式规范高度市场化的医疗体系。美国是法律十分完备的国家,所以在医疗卫生保障领域也不例外。美国的公共医疗保障体系是以五个权利法案为基础的,所以有绝对的强制力。另一方面,美国还通过法律削弱医药用品经销商的垄断势力,保证质优价廉的药品能顺利地进入市场。

市场的好处是高效率和能创造无穷尽的、最大限度满足人们需求的服务项目。美国的医疗保险五花八门、种类繁多,基本满足了居民不同层次的医疗保健需求。

(三) 过渡型卫生管理体制的局限

美国医疗管理中面临的最突出的两个问题,就是医疗费用开支庞大和卫生服务缺乏公平。

庞大的医疗支出使美国财政背上了沉重的负担。美国是世界上卫生保健支出最大的国家,无论是国家总体支出规模,还是人均卫生花费,或者占整个国内生产总值的百分比,均高居世界首位。美国的医疗开支高于其他国家,主要原因在于医药产品高科技的运用与普及、医疗服务提供者的高收入、政府在医疗融资方面的不足。

美国卫生服务缺乏公平。私人无力购买医疗保险的中小企业职工、中低收入者占美国总人口的15%左右,他们中因为没有加入任何医疗保险,医疗价格太高而没钱看病或者尽量不去看病的比例极高。美国个人申请破产者中超过半数是由于医疗债务、住院费用和其他负担不起的医疗保健费用。

第三节　中国卫生管理体制及其改革

一、中国卫生管理体制的建立及其弊端

中华人民共和国成立以后，在中央政府的统一规划下，通过周密的组织，使国内医药卫生领域有限的财力、物力和人力得到最佳配置，发挥了最大效能。当时用占GDP 3%左右的卫生投入就大体上满足了几乎所有社会成员的基本医疗卫生服务需求，在很短的时间里，就根本改变了中国人"东亚病夫"的世界形象，不少国民综合健康指标达到了中等收入国家的水平。这样的成就被一些国际机构评价为发展中国家医疗卫生工作的典范。①

（一）中国卫生管理体制的建立和发展

新中国的卫生事业主要是由医疗和预防保健两大部分组成。改革开放前的30年间，初步建立的医疗卫生管理体制基本满足了人民群众对医疗卫生服务的需求。

1949年11月1日中央人民政府卫生部成立，标志着新中国卫生事业的开端。1950年卫生部提出了卫生工作的三大原则，这就是：面向工农兵；预防为主；团结中西医。不久又增加了"卫生工作与群众运动相结合"的原则。这30年间卫生管理体制建设的具体成就有：

第一，建立了"低水平、广覆盖"的医疗保障制度。这个制度实际包括企事业单位和农村两大部分。企事业单位及政府部门的医保制度在20世纪50年代初期就建立了。1951年政务院公布《中华人民共和国劳动保险条例》，确立了所有全民所有制的企业单位人员享受的、以免费医疗为主要内容的劳保医疗制度，同时规定区县以上集体企业参照执行。1952年卫生部发布《国家工作人员公费医疗预防实施办法》，明确将所有国家机关及全民所有制事业单位的工作人员和退休人员等纳入公费医疗体系。广大农村实行的是以合作医疗为代表的医保制度。合作医疗是农民自己创造的、在群众自愿互助的基础上，依靠集体经济，在防病治病上实行互助共济的医疗保障制度。20世纪60年代得到国家的肯定后推广普及到全国农村。实行中各地因地制宜创新出多种形式的

① 参见国务院发展研究中心课题组：《对中国医疗卫生体制改革的评价与建议》，2005年8月19日，中国社会科学网，http://chinaps.cass.cn/zhtjj/dzgylwstzdggdplyjy/201506/t20150623_2363619.shtml，2019年2月9日访问。

合作医疗:在管理体制上,有村办乡管、乡村统筹、乡办乡管等;在费用构成方面,有医药都合(即医疗和药品都纳入合作医疗)、合医不合药、合药不合医等;在保障病种方面,有保大不保小(即支付大病费用,不支付小病费用)、保小不保大、保大又保小等。到20世纪70年代,合作医疗已经覆盖了90%左右的农村人口,基本解决了农村人口的看病问题。

第二,建立了比较完善稳定的卫生事业投入机制。新中国的卫生事业投入主要来自财政支出和集体提留两个途径。国家规定政府机关和企事业单位的劳保医疗费属于职工福利,政府及事业单位员工的费用由国家财政按照工资数额的比例在福利费中列支,企业的按照职工工资总额的比例在生产成本中列支。经费管理要求专款专用,单位统一使用。

第三,在全国建立了比较完善的卫生服务体系。1954年以后,各级政府的组成部门中都有专门的卫生行政部门负责区划内的卫生防疫和公共卫生服务工作。在城市地区,形成了市、区两级医院和街道门诊部(所)组成的三级医疗服务及卫生防疫体系;在农村地区,形成了以县医院为龙头、以乡(镇)卫生院为枢纽、以村卫生室为基础的三级医疗预防保健网络。这种公费、劳保和农村合作医疗结合的综合卫生服务体系,覆盖了全国大部分地区,基本满足了人民健康需求。新中国成立以后30多年的时间里,这个卫生服务体系再加上公共卫生群众运动,基本消灭或控制了鼠疫、霍乱、天花、麻风病等烈性传染病,血吸虫、肺结核等地方性疾病的防控也取得明显成效。

(二) 中国卫生管理体制存在的弊端

改革前我国卫生管理体制是计划经济的产物,随着国家经济社会的发展,一些多年积淀的体制、机制、结构性的矛盾日益突出。这些弊端主要是:

第一,总体投入不足。我国卫生费用在国民生产总值中所占比例一直很低,即使在发展中国家中也属中低水平,所以卫生总体投入和专业技术教育赶不上医疗服务体系的迅速扩张,致使医疗卫生服务的总体技术水平较低。

第二,地区和城乡之间发展不平衡。经济、社会发展的不平衡导致地区之间、城乡之间在医疗服务体系发展和医疗保障水平上存在明显的差距。全国约80%的卫生资源集中在城市,而城市的卫生资源又是近80%集中在大医院,这是资源布局上的不合理。卫生机构的设置也不合理,计划经济时期的条块分割、部门分割导致的重复投资、机构重叠加剧了不平衡现象。还有就是存在卫生机构功能设置的不合理,各种卫生机构都追求“大而全”“小而全”,造成医疗设备资源的严重浪费。

第三,高度的计划管理不利于调动各方面的积极性。政事不分使卫生机构缺乏明确的责、权、利，在人事管理上没有用工权、人员调配权等，卫生机构内部管理还是吃“大锅饭”，严重影响着医疗服务机构及医疗人员的积极性、主动性和创造性。事业单位“办社会”现象的普遍存在，使卫生机构背负了沉重的后勤管理负担。

第四，完全的公费医疗不可避免地导致低效率，农村合作医疗制度有待完善。

二、中国卫生事业管理的改革

1978 年年底党的十一届三中全会以后，在改革开放的大背景下，我国的卫生管理体制经历了曲折的改革，进入了空前良好的发展机遇期。计划经济时期的公费医疗和劳保医疗已经基本完成了向社会化城镇职工基本医疗保障的转轨，新型农村合作医疗和城镇居民基本医疗保险已经基本普及。公立医院的管理制度、人事制度、分配制度改革正在深入进行，医药生产和流通体制的改革已经明确了方向，确定了目标。

（一）卫生事业管理改革探索阶段

20 世纪 70 年代末到 1992 年是改革的第一个阶段。这个阶段全国的改革都是在计划经济的体制下进行的，而且这一阶段里，全国的改革主要是以“放权让利”、“搞活”经济为主要方向的。在农村，出现了从人民公社制向家庭联产承包制的转型，由于人民公社制在 1982 年宪法修订后彻底废止，导致原来依托人民公社制运行的合作医疗制也同时瓦解，以致广大农村地区的农民在很长时间里没有任何医疗保障。在城市，企业是以“扩大自主权”为方向的改革，包括医院在内的事业单位也参照企业的办法进行改革试点。① 1985 年国务院批转了卫生部《关于卫生工作改革若干政策问题的报告》，报告提出：“必须进行改革，放宽政策、简政放权，多方集资，开阔发展卫生事业的路子，把卫生工作搞活。”所以在整个 20 世纪 80 年代，全国的卫生机构普遍实行了多种形式的责任制，包括目标管理、定额包干、经济核算、岗位责任制，以及多劳多得的分配制度等。同时，医药企业也开始获得一定的自主权，各地药厂纷纷投产，医疗器械的价格也逐步走向市场化。

这一阶段的改革成效是：医疗服务的有效供给明显增加，医院数量增加，药品、医疗装备水平也同步增加和提高；由于医院加强了成本核算，降低了内部的浪费，提升了整体运行效率。但是，由于没有区分企业与医院的营利和非营利

---

① 参见李玲、江宇、陈秋霖：《改革开放背景下的我国医改 30 年》，《中国卫生经济》2008 年第 2 期，第 6 页。

的性质,政府减少了对医院的财政补偿,也没有及时完善对医院的监管和建立筹资体制,导致医院在“企业化”的路上越走越远。此外,农村医疗资源也被进一步削弱。

(二) 卫生事业管理深化改革阶段

1993年到2008年是改革的深化阶段。1992年党的十四大确定了建立社会主义市场经济体制的改革目标,此后一系列体制性的改革在各个领域相继展开。1994年我国开始实行分税制,1995年党的十五届四中全会通过了《关于国有企业改革和发展若干重大问题的决定》,正式拉开了国企改革的大幕,改革走向“深水区”。这些改革迫切要求卫生改革的同步推进。因为分税制扩大了地区间卫生事业经费投入的差距,而国企改革又瓦解了原有的公费医疗和劳保医疗制度,迫切需要重新建立城镇职工基本医疗保险制度与之适应。同时,医药和医疗器材产供销的统一管理体制被打破,国家却迟迟没有相关的管理政策出台。在这个背景下,1997年公布了《中共中央、国务院关于卫生改革与发展的决定》,指出了医疗保障、医疗卫生服务和药品流通三大体制统筹协调的必要性。1998年国务院下发《关于建立城镇职工基本医疗保险制度的决定》,标志着存在了几十年的、依托国企建立的公费医疗和劳保医疗体制,开始向社会化的医疗保险体制转型。2002年公布了《中共中央、国务院关于进一步加强农村卫生工作的决定》,确定要“建立以大病统筹为主的新型农村合作医疗制度”,“到2010年,新型农村合作医疗制度要基本覆盖农村居民”,“从2003年起,中央财政对中西部地区除市区以外的参加新型合作医疗的农民每年按人均10元安排合作医疗补助资金,地方财政对参加新型合作医疗的农民补助每年不低于人均10元”,“农民为参加合作医疗、抵御疾病风险而履行缴费义务不能视为增加农民负担”。

但是在这一阶段,由于对医疗卫生事业的公益属性仍然没有明确,将医疗机构混同于企业,放任一些医疗机构在逐利的道路上越走越远,一些地方甚至出现拍卖公立医院、卫生院的所谓“产权改革”,群众“看病难”“看病贵”的矛盾也日益凸显。这些矛盾和体制性弊端在2003年“非典”蔓延期间显露无遗。“非典”过后开始反思,2004年科学发展观提出后,2005年国务院发展研究中心课题组以《对中国医疗卫生体制改革的评价与建议》为题,发表历时3年完成的研究成果,这项研究对前一阶段的医疗卫生体制改革做出了“基本不成功”的结论。[①] 2006年,国务院决定成立由国家发改委和卫生部牵头的14个(后增加到

① 曹永福:《中国医药卫生体制改革——价值取向及其实现机制》,东南大学出版社2011年版,第2页。

16个)有关部委组成的医疗体制改革协调小组,负责研究新医改的总体思路和政策措施。2007年党的十七大明确将“人人享有基本医疗卫生服务”作为全面建设小康社会的奋斗目标之一,为我国的医疗体制改革指明了方向,医药卫生领域改革的“第二个春天”马上就要到来了。

(三)医药卫生领域“新医改”全面启动并推进阶段

2009年至2015年是明确医药卫生事业的公益性,并在医疗、卫生、药械等领域全面推进体制机制改革的阶段。

2009年3月,中共中央、国务院发布《关于深化医药卫生体制改革的意见》,拉开了“新医改”的大幕。该意见明确指出医改的指导思想是:“……坚持公共医疗卫生的公益性质,坚持预防为主、以农村为重点、中西医并重的方针,实行政事分开、管办分开、医药分开、营利性和非营利性分开,强化政府责任和投入,完善国民健康政策,健全制度体系,加强监督管理,创新体制机制,鼓励社会参与,建设覆盖城乡居民的基本医疗卫生制度,不断提高全民健康水平,促进社会和谐。”

2009年启动的新一轮医改同时在四个领域展开,即建设公共卫生服务体系、医疗服务体系、医疗保障体系、药品供应保障体系,其目的就是为群众提供安全、有效、方便、廉价的医疗卫生服务。为实现这个目标,从医疗管理机制、运行机制、投入机制、价格形成机制、监管机制、科技和人才保障、信息系统、法律制度等八个方面推进了改革。改革的具体工作包括:第一,强化政府责任和投入;第二,加强农村和城市社区医疗卫生服务体系建设;第三,改革医院管理体制和运行机制;第四,加快多层次医疗保障体系建设;第五,建立国家基本药物制度;第六,加强卫生人才队伍建设。

2009年以后,中国对卫生基础设施的投资显著增加,基本实现了医疗保险全覆盖,推进公共卫生服务均等化,公立医院改革不断深化,提升了医疗卫生服务的可及性和公平性,大幅降低了儿童和孕产妇的死亡率以及传染病发病率,显著提高了中国居民的健康水平和预期寿命,在实现全民健康覆盖方面迅速迈进,医改成就举世瞩目。

但是,制约卫生与健康事业改革发展的内部结构性问题依然存在:一是资源总量不足、布局结构不合理尚未根本改变,优质医疗资源尤其缺乏;二是基层服务能力仍是突出的薄弱环节,基层医务人员技术水平亟待提高,服务设施和条件需要持续改善;三是深化改革需要进一步破解深层次的体制机制矛盾。

(四)全面深化卫生体制改革阶段

2016年,中共中央、国务院印发了《"健康中国2030"规划纲要》,规划了15年内推进健康中国建设的宏伟蓝图。党的二十大报告提出了"推进健康中国建设"的改革要求。而健康中国建设目标的实现必须以全面深化卫生体制改革为依据。

1. 卫生事业改革发展的指导思想和发展目标

《"十三五"卫生与健康规划》中确定的我国卫生事业改革发展的指导思想是:"……坚持以人民为中心的发展思想,坚持正确的卫生与健康工作方针,坚持计划生育基本国策,把人民健康放在优先发展的战略地位,以改革创新为动力,以促健康、转模式、强基层、重保障为着力点,更加注重预防为主和健康促进,更加注重工作重心下移和资源下沉,更加注重提高服务质量和水平,实现发展方式由以治病为中心向以健康为中心转变,显著提高人民健康水平,奋力推进健康中国建设。"

《"健康中国2030"规划纲要》中确定的战略目标是:"到2020年,建立覆盖城乡居民的中国特色基本医疗卫生制度,健康素养水平持续提高,健康服务体系完善高效,人人享有基本医疗卫生服务和基本体育健身服务,基本形成内涵丰富、结构合理的健康产业体系,主要健康指标居于中高收入国家前列。到2030年,促进全民健康的制度体系更加完善,健康领域发展更加协调,健康生活方式得到普及,健康服务质量和健康保障水平不断提高,健康产业繁荣发展,基本实现健康公平,主要健康指标进入高收入国家行列。到2050年,建成与社会主义现代化国家相适应的健康国家。"

2. 全面深化卫生体制改革的措施

党的二十届三中全会对深化医药卫生体制改革提出了具体要求,这就是,"实施健康优先发展战略,健全公共卫生体系,促进社会共治、医防协同、医防融合,强化监测预警、风险评估、流行病学调查、检验检测、应急处置、医疗救治等能力"①。

根据《"健康中国2030"规划纲要》,深化卫生体制改革的主要措施有:

第一,强化覆盖全民的公共卫生服务,包括:防治重大疾病;完善计划生育服务管理;推进基本公共卫生服务均等化。

① 《中共中央关于进一步全面深化改革 推进中国式现代化的决定》,新华网,http://www.news.cn/politics/20240721/cec09ea2bde840dfb99331c48ab5523a/c.html,2024年8月1日访问。

第二，提供优质高效的医疗服务，包括：完善医疗卫生服务体系；创新医疗卫生服务供给模式；提升医疗服务水平和质量。

第三，充分发挥中医药独特优势，包括：提高中医药服务能力；发展中医药养生保健治未病服务；推进中医药继承创新。

第四，健全医疗保障体系，包括：完善全民医保体系；健全医保管理服务体系；积极发展商业健康保险。

第五，完善药品供应保障体系，包括：深化药品、医疗器械流通体制改革；完善国家药物政策。

第六，完善公共安全体系，包括：强化安全生产和职业健康；提高突发事件应急能力；健全口岸公共卫生体系。

第七，发展健康产业，包括：优化多元办医格局；发展健康服务新业态；积极发展健身休闲运动产业。

第八，促进医药产业发展，包括：加强医药技术创新；提升产业发展水平。

3. 全面深化卫生体制机制改革的具体内容

根据《“健康中国2030”规划纲要》，全面深化卫生体制机制改革的具体内容包括：

第一，把健康融入所有政策。加强各部门各行业的沟通协作，形成促进健康的合力。全面建立健康影响评价评估制度，系统评估各项经济社会发展规划和政策、重大工程项目对健康的影响，健全监督机制。畅通公众参与渠道，加强社会监督。

第二，全面深化医药卫生体制改革。加快建立更加成熟定型的基本医疗卫生制度，维护公共医疗卫生的公益性，有效控制医药费用不合理增长，不断解决群众看病就医问题。推进政事分开、管办分开，理顺公立医疗卫生机构与政府的关系，建立现代公立医院管理制度。清晰划分中央和地方以及地方各级政府医药卫生管理事权，实施属地化和全行业管理。推进军队医院参加城市公立医院改革、纳入国家分级诊疗体系工作。健全卫生计生全行业综合监管体系。

第三，完善健康筹资机制。健全政府健康领域相关投入机制，调整优化财政支出结构，加大健康领域投入力度，科学合理界定中央政府和地方政府支出责任，履行政府保障基本健康服务需求的责任。中央财政在安排相关转移支付时对经济欠发达地区予以倾斜，提高资金使用效益。建立结果导向的健康投入机制，开展健康投入绩效监测和评价。充分调动社会组织、企业等的积极性，形成多元筹资格局。鼓励金融等机构创新产品和服务，完善扶持措施。大力发展慈善事业，鼓励社会和个人捐赠与互助。

第四,加快转变政府职能。进一步推进健康相关领域简政放权、放管结合、优化服务。继续深化药品、医疗机构等审批改革,规范医疗机构设置审批行为。推进健康相关部门依法行政,推进政务公开和信息公开。加强卫生计生、体育、食品药品等健康领域监管创新,加快构建事中和事后监管体系,全面推开"双随机、一公开"机制建设。推进综合监管,加强行业自律和诚信建设,鼓励行业协会商会发展,充分发挥社会力量在监管中的作用,促进公平竞争,推动健康相关行业科学发展,简化健康领域公共服务流程,优化政府服务,提高服务效率。

【本章小结】

本章介绍了卫生事业的特点。卫生事业具有公益性和福利性的特性,决定了卫生事业必须由政府管理。卫生事业管理是对各个层次卫生行政和卫生业务管理活动的总称谓。

本章介绍了几种不同类型的卫生管理体制,主要有以英国为代表的政府导向型、以德国为代表的社会导向型和以美国为代表的市场导向向政府导向过渡型。其中英国模式被认为是比较理想的模式。20 世纪 80 年代以后兴起的西方国家的医疗改革呈现两个基本趋势:一是医疗保障体系走向普遍覆盖;二是医疗服务走向"管理型市场化"。

本章对我国的卫生事业管理进行了专门研究。在计划经济时期,我国的卫生事业发展曾取得了举世瞩目的成就,但 20 世纪 80 年代中期的改革却因为误入市场化的歧途,被认为是不成功的。新一轮医药卫生事业改革坚持以人民健康为中心,站在大健康、大卫生的高度,在所有相关领域全面推进体制机制改革,以促进健康中国建设目标的实现。

【思考题】

1. 卫生事业有什么特性?
2. 在卫生事业管理中,政府应该承担什么责任?
3. 英国的政府导向型管理体制有什么经验?
4. 英国、德国、美国等国家的卫生管理体制改革对我国有什么借鉴意义?
5. 我国"新医改"的目标是什么?
6. "新医改"如何深化我国卫生管理体制改革?

【参考文献】

1. 蔡江南主编:《医疗卫生体制改革的国际经验:世界二十国(地区)医疗卫生

体制改革概览》,上海科学技术出版社 2016 年版。
2. 方鹏骞主编:《中国医疗卫生事业发展报告 2015——中国公立医院改革与发展专题》,人民出版社 2016 年版。
3. 何子英、郁建兴:《提升基层医疗卫生服务能力:基于浙江省的研究》,浙江大学出版社 2017 年版。
4. 梁万年主编:《卫生事业管理学》(第 4 版),人民卫生出版社 2017 年版。
5. 刘一欧:《城乡基本医疗卫生服务均等化研究》,中国社会科学出版社 2016 年版。
6. 赵新华、丁国武主编:《卫生事业管理学(案例版)》(第 2 版),科学出版社 2017 年版。

案例

美国医保改革到底卡在哪里

第八章　体育事业管理

【本章目的】

掌握体育管理的定义、主要职能;了解不同类型体育管理体制,掌握不同体育管理体制的优点及局限;了解我国体育管理体制的沿革和组织体系,着重探讨我国体育管理体制改革的主要内容和途径。

【本章重点】

1. 体育、体育管理和体育管理体制的定义
2. 不同类型体育管理体制的比较
3. 我国体育管理体制改革的主要内容和途径

第一节　体育与体育管理

一、体育的概念

(一) 体育的含义

自20世纪60年代起,国内外许多教育家、体育专家围绕着什么是体育、什么是竞技运动、如何确定与体育类似的各种以身体运动为基本手段的社会活动的性质等问题展开讨论,但在体育的概念上至今未达成共识。苏联教育科学研究所出版的《教育科学词典》认为,体育是以增进人体健康和达到身体正常发育为目的的一种教育。《不列颠百科全书》认为,体育是关于人体构造、身体发展的教育。它包括人体生理功能、力学原理及其运用的研究。①

从以上对体育所下的定义中,可以概括出几个共同之处:首先,体育是培养和完善人的一种有意识的活动或过程;其次,体育所借助的手段一般被称为身体活动或运动;最后,体育不仅是通过身体,而且还必须是针对身体所进行的教育,“身体”一词在这里已远远超出了生物学的限定,其含义用辩证唯物主义的

① 参见石建文、盛克庆主编:《体育基础理论教程》,北京大学出版社2005年版,第1页。

“身心一元论”来解释，应该是灵魂和肉体相互作用、相互依赖和交互影响的统一整体。

综上所述，本书采用的关于体育的定义是：体育是以身体活动为媒介，以谋求个体身心健康、全面发展为直接目的，并以培养完善的社会公民为终极目标的一种社会文化现象或教育过程。这一定义既说明了体育的本质属性，又指出了它的归属范畴，同时也把自身从与其相邻或相似的社会文化现象中区别开来。

（二）体育活动的功能

关于体育的功能，学者们有不同的观点。有的学者将体育的功能分为健身功能、娱乐功能、促进个体功能、社会感情功能、教育功能、政治功能和经济功能。①

有的学者将体育的功能分为体育的横向功能和体育的纵向功能。体育的横向功能包括体育和社会的关系与功能、体育在社会进步中的功能体现；体育的纵向功能包括生存的价值与功能、教育的价值与功能、精神的价值与功能。②

还有的学者认为，体育的功能可以分为四种有代表性的功能：第一，体育的功能分为健身、娱乐、促进个体社会化和社会感情化、教育、政治等；第二，体育具有个体功能和社会功能；第三，体育有增强人类改造自然的能力、促进社会发展、提高民族体质、提高国家地位、激发民族精神、丰富文化生活以及调节社会各界关系等功能；第四，用效能代替功能，认为体育具有生物和社会两种效能。③

我们认为体育的主要功能有：

(1) 政治功能。体育的政治功能是指在特定阶段反映出统治阶级的特殊要求。体育管理的目标任务和活动过程往往取决于统治阶级对社会整体利益的认识和判断，在公共利益作为基本价值取向的基础上，要服从和服务于国家政治的需要和社会发展全局的需要。

(2) 经济功能。体育虽然不直接参加物质生产，不产出社会物质产品，但劳动者因接受身体教育而强身健体、增长相关的科学知识、形成多种身体技能，首先是体育运动参与者明显受益，而后表现为社会劳动生产率的提高、产品数量的增加和质量的提高。体育间接作用于物质生产过程所产生的经济效益是客观存在的，不可低估。

---

① 参见全国体育学院教材委员会编写组：《体育概论》，人民体育出版社 1989 年版，第 106 页。

② 参见王健、侯斌主编：《体育原理导论》，华中师范大学出版社 2002 年版，第 101—116 页。

③ 参见颜天民、熊焰等主编：《体育概论》，广西师范大学出版社 2000 年版，第 45—46 页。

(3) 健康功能。在现代社会里,健康的价值观随着体育大量介入发生了变化,体育运动已经成为现代人生活中不可缺少的重要内容,是健康长寿的一大法宝,养成运动能力和习惯是终身健康的投资。

(4) 社会感情功能。在体育运动中,不仅个人的情感得到宣泄和发展,也使社会得以和谐和稳定。体育比赛紧张激烈的节奏扣人心弦,人们无时无刻不在进行着喜怒哀乐的情感交流,运动技艺的惊险性、比赛的对抗性、战术配合的准确性、稍纵即逝的偶然性、时间速度的节奏性、音响画面的艺术性,使人们欣赏到一种精彩超群的流动技术,极大地满足了精神上的需要。

(三) 体育事业的含义

"事业"有广义、狭义两种含义,"体育事业"也同样有广义、狭义两种含义。

广义的体育事业概念认为,凡是以身体活动为媒介,以谋求个体身心健康、全面发展为直接目的社会活动和社会工作都是体育事业。

狭义的体育事业概念认为,列入国家事业编制的单位和人员从事的体育活动和体育教育工作才是体育事业。狭义的体育事业的特征是,所占用资产是国家资产,人员和开展活动的经费由国家财政支出,活动和工作具有非营利性。

广义体育事业与狭义体育事业两个概念之间的关系是一种包含和被包含的关系。狭义的体育事业被包含在广义的体育事业中,狭义的体育事业是广义体育事业的组成部分。而且传统的体育事业概念是可以和体育事业单位通用的。

本书所研究的体育管理是基于狭义体育事业的概念。

(四) 体育事业与体育产业

体育与文化一样具有公共性和私人性的双重特性,与这种双重特性相连,体育产品也可以区分为公益性体育和经营性体育,并由此产生了"体育产业"的概念。

产业一般是指物质产品或非物质产品的生产行业,体育产业就是指在体育行业从事各种生产、经营活动。体育产业也有广义、狭义之分。"广义的体育产业既包括自主经营的体育企业单位,也包括由国家财政支出的各类公益性、事业性的体育事业机构。狭义的体育产业就是指从事体育服务生产和经营的体育企业的集合。其特征就是企业经营性。狭义的体育产业只是广义的体育产业中具有企业经营性的那一部分,并不包括由国家财政支出的各类公益性、事业性的体育事业机构。"①本书使用狭义体育产业的概念。

---

① 张岩:《论体育事业与体育产业的内涵及二者的关系》,《成都体育学院学报》2002年第2期,第23页。

过去我们没有认识到体育的双重特性,只看到体育的公共性、公益性一面,认为体育就是体育事业,与其他事业一样,实行由国家“全包”和非营利的政策。改革开放以来,随着人们生活水平的日益提高,人们对体育产品的个性化需求越来越多,区分体育的公益性和经营性职能越来越迫切。1993 年 5 月 24 日发布的《国家体委关于深化体育改革的意见》正式提出:“以产业化为方向,增强体育自我发展能力”,“根据建立社会主义市场经济体制和发展体育事业的需求,要加快体育产业化进程,力争在本世纪末基本形成门类齐全的体育市场体系和多种所有制并存的社会化体育产业体系”。这是将原来的体育事业划分为“体育事业”和“体育产业”的第一份正式文件。2011 年国家体育总局印发《体育产业“十二五”规划》,这是我国体育产业的首个五年规划,该规划首次明确提出了体育产业发展的量化指标。2014 年发布的《国务院关于加快发展体育产业促进体育消费若干意见》指出:“争取到 2025 年,我国基本建立布局合理、功能完善、门类齐全的体育产业体系。”2016 年国家体育总局发布的《体育发展“十三五”规划》中指出,体育产业作为新兴产业、绿色产业、朝阳产业,完全有条件和潜力成为未来我国经济发展新的增长点。

随着社会主义市场经济体制的建立和发展,我国体育产业化的道路已经越走越宽广。现在我们积极地发行彩票,精心地经营门票,稳妥地试行股票;努力发挥协会、体育博览会、体育基金会的作用;坚持场馆开放无形资产开发和新运动项目开拓等。这些体育产业的发展为搞活体育市场、扩大内需、拉动经济增长和对外开放注入了新的动力。

二、体育管理的基本内容

(一) 体育管理的一般概念

体育管理是专门领域的管理,所以会具备管理活动的一般特征。比如,管理活动一般都具备计划、组织、协调、控制等几个最基本的环节,体育管理也不例外。《新编体育管理学教程》指出:“所谓体育管理,就是对围绕体育的相关活动的计划、组织、指挥、协调和控制。”①我们赞同这个观点。我们认为:体育管理是体育组织中的管理者,对体育管理客体通过实施计划、组织、协调、控制职能,协调个人的活动,发挥各种资源的作用,实现预定目标的活动过程。

(二) 体育管理的主要内容

体育活动的受益主体包括个人、家庭和企事业单位,因此,体育管理的主体

① 刘兵主编:《新编体育管理学教程》,复旦大学出版社 2004 年版,第 21 页。

应该是多元化的,国家既不应该也不可能包办一切体育活动。从理论上说,并非所有类型的体育活动都属于社会共同需求。属于个人行为的由个人安排,属于企事业单位的由企事业单位管理,属于经济范围的通过体育市场解决。

政府作为体育管理的主体,对体育进行管理的主要内容包括:

(1) 管理社会各层次的体育活动。公共体育管理主要应该由国家承担责任和义务,它涉及社会共同需要的体育事务,实现全社会体育活动的良性运转和协调发展,并实现公共利益最大化。

(2) 促使体育事业与经济、社会协调发展。我国的体育事业要从国情出发,服从和服务于国家发展的总体战略和基本国策,伴随着经济、社会的发展而发展。

(3) 提供体育产品与体育服务。在体育活动中,属于纯公共产品和服务的部分,应该无偿提供,如基础性的公共体育场馆和公共体育设施的建设,全民健身活动的规划和锻炼方式的推广,涉及国家和社会整体利益的重要体育竞技活动的组织等;属于准公共产品的,采用费用分担的方式提供,如某些公共体育场馆的有偿使用,公共组织举办的体育培训中收取一定的学费,体育活动中收取部分成本费等;属于公众消费性的体育产品的,可由公共组织提供产品质量和质量监督服务,产品的消费者自己付费,如各类体育器材、体育用品。

(4) 管理体育资源。体育资源管理包括对体育人力资源、体育财物、资金、信息等资源的管理。对于社会体育资源,国家一方面要促进市场体制对其进行合理配置和利用,另一方面还要通过法律和行政的手段去调节和消除市场活动可能造成的对资源使用的负面作用。

(5) 促进和保障体育活动的有序性和公平性。公共体育组织通过计划和规划等形式,对一年或一个时期的群众体育或竞技体育的竞赛活动进行安排并提供法律、行政和其他公共权力保障,以保障体育活动正常有序开展,解决体育活动中存在的公平性问题,如公平竞赛问题、违禁药品问题、打假球问题、青少年比赛中的年龄虚假问题等。

三、体育管理体制的含义

(一) 体育管理体制的概念

体育管理体制是指国家在对体育管理的过程中所形成的相对稳定的组织

结构形式、权力分配方式和在一定管理制度规范、约束下展开的运行机制的总称①,是实现体育总目标的组织保证。

一个国家的体育管理体制是由其政治、经济体制决定的,而体育管理体制又决定了体育组织的运行机制。体育管理体制具体地表现为负责体育事业的领导机构和组织之间的隶属关系、责任范围,以及它们制定并实施的各种规章制度和措施。体育管理体制还表现为这些组织和机构的运动方式、管理方法和控制手段。

(二) 体育管理体制的实质

由体育管理体制的含义,不难看出体育管理体制包括:国家的体育管理权的确立与划分;中央、地方设置体育管理机构的权限,中央、地方设置的体育机构之间是否呈现一定的隶属关系;国家对体育的管理总体上采用集体管理还是分散管理等。体育管理体制主要反映政府与社会体育组织之间的关系。在这些问题中,核心问题是中央政府与地方政府、体育管理部门与社会体育组织围绕体育事权方面的权限划分。

(三) 体育管理体制的构成

在现代社会中,体育领域中的权力通常归政府或社会体育组织所有,或者由它们共同分享。在政府享有主要权力时,体育管理体制具有集中化的趋势,体育倾向于以政治和社会福利为目标,采取政府集中统一决策,强调上下级间的纵向信息内涵,以行政组织为主要约束方式,以追求社会共同利益作为自己的基本动力。当社会体育组织享有主要权力时,体育管理体制具有分权化趋势,体育则以政治和市场消费为主要目标,各体育组织和个人分散决策,侧重于各利益间的横向信息沟通,以经济法律为主要约束手段,以组织或个人追求自身利益为主要激励方式。

第二节　体育管理体制

世界各国的国情不同,政治、经济体制不同,体育管理体制也各有不同。归纳起来,主要有政府管理型、社会管理型和政府与社会共同管理型三种。

① 参见宋继新、贡娟:《论国家体育管理体制变革的重心——体育管理组织结构创新的再研究》,《北京体育大学学报》2008 年第 5 期,第 577—579 页。

一、政府管理型体制

(一) 政府管理型体制的特点

政府管理型体制是指政府设置专门的体育行政机构,对全国的公共体育事务进行全面监控和管理,在体育政策的制定、实施以及体育资源配置上起主导作用。政府的权力高度集中,主要依靠计划机制原则,采用行政的方式进行从宏观到微观及各层次的全面管理。从制定体育的总体宏观规划到运动员、教练员的选拔以及评定技术等级等,都是以行政方式、依靠计划机制进行管理。目前,世界上绝大多数国家采用这种管理体制,如日本、希腊、韩国、南非等。

政府管理型体制的基本特点是:政府部门在体育政策方面起主导作用,在体育管理过程中能够体现国家的意志,资金主要由政府提供。

(二) 政府管理型体制的优点

政府管理型体制的优点是:有利于集中有限的资源,尽快实现体育领域中某些预期目标;有利于经济资源的合理配置。

(三) 政府管理型体制的局限

政府管理型体制的局限是:由于权力和资源主要掌握在政府手中,不利于调动全社会各方面的积极因素共同兴办体育事业,容易抑制社会对体育的参与和支持,最终影响体育的发展。

二、社会管理型体制

(一) 社会管理型体制的特点

社会管理型体制是指体育主要由各种社会体育组织进行管理,政府一般不设立专门的体育管理机构,很少介入或干预体育事务。即使在介入和干预时,政府也通常运用市场机制,采用法律和经济手段间接进行,美国、英国等国家的体育管理体制基本属于这一类型。

在多数采用社会管理型体制的国家中,管理权力分散到各种社会体育组织之中,因此这一管理体制又被称为分权型体制。在一些采用社会管理型体制的国家,政府指定个别社会体育组织行使体育管理权力,使管理权限相对集中,但该组织仍属具有独立法人资格的社会团体。英国体育理事会就属于这一类型的组织。英国体育理事会为非政府的全国性公共体育组织,其主要的经济来源是体育彩票收益和政府拨款,主要职责是发展高水平的竞技运动,让更多的人参与体育运动,让更多的地方开展体育活动。

在采用这一类型体育管理体制的国家里,政府还有另一种全国性社会体育组织,这种组织政府不予拨款,依靠公共捐赠和商业赞助来运作。英国奥委会就属于这一类型的组织。它有35个单项运动协会,完全独立于政府。除此之外,英国还有地区性的体育理事会以及设在各郡的地方办公室、各种地区性单项协会、体育俱乐部,它们构成了英国庞大的社会体育组织体系。为此,英国政府自1996年开始重视介入体育事务,成立文化、媒介与体育部,专门负责体育事务的管理,使英国体育管理体制由社会型趋向共同管理型。

(二) 社会管理型体制的优点

社会管理型体制的优点主要包括以下几个方面:有助于动员广泛的社会力量参与体育事务,充分发挥社会各界的积极性,充分体现社会各界的意志;有助于促进体育的普及和体育产业的发展;社会团体承担的管理工作主要由志愿者承担,这有助于培养国民的奉献精神;有利于各体育组织内部进行不受外界干扰的有效管理。

(三) 社会管理型体制的局限

社会管理型体制的局限体现在以下几个方面:体育管理权力过于分散,因而在全局上缺乏有力的协调与统一,导致政令和标准不统一;各地经济发展水平不同,导致对体育事业的认识和投入不同,从而出现体育事业发展不均衡;主要靠市场调节,有较大的盲目性,各类体育组织协调性较差,不利于国家体育事业整体目标的实现。

三、政府与社会共同管理型体制

(一) 政府与社会共同管理型体制的特点

政府与社会共同管理型体制是指由政府和社会体育组织共同管理体育的管理体制,政府设有专门的体育管理机构,或指派几个有关部门负责管理体育。政府对体育实行宏观管理,即制定方针政策,发挥协调、监督的职能。社会体育组织在政府的宏观管理下,负责具体事务与微观操作,如制定项目发展规划和各种规章制度、组织训练比赛、开展大众体育等。

目前世界大多数国家都采用这种管理体制,如澳大利亚、法国、加拿大等国。法国政府设有庞大的体育管理系统,法国青年体育部是全国性体育主管部门,下属有大区、省两级地方政府体育机构。法国奥委会是法国一百多个非官方的全国性体育组织的联合体,它是与政府体育行政系统平行的社会体育组织。对于这些组织,法国政府根据它们的市场收益、竞技运动水平等情况给予不同的财政资助,各组织依靠财政资助、会员费、企业赞助等运作。

政府与社会共同管理型体制的特点是:机构的主要领导人由政府任命,有利于政府贯彻自己的体育目标;社会体育组织的主要工作重点是承担体育管理的事务性工作,是一种公司化的管理模式;机构的经费主要由政府提供。

(二) 政府与社会共同管理型体制的优点

这种体制形成了政府与社会体育组织并驾齐驱,中央与地方统筹协调,国家、社会、个人三位一体,财政与市场双轮驱动的体育管理格局,有利于发挥政府的主导作用和鼓励社会对体育的支持、参与。

(三) 政府与社会共同管理型体制的局限

共同管理型体制是介于政府管理型体制和社会管理型体制之间的一种类型,在权限划分和利益、分配方面有的偏向于政府管理型,有的偏向于社会管理型。因此,同是采用共同管理型体制的国家也存在着极大的差异,会将政府管理型体制和社会管理型体制的弊端同时放大。

四、世界各国公共体育组织的发展趋势

(一) 政府与社会的结合是基本趋向

政府与社会团体的结合主要有两种发展变化。一是西方大多数发达国家由社团主导型向政府主导型转化。20 世纪 60 年代以前,在大多数西方发达国家,体育基本由体育社会团体以及私人机构控制和管理。由于体育社会团体以及私人机构代表了特定的利益群体,在体育管理的利益分配、沟通与协作方面不甚协调,往往会直接阻碍政府力图提高国家形象的目标的实现。在这种情况下,20 世纪 70 年代以后,大多数西方发达国家的体育管理体制呈现出两种基本趋势:政府纷纷设立体育行政机构,直接管理国家的体育事务;政府加大了对体育社会团体的控制力度,体育社会团体的自治地位在大多数国家已不复存在。二是东欧各国由政府主导型向社团主导型转化。1989 年以前,在东欧各国的体育管理体制中,国家和政府几乎掌握所有的权力,几乎所有的行为都是政府行为。进入 20 世纪 90 年代以后,东欧各国积极进行体育体制改革,强化政府宏观管理职能,积极培育社会体育团体,加强社会团体对竞技体育和群众体育专业化、层次化的管理,使得各类社会体育团体的独立性、自主性得到加强,各类体联、体协和俱乐部大量涌现,初步形成政府实行宏观管理与政策投入,社会团体实施层次化和专业化管理,政府与社团密切协作的大众体育管理体制。

总之,政府与社团的结合是目前绝大多数国家体育改革与发展的主要趋势。在这种管理体制中,政府将决策与执行分离,政府的职能是"掌舵",而不是"划桨"。具体说来,政府的侧重点在体育政策法规与发展战略的制定与实施、对体育过程进行监督与控制、体育场地设施的管理与服务、在不同的体育组织之间进行沟通与联络;而体育的事务性工作,如赛事的管理、专业人员的培训、体育活动的组织与策划、体育产业的经营与开发等,则完全由体育社团承担。这样就形成了一个统分结合、分工合理、各尽所能的高效率的管理体制。

(二) 依据市场经济规律进行公共体育组织的职能定位

在市场经济中,政府作为最典型的公共组织,将主要承担体育场地设施的建设、政策投入和宏观监控的职能;而职业体育则完全采用市场化的方式由企业化的俱乐部等非公共体育组织承担。职业俱乐部通过产业化和商业化经营,一方面向公民提供了高质量的体育观赏产品,另一方面也形成了一个巨大的产业,并带动许多相关产业的发展。由职业俱乐部组成的俱乐部联盟,实际上成为代表全体俱乐部利益进行商业开发的股份公司,政府对职业联盟在法律允许的范围内进行商业开发不进行干预。

另外,公共体育服务传统上主要由政府承担,但目前由于对公共体育服务需求的增加和政府财政来源的减少,西方国家政府在努力提高自身服务质量的同时,也积极地引入市场机制。目前主要采取合同出租的方式,吸纳社会力量参与公共体育服务的提供。合同出租主要是在不扩大政府规模、不增加公共财政支出的情况下,政府确定体育服务的质量标准,以合同的形式,通过投标者的竞争,将原来由政府提供的公共体育服务,转让给私营公司、非营利组织等机构,以提高公共体育服务的质量。

(三) 注重监督与评估机制的建立

西方发达国家十分重视政府咨询机构的作用,这些机构不仅是政府的咨询机构,同时也是重要的监督机构和决策机构。如澳大利亚体育与休闲部长理事会、日本保健体育审议会、美国总统健康与体育委员会、德国体育运动会议等。这些机构主要由显要人物和专业人士组成,他们在对国家体育发展进行细致的调查研究的基础上,通过咨询报告书的形式,向政府提出政策建议。这种形式是西方发达国家一种重要的决策方式,国家许多体育政策的制定与实施,都是建立在咨询机构提供的政策建议的基础上的。

第三节　中国体育管理体制及其改革

一、中国体育管理体制的建立及其弊端

(一) 中国体育管理体制的建立

中华人民共和国成立后,体育的性质和地位发生了根本变化,体育成为社会主义建设事业的组成部分,被列入政府的工作规划。“国家发展体育事业”“国家培养青年、少年、儿童在品德、智力、体质等方面全面发展”等条款被载入宪法。体育被列为与德育、智育并重的学校教育的组成部分。至此,体育已成为全社会的需要和人民生活不可缺少的部分。

20世纪50年代初,我们建立的是国家体委体育事业领导体制。1952年由贺龙任主任的中央人民政府体育运动委员会正式成立,简称“中央体委”。1954年改为“中华人民共和国体育运动委员会”,简称“国家体委”。国家体委实行委员制,中央政府有关部门领导和地方体委负责人被任命为委员。国家体委的职能是:“在国务院领导下负责统一领导和监督全国的体育事业。”

1952年还正式成立了中华全国体育总会,简称“全国体总”,毛泽东为全国体总成立大会题词:“发展体育运动,增强人民体质。”全国体总的职能是:“协助政府组织、领导并推进国民体育运动。”1954年,国际奥林匹克委员会第49届会议确认中华全国体育总会中国奥林匹克委员会的合法地位。全国体总实行会员制,省市区体育分会、各单项运动协会、行业协会是其团体会员。1952年5月,经国务院批准成立了中央国防体育俱乐部,该组织作为军事体育项目的组织和领导机构;1956年,更名为“中华人民共和国国防体育协会”,简称“国防体协”。国防体协实行俱乐部制,在部分有条件的城市建立国防体育的单项俱乐部,国防体协受国防部和国家体委的双重行政领导。

20世纪50年代,我国基本构建起了国家体委实施行政领导、全国体总及其会员实施具体管理、国防体协实施专项管理的体育管理体制,基本形成了国家办(体委)、部门办(各行业系统)、单位办(机关、企业、厂矿、学校)相结合的“社会分工”模式。

20世纪60年代初,中央提出“调整、巩固、充实、提高”的“八字方针”,以调整国民经济失衡的比例关系。在调整中,绝大部分行业体协被撤销,体委委员制名存实亡,国家体委也相应作出了缩短战线、保证重点的战略调整,压缩了群众体育规模,把工作重点转移到重点项目的运动训练方面,建立起了比较有特

色的运动训练管理体系。这一模式一直延续到 20 世纪 70 年代。这一时期的体育工作事实上形成政府体育行政部门“一家办”的局面。

（二）中国体育事业管理体制的弊端

传统的体育管理体制是在学习苏联模式的基础上，结合中国的特点建立的，它是适合计划经济体制的，也是适合这一时期人们总体的物质生活和精神生活都比较贫乏的基本国情的。20 世纪五六十年代，我们建成了大型体育场馆，建成了多所体育专科大学，在中华人民共和国成立十周年之际成功举办了第一届全国运动会，参加了国际体育赛事，打破了多项世界纪录，取得了多项体育运动项目的世界冠军。中国人民从根本上改变了旧中国“东亚病夫”的形象。

但是，改革开放以后，随着党和国家工作重心的转移，社会主义建设高潮的掀起，体育事业管理体制的弊端也日益显现。

在管理观念方面，对体育事业的社会地位认识有偏差。传统观念认为体育是显示制度优越性的福利事业，是为政治服务的上层建筑。因此，过分夸大体育的政治功能，管理体育的方法依靠单一的行政手段。同时，由于体育被定位为福利型的事业，也就没有能够充分发挥和利用体育在丰富人民生活、提高生活质量、创造社会经济效益方面的功能。

在管理体制方面，国家包办体育，一方面，体育事业难以获得长期稳定的资金保证；另一方面，优质的体育资源高度集中在体育管理部门手中，而且部门所有的体育场馆设施使公共资源分割，又使有限的体育资源不能得到有效的利用。

在管理机制方面，条块矩形的体育管理组织结构导致集权严重、分权不足，不利于国家由直接管理向间接管理过渡，既增加了同级的地方政府对体育事务的干预，又不有利于我国管理体制向国家与社会共同办体育的综合型体制方向发展。

在管理手段方面，长期实行的单一的行政管理手段，不仅使行政机构与企业在体育经营中矛盾重重，阻碍了体育的发展，而且由于缺乏激励机制，体育事业发展缺乏动力。

在地区发展方面，由于各地区的经济、文化发展不平衡，地方政府的经济实力也不一样，各地发展体育的投入就不可避免地存在比较大的差距，而社会力量办体育的积极性却没有得到很好的利用。

20 世纪 80 年代改革在全国推开之后，体育领域也必然进行改革。

二、中国体育管理体制的改革

(一)20世纪80年代"社会化方向"的改革

20世纪80年代初,我国选择了以竞技体育为先导带动体育事业全面发展的战略。体育改革的重点放在克服过分集中于国家办体育,特别是集中于政府体育行政部门办体育的弊端,以社会化为导向,深化体制改革,重点抓运动技术水平的迅速提高,重新强调了体育工作的社会分工,旨在重新恢复在政府体育行政部门的统一领导下,国家办、部门办、单位办三结合的体育发展模式。

这一时期改革的基本运作方式是:群众体育逐步转向以社会办为主。各行业、各部门承担起主管本行业和本部门体育工作的任务,政府体育行政部门积极扶持、协调、指导和依法管理;竞技体育以国家投入、直接管理为主,以社会参与为补充。进一步强化和完善20世纪60年代形成的竞技体育发展模式,坚持全国一盘棋的"举国体制",改革国家队组队方式,鼓励社会(城市、行业、企业、学校)设置高水平运动队,建立科学的训练体制,形成多形式、多渠道、多层次的人才梯队。将国内比赛与国际重大比赛相衔接,专业比赛与业余比赛相衔接,建立科学的竞赛体系,层层落实奥运战略,并逐步实现赛制社会化、多样化和制度化。

这一阶段的改革一定程度上焕发了体育活力,但一些深层次矛盾,比如体育经费紧张,高水平体育人才缺乏,全社会参与体育的积极性、创造性发挥不够,体育工作效率、效益不高,以及体育事业发展的活力和后劲不足等问题,都亟待解决。

(二)20世纪90年代"市场取向"的改革

在确立社会主义市场经济体制改革目标之后,1993年5月24日发布的《国家体委关于深化体育改革的意见》提出改革的总目标是:"改变原来在计划经济体制下,单纯依赖国家和主要依靠行政手段办体育的高度集中的体育体制,建立与社会主义市场经济体制相适应,符合现代体育运动规律,国家调控,依托社会,有自我发展活力的体育体制和良性循环的运行机制,形成国家办与社会办相结合、集中与分散相结合的格局。力争在本世纪末初步建立具有中国特色的社会主义体育新体制。"

深化体育改革应着重抓好以下几个方面的工作。

第一,进一步改革体育行政管理体制,加强宏观调控能力。体育行政部门要按照精简、统一、效能的原则,转变职能,调整内设机构,实行政事分开,将大量事务性工作交给事业单位和社会团体,把工作重点真正转移到宏观调控上来,加强调查研究、统筹规划、政策引导、组织协调、提供服务,充分运用行政、法律、经济和竞赛等手段,建立灵活多样的调控机制,切实发挥对体育事业的领导、协调、监督作用。

第二,加快运动项目协会实体化步伐,建立具有中国特色的协会制。进一步改革现有运动项目的管理办法,扩大协会实体化试点。使运动项目协会成为责权利相统一、全面负责本项目管理的实体。逐步形成以单项运动协会为主的运动项目管理体制。在过渡时期,根据现有情况,采取若干项目综合管理与协会专项管理等多种形式。

第三,以产业化为方向,增强体育自我发展能力。根据建立社会主义市场经济体制和发展体育事业的需求,加快体育产业化进程,力争在20世纪末基本形成门类齐全的体育市场体系和多种所有制并存的社会化体育产业体系。体育部门充分利用自身优势,积极开发体育产业。逐步将有条件的体育事业单位推向市场。

第四,实行全方位对外开放,拓展国际与地区间的体育交往。加强与世界体育发达国家和周边国家的交流,扩大同发展中国家的合作。进一步拓展政府与民间,双边与多边的体育合作渠道。继续扩大同港澳体育界的交往与合作,积极发展海峡两岸的双向体育交流。

第五,完善激励机制和约束机制,推动配套改革。坚持精神鼓励和物质奖励相结合,不断完善运动员、教练员工资、奖励制度,研究和制定对体育科研人员、体育教育工作者、体育干部和其他人员的奖励政策。欢迎社会各界奖励对体育事业发展做出突出贡献的人员。

20世纪90年代,我国的体育事业改革根本改变了传统管理模式,积极发展体育产业,开拓体育市场,极大地繁荣了体育事业,满足了人们对丰富体育生活的迫切要求,初步建立了与社会主义市场经济相适应的体育管理体制。

1998年,新一届国务院将国家体委改组为"国家体育总局",列入国务院直属机构。从此,"国家体委"正式退出历史舞台。

(三)21世纪初期"全民健身战略引领"的改革

1. 深化体育体制改革的目标和方针

为了深化体育体制的改革,2001年2月国家体育总局印发了《2001—2010年体育改革与发展纲要》,2002年中共中央、国务院发布了《关于进一步加强和改进新时期体育工作的意见》,2009年修正了《中华人民共和国体育法》。

《2001—2010年体育改革与发展纲要》提出:"新世纪前10年体育改革与发展的总目标是:建立与社会主义市场经济体制相适应的、符合体育发展规律的体育体制和运行机制,初步形成有中国特色的社会主义体育组织体系。国民体质主要指标在经济发达地区达到中等发达国家的平均水平,在经济欠发达地区达到发展中国家的平均水平;竞技体育的优势项目有所拓展,总体实力进一步增强;体育社会化、科学化、产业化、法制化程度明显提高,为在新世纪中叶基本实现体育现代化打下坚实基础。"体育改革与发展的主要目标是:(1)大众体育普及程度明显提高。全社会体育意识普遍增强。(2)竞技体育总体实力稳中有升。扩大优势项目在国际体坛的地位进一步提高。(3)体育产业初具规模。缩小我国体育产品与国外的差距,提高竞争力,努力把体育产业培育成国民经济新的增长点。(4)体育管理体制逐步完善。理顺各类体育组织之间的关系,充分发挥各自的作用。从中央到地方形成层次清楚、功能明确、科学有序的新体制。构建起面向大众的多元的体育服务系统。

为了实现新世纪体育改革和发展的目标,必须坚持以下基本方针:(1)坚持体育为人民服务、为社会主义服务,把增强人民体质、提高国民素质作为体育的根本任务。(2)坚持普及与提高相结合,坚持群众体育与竞技体育协调发展。努力探索群众体育和竞技体育的发展规律,全面提高我国体育的整体水平。(3)坚持以改革促发展,努力推进体育体制的改革和运行机制的转变;重视体育制度的创新,切实把体育事业的发展方式从行政型转为社会型。(4)坚持依法行政,依法治体,保障体育事业健康有序地运行。

2. 深化体育体制改革的措施

深化体育体制改革,加速体育机制转换,具体要采取的措施是:

第一,继续推进体育行政管理机构改革;

第二,推动体育事业单位改革;

第三,充分发挥体育总会和中国奥委会的作用;

第四,深化运动项目管理体制改革;

第五,调动社会力量办体育;

第六,积极稳妥地发展各类体育俱乐部。

21世纪初的改革进一步完善了政府体育管理体制,转变了政府的体育管理职能,构建了比较科学的运行机制,为我国体育事业大发展奠定了坚实的基础。

3. 完善了中国体育管理组织系统

至21世纪初,中国的体育管理组织系统已经完善,这个系统由政府专门体育管理系统和政府非专门体育管理系统组成。

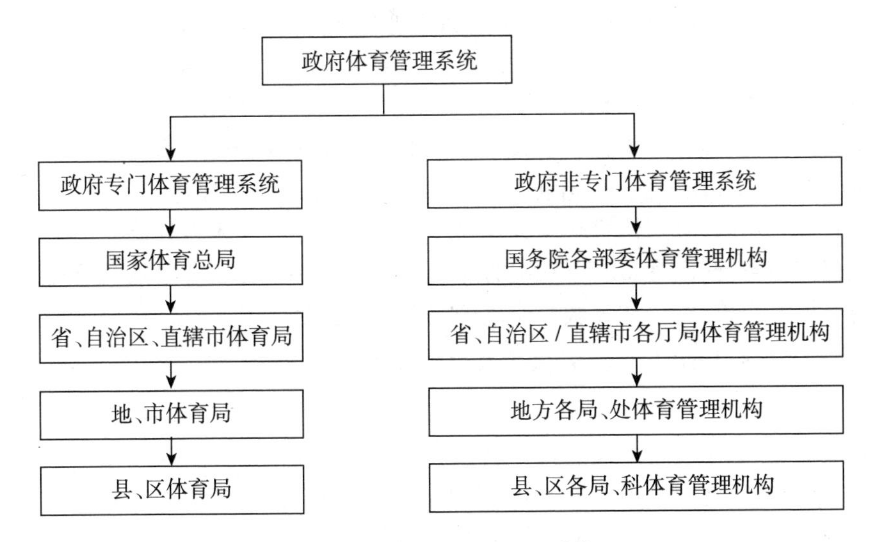

图 8-1　政府体育管理系统①

政府专门体育管理系统由各级政府的体育局组成，是目前我国体育管理的主系统。在这一系统中，最高权力机关是国家体育总局，它是主管全国体育工作的职能部门。国家体育总局对整个体育事业进行宏观管理，具有指导、协调、督促的职能，并为政府制定体育法规和政策提供依据。各省、自治区、直辖市体育局受国家体育总局的业务指导；同时，任何一级体育局系统都要受该级人民政府在人事、财务等方面的行政领导。

政府非专门体育管理系统是由国务院所属各部委下设的体育管理部门所组成的。例如，中华人民共和国教育部下设体育卫生与艺术教育司，统管全国学校的体育卫生教育。在政府非专门体育管理系统中，上级体育管理机构和下级体育管理机构之间是领导和被领导的关系。例如，教育部、卫生部等部委均设有体育管理部门，负责管理本系统内的体育工作。另外，各行业体协在所属部委的领导下，作为中华全国体育总会的团体会员，负责开展本行业的体育运动。

社会体育管理系统可分为社会专门体育管理系统和社会非专门体育管理系统。社会专门体育管理系统由专门从事体育管理工作的社会组织构成，可分为中华全国体育总会系统、中国奥林匹克委员会系统和中国体育科学学会系

① 参见曲天敏主编：《体育管理学》，广西师范大学出版社 2005 年版，第 54 页。

统。社会非专门体育管理系统是由某些群众性组织机构构成的体育管理系统,可分为社会群众团体和社会民间组织两个子系统。

总之,到2015年“十二五”结束时,我国基本建立了与经济社会发展相适应的体育管理体制,但是也仍然存在亟待深化改革解决的问题:体育管理体制的改革尚需深化,体育发展方式亟须转变,管办不分、政社不分、事社不分的体制弊端遏制了体育发展活力,调动社会力量参与体育的政策措施尚不完善;体育社会化水平不高,基层体育社会组织发展滞后,支持培育体育社会组织发展的机制仍需完善,全民健身公共服务体系有待进一步完善;体育产业总体规模不大与结构不完善并存,体育服务业比例偏低、种类偏少。

(四)十八大以来全面深化体育管理体制的改革

党的十八大以来,中央全面深化改革领导小组高度重视体育工作,将全民健身上升为国家战略,不仅加快了公共体育服务体系的建设,而且以足球改革发展为突破口,着力推进管办分开、政社分开的体制机制改革。

1. 体育管理体制改革的指导思想和目标

2016年发布的《体育发展“十三五”规划》明确提出“十三五”时期体育发展的指导思想是:“……解放思想、深化改革、开拓创新、激发活力,把增进人民福祉、促进人的全面发展作为体育发展的出发点和落脚点,坚持建设体育强国的战略定位,实施全民健身国家战略,推进健康中国建设,坚定不移走中国特色社会主义体育发展道路,创新体育发展方式,全面提升体育治理体系与治理能力现代化水平,努力将体育建设成为中华民族伟大复兴的标志性事业。”

“十三五”时期体育发展的主要目标是:根据全面建成小康社会的总体部署、实现体育强国的战略目标和建设健康中国的任务要求,深化体育重点领域改革,促进群众体育、竞技体育、体育产业、体育文化等各领域全面协调可持续发展,推进体育发展迈上新台阶。具体内容包括:体育重点领域改革取得新突破,体制机制创新取得新成果;全民健身国家战略深入推进,群众体育发展达到新水平;竞技体育发展方式有效转变,综合实力和国际竞争力进一步增强;体育产业规模和质量不断提升,体育消费水平明显提高;体育文化在体育发展中的影响进一步扩大,在培育社会主义核心价值观中的作用更加突出。

2. 深化体育管理体制改革创新的举措

《体育发展“十三五”规划》提出了深化重点领域改革创新,增强体育发展活力的主要内容。

第一,加快政府职能转变。进一步厘清体育行政部门权力边界,减少审批事项，放宽市场准入，实施负面清单管理模式，加强事中事后监管。研究制定体育工作综合评价体系，从群众体育、竞技体育、体育产业、体育文化等方面综合评价政府体育工作。进一步健全政府购买体育服务体制机制，完善资金保障、监督管理、绩效评价等配套政策，制定政府购买体育服务指导性目录，把适合由市场和社会承担的体育服务事项，按照法定方式和程序，交由具备条件的社会组织和企事业单位承担，逐步构建多层次、多方式的体育服务供给与保障体系。

第二，创新体育社会组织管理。研究制定体育社会组织改革相关政策，大力引导、培育、扶持体育社团、体育民办非企业单位、体育基金会等体育社会组织发展，创新体育社会组织管理方式。

第三，推进职业体育改革。积极探索社会主义市场经济条件下职业体育的发展方式，鼓励具备条件的运动项目走职业化道路，稳步推进职业体育发展。完善职业体育的政策制度体系，扩大职业体育社会参与，鼓励发展职业联盟，逐步提高职业体育的成熟度和规范化水平。健全职业体育法律、法规，推进体育信用体系建设，优化和规范职业体育发展环境。

3. 加快发展体育产业的举措

2014 年发布的《国务院关于加快发展体育产业促进体育消费的若干意见》，对充分发挥市场在资源配置中的决定性作用和更好发挥政府作用，加快形成有效竞争的市场格局，积极扩大体育产品和服务供给，推动体育产业成为经济转型升级的重要力量，促进群众体育与竞技体育全面发展，加快体育强国建设提出了具体的指导性意见。

加快发展体育产业的目标是："到 2025 年，基本建立布局合理、功能完善、门类齐全的体育产业体系，体育产品和服务更加丰富，市场机制不断完善，消费需求愈加旺盛，对其他产业带动作用明显提升，体育产业总规模超过 5 万亿元，成为推动经济社会持续发展的重要力量。"

加快发展体育产业的主要任务是：

第一，创新体制机制。(1) 进一步转变政府职能。全面清理不利于体育产业发展的有关规定，取消不合理的行政审批事项，凡是法律法规没有明令禁入的领域，都要向社会开放。通过市场机制积极引入社会资本承办赛事。推行政社分开、政企分开、管办分离，加快推进体育行业协会与行政机关脱钩，将适合由体育社会组织提供的公共服务和解决的事项，交由体育社会组织承担。(2) 推进职业体育改革。(3) 创新体育场馆运营机制。

第二，培育多元主体。(1) 鼓励社会力量参与。进一步优化市场环境，完善政策措施,加快人才、资本等要素流动,优化场馆等资源配置,提升体育产业对社会资本吸引力。培育发展多形式、多层次体育协会和中介组织。(2)引导体育企业做强做精。鼓励大型健身俱乐部跨区域连锁经营,鼓励大型体育赛事充分进行市场开发,鼓励大型体育用品制造企业加大研发投入,充分挖掘品牌价值。扶持一批具有市场潜力的中小企业。

第三,改善产业布局和结构。(1)优化产业布局。因地制宜发展体育产业,打造一批符合市场规律、具有市场竞争力的体育产业基地,建立区域间协同发展机制,形成东、中、西部体育产业良性互动发展格局。(2)改善产业结构。进一步优化体育服务业、体育用品业及相关产业结构,着力提升体育服务业比重。(3)抓好潜力产业。以足球、篮球、排球三大球为切入点,加快发展普及性广、关注度高、市场空间大的集体项目,推动产业向纵深发展。以冰雪运动等特色项目为突破口,促进健身休闲项目的普及和提高。

第四,促进融合发展。(1)积极拓展业态。丰富体育产业内容,推动体育与养老服务、文化创意和设计服务、教育培训等融合,促进体育旅游、体育传媒、体育会展、体育广告、体育影视等相关业态的发展。(2)促进康体结合。加强体育运动指导,推广"运动处方",发挥体育锻炼在疾病防治以及健康促进等方面的积极作用。(3)鼓励交互融通。支持金融、地产、建筑、交通、制造、信息、食品药品等企业开发体育领域产品和服务。

第五,丰富市场供给。(1)完善体育设施。各级政府结合城镇化发展统筹规划体育设施建设,合理布点布局,重点建设一批便民利民的中小型体育场馆、公众健身活动中心、户外多功能球场、健身步道等场地设施。盘活存量资源,改造旧厂房、仓库、老旧商业设施等用于体育健身。鼓励社会力量建设小型化、多样化的活动场馆和健身设施,政府以购买服务等方式予以支持。(2)发展健身休闲项目。(3)丰富体育赛事活动。

第六,营造健身氛围。(1)鼓励日常健身活动。政府机关、企事业单位、社会团体、学校等都应实行工间、课间健身制度等,倡导每天健身一小时。(2)推动场馆设施开放利用。(3)加强体育文化宣传。积极支持形式多样的体育题材文艺创作,推广体育文化。弘扬奥林匹克精神和中华体育精神,践行社会主义核心价值观。

【本章小结】

文化的公共性和私人性的双重属性也同样存在于体育中。所以,体育也可以分为体育事业和体育产业。认识体育的双重属性是进行体育管理的前提。

体育管理的主要职能是:管理社会各层次的体育活动;坚持体育事业与经济、社会协调发展;提供体育产品与服务;管理体育资源;促进和保障体育活动的有序性和公平性。

现在主要有政府管理型、社会管理型和政府与社会共同管理型三种体育管理体制。发达国家体育管理中政府与社会的结合、依据市场经济规律进行公共体育组织的职能定位、中央政府向下分权、注重监督与评估机制的建立等,都是值得我们借鉴的经验。

改革开放以来,我们逐步明确了体育事业和体育产业双轨发展路径。在"十三五"期间将全民健身上升为国家战略,不仅加快了公共体育服务体系的建设,而且以足球改革发展为突破口,着力推进管办分开、政社分开的体制机制改革。现在我们根据全面建成小康社会的总体部署、实现体育强国的战略目标和建设健康中国的任务要求,深化体育重点领域改革,促进群众体育、竞技体育、体育产业、体育文化等各领域全面协调可持续发展,推进体育发展迈上新台阶。

【思考题】

1. 体育事业有什么特性?
2. 试述体育事业与体育产业的区别和联系。
3. 体育管理的基本内容是什么?
4. 其他国家的体育管理体制对我国有什么借鉴意义?
5. 目前我国体育管理体制改革的主要内容是什么?
6. 如何加快推进我国体育产业的发展?

【参考文献】

1. 毕红星:《经济地理学视域下公共体育设施建设布局创新研究》,中国社会科学出版社 2016 年版。
2. 曹可强、席玉宝主编:《体育产业经营管理》,高等教育出版社 2017 年版。
3. 常智主编:《体育管理理论与实践》,北京师范大学出版社 2010 年版。
4. 〔英〕托尼·柯林斯:《体育简史》,王雪莉译,清华大学出版社 2017 年版。
5. 吴春霞:《我国普通高校体育管理组织结构的研究》,北京体育大学出版社 2010 年版。
6. 肖林鹏主编:《体育管理学》,北京师范大学出版社 2011 年版。

7. 肖淑红主编:《体育服务运营管理》(第二版),首都经济贸易大学出版社 2015 年版。

中国网球赛事“成长的烦恼”

第九章　公共事业管理的现代化

【本章目的】

从管理观念、管理体制、管理方法三个层面理解公共事业管理的现代化；了解公共事业管理法治化、科学化、市场化、社会化和信息化等观念的含义；了解中国公共事业管理现代化改革发展的框架；了解我国公共事业管理现代化三个层面的基本内容，即管理观念现代化、管理体制现代化和管理方法现代化的目标和深化事业单位分类改革的前沿。

【本章重点】

1. 我国公共事业管理观念现代化的要求
2. 公共事业管理体制现代化的主要内容
3. 公共事业管理方法现代化的主要内容

第一节　公共事业管理观念现代化

管理观念是指导管理中的各项决策、组织、协调、控制活动的基本依据。作为管理制度和管理活动的基本价值观，它是将纷繁复杂的管理活动统一起来的内在灵魂，是使各项改革措施具有一致方向的灯塔。管理观念的现代化是实现公共事业管理现代化的先决条件，没有管理观念上的转变，就难以确定公共事业改革的方向，也不会有动力去推进公共事业管理的现代化。公共事业管理的现代观念主要包括公共事业管理的法治化、科学化、市场化、社会化和信息化等。

一、公共事业管理法治化

现代社会是法治社会，市场经济是法治经济，在此基础上建立的公共事业管理必然要确立法治观念。“法治”观念不仅要求建立、健全有关公共事业管理的法律、法规，真正结束公共事业管理无法可依的情况，更重要的是要确立“法无授权不可为”的管理理念，使公共事业管理的主体、管理行为、管理程序全部符合法律规范。当然,管理的监督也必须合法合规。

(一)管理主体法治化

法治观念的本质就是强调权力要受制约,所以法治化的首位要求就是管理主体的权力要受到制约。公共事业管理的主体是多元的,既包括政府部门,也包括事业单位、各类社会组织,甚至还包括志愿者个人。这是因为公共事业所涉及的领域包括纯公共物品和准公共物品,它们的共同特征就是具有公益性,所以所有非营利性质的组织都可以成为公共事业管理主体。行政法的理论认为,国家行政属于公行政,但公行政并不是只包括国家行政。公行政除了国家行政以外,还包括其他非国家的公共组织的行政,比如基层自治组织(村民委员会、居民委员会等)的行政、社会组织(律师协会、医生协会等)的行政、公共企事业单位(国有企业、学校、医院等)的行政,而且它们行政的内容既有执行也有管理。国家以外的社会公行政,实质也是行使"公权力",所以也应该纳入行政法的规范范围。①

(二)管理行为法治化

所谓管理行为法治化,是指管理主体的行为要符合法律规范。行为法治化首先就要求各个公共事业管理主体要能够做到职责法定,也就是说除了政府之外的其他管理主体,如事业单位、社会团体、民办非企业单位、基金会,还有其他社区组织等,能够做什么、不能做什么需要由法律原则规定,但是事业单位和各类社会组织都是法人,它们必须独立承担民事责任,这些组织是完全按照本组织的章程开展活动的。也就是说,在国家原则上规定了它们的活动范围和活动方式后,不同组织的具体职责范围和职责方式都是这些组织自己以章程形式确定的。但是,现在各事业单位主管部门提供的章程制定细则以及政府登记管理部门提供的三类社会组织章程模板显示,公共事业管理真正做到行为法治化并不容易。一方面,还有许多政府部门没有要求主管的事业单位制定本单位的章程,所以现在大部分事业单位都还没有自己的章程,也就是连最基本的法人权利都没有确立,行为法治化更无从谈起;另一方面,从各类社会组织的登记管理部门提供的社会团体、民办非企业单位、基金会等三类社会组织章程模板来看,对组织自身的活动范围、职责、活动形式等内容的规范还非常笼统,距离管理行为法治化的要求还有明显的距离。

---

① 参见姜明安主编:《行政法与行政诉讼法》,北京大学出版社、高等教育出版社 1999 年版,第 10—13 页。

(三)管理程序法治化

“法治”观念要求对私权是“法无禁止即可为”,而公权力则是“法无授权不可为”。公共事业管理的主体是公权力,所以也必须按照“法无授权不可为”的原则行事。这样就亟须改变现在除政府以外的公权力无法可依的状况。现在有关政府以外的公权力,即事业单位、社会团体、民办非企业单位、基金会等的法律规范,仅仅只是“登记管理条例”,比如《事业单位登记管理暂行条例》《社会团体登记管理条例》等。这些规范性文件不仅不是全面的管理法规,而且只是部门条例,甚至只是“暂行条例”,它们的法律效力有待提升。此外,这些政府规定还是碎片化的。关于事业单位、社会团体、民办非企业单位、基金会等如何参与行使公权力,仅散见于政府各个部门的一些规范性文件,比如 2013 年 9 月 26 日发布的《国务院办公厅关于政府向社会力量购买服务的指导意见》、2017 年 3 月 22 日发布的《财政部关于印发〈政府和社会资本合作(PPP)咨询机构库管理暂行办法〉的通知》等。运用法治化观念,也要求实现公共事业管理程序,需要把各种管理主体之间的关系以及管理主体与管理客体之间的关系都纳入法律调整的范畴,确保公共事业管理有条不紊地推进。

二、公共事业管理科学化

所谓管理科学化,就是要在认识管理一般规律的基础上,使管理的理念、方法、技术和手段等全过程都符合这个规律。自从 1911 年弗雷德里克 · W. 泰勒(Frederick Winslow Taylor)出版了《科学管理原理》(*The Principles of Scientific Management*)以来,管理逐步被世人关注,并成为社会科学重要的组成部分。管理科学一百年的发展,使人们不仅承认管理也是具有客观性、稳定性、系统性等一般规律的科学,而且对其规律性的认识不断加深,也就是对基本管理原理进行的总结和提炼不断丰富和完善。公共事业管理是专门领域的管理,所以也需要遵循管理的一般规律。

(一)管理的基本原理

管理活动的本质就是协调,就是协调运用计划、组织、指挥、控制等职能。而运用这些管理职能要遵循管理的基本原理,主要是系统原理、人本原理、责任原理、效益原理。

系统原理认为任何社会组织都是由人、物、信息组成的系统,任何管理实际都是对系统的管理。系统的各个部分不仅互相联系,而且互相作用,能够适应环境的变化而不断调整自身各个部分之间的关系,从而在一定的环境中组成具有特殊功能的有机整体。系统原理源于科学技术的发展,系统原理为我们提供了观察客观事物的观点和方法,这个原理渗透于人本原理、责任原理、效益原理等其他原理,也是科学管理的最基本的原则。

人本原理就是以人为主体的管理思想,这是 20 世纪末形成的管理思想。这个原理认为,社会生产力的发展,社会经济系统的运行,物质财富的创造等,所有这些都离不开人的努力,在生产力的诸要素中,人是第一位的。同时,人的劳动,人的管理,也都是为了造福人类,都是为了促进人的全面发展。所以,这个原理主张所有的管理都要认识到:人是任何组织的主体;能够激励组织内所有人都参与是有效管理的关键;现代管理的核心是促进人性的发展;服务于人是管理的根本目的。

责任原理认为管理的目的就是为了追求效率和效益,要实现这个目的就需要挖掘人的潜能,而明确每个人的职责就是挖掘人的潜能的最好办法。第一,要在合理分工的基础上确定每个人的职位,明确规定各职位应当担负的责任,这就是职责。第二,要合理设计职位和权限,其中职责、权限与被授权者的利益和能力要互相适应,才能称之为“合理”。第三,奖惩要分明、公正,并且及时。没有规范、严格的考核和奖惩制度的实行,就不能兑现责任。

效益原理认为效益是管理的最终目的。效益源于效率或效果,但与它们又不相同。效益是指合目的性的产出。效果就是产出,效率则是投入产出比率。有产出不等于有效益,因为实际上只有社会接受的、符合生产目的的产出才是我们需要的,否则是浪费成本和时间、精力。效率反映的是生产成本的高低,也不涉及产出目的的实现。而效益则需要综合生产的经济性和目的性,也可以理解为追求经济效益、社会效益的统一。

(二)管理的基本职能

关于管理的基本职能,自法约尔在 1916 年出版著作《工业管理与一般管理》,提出管理的计划、组织、指挥、协调、控制五项职能以后,近百年来,众说纷纭,见仁见智。有人提出两项、三项或四项职能,还有人提出六项、七项职能。其中提的最多的是计划、组织、协调、控制几项,这也是本书的基本观点。

“计划”也可以称为“决策”,是指确定总体战略目标,并制定为实现这些目标所必须采取的行动。这是高层、中层和基层管理者都必须履行的职能,所不同的只是不同层级的目标和实现目标的战略或行动。

“组织”既是动词也是名词。作为动词,“组织”是指为实现目标所进行的对原料、设备、资金、人员等各类资源进行配置;作为名词,“组织”是指机构,就是为了实现目标组建相应的机构。工作目标不同,资源配置方式不同,组织结构形式也不同。组织职能是管理活动的根本职责,是其他管理活动的保证和依托。

协调就是正确处理组织内外各种关系,为组织正常运转创造良好的条件和环境,促进组织目标的实现。协调一般是领导的工作,所以,也有观点认为领导就是协调。协调的主要方式就是沟通。由于每个人的目标、需求、偏好、性格、素质、价值观、工作职责、所掌握的信息不同,要统一到工作目标中,所做的协调就要用不同的方式,所以协调具有很强的艺术性,协调能力是显示管理水平的核心职能。

控制就是要确保工作实践符合工作计划,计划就是控制标准。在工作过程中可能会受到各种因素的干扰,也可能会遇到未能预料的问题,或者环境和工作条件会发生改变,凡此种种就需要运用控制职能调整工作偏差、完善或修订工作计划,以这些控制手段确保工作计划实现。所以可以说,没有控制就没有管理。控制也不是检查、监督的同义词。

(三)不断创新管理

创新是一种观念,也是在这种观念指导下的具体管理活动。创新也是管理的基本职能,但是创新又是与计划、组织、协调、控制不同的基本职能。制订计划以后,组织、协调、控制等职能都是为了保证工作按照既定的方向和规则运行,所以也可以称它们为“维持性”职能。而创新则不同,创新是为了适应环境变化的要求,不断调整工作的内容、方式,甚至目标的管理活动。创新是渗透在其他职能里实现的,也就是说,在管理的所有职能、所有环节、所有管理因素上都可以创新。创新是以更低的成本、更高的效益实现预期目标。

三、公共事业管理市场化

所谓管理市场化,是指利用市场机制实现科学、合理地配置资源的管理职能。市场原本是指交易的场所,市场机制就是指市场交易中所遵循的平等、竞争、自愿、互利等原则。在公共事业管理中同样可以运用市场机制。公共事业所涉及的主要是公共物品和准公共物品,传统的公共事业管理中主要是由政府来供给这些公共物品和准公共物品,而现代管理则可以运用市场机制进行管理。

2013年9月26日发布的《国务院办公厅关于政府向社会力量购买服务的指导意见》指出:“政府向社会力量购买服务,就是通过发挥市场机制作用,把政府直接向社会公众提供的一部分公共服务事项,按照一定的方式和程序,交由具备条件的社会力量承担,并由政府根据服务数量和质量向其支付费用。”文件对购买主体、承接主体、购买内容、购买机制等具体事项做了明确的规范。

(一)公共服务购买主体

政府向社会力量购买服务的主体是各级行政机关和参照公务员法管理、具有行政管理职能的事业单位。纳入行政编制管理且经费由财政负担的群团组织,也可根据实际需要,通过购买服务方式提供公共服务。

(二)承接政府购买服务的主体

承接政府购买服务的主体包括依法在民政部门登记成立或经国务院批准免予登记的社会组织,以及依法在工商管理或行业主管部门登记成立的企业、机构等社会力量。承接政府购买服务的主体应具有独立承担民事责任的能力,具备提供服务所必需的设施、人员和专业技术的能力,具有健全的内部治理结构、财务会计和资产管理制度,具有良好的社会和商业信誉,具有依法缴纳税款和社会保险的良好记录,并符合登记管理部门依法认定的其他条件。承接主体的具体条件由购买主体会同财政部门根据购买服务项目的性质和质量要求确定。

(三)购买公共服务的内容

政府向社会力量购买服务的内容为适合采取市场化方式提供、社会力量能够承担的公共服务,突出公共性和公益性。教育、就业、社保、医疗卫生、住房保障、文化体育及残疾人服务等基本公共服务领域,要逐步加大政府向社会力量购买服务的力度。非基本公共服务领域,要更多更好地发挥社会力量的作用,凡适合社会力量承担的,都可以通过委托、承包、采购等方式交给社会力量承担。对应当由政府直接提供、不适合社会力量承担的公共服务,以及不属于政府职责范围的服务项目,政府不得向社会力量购买。各地区、各有关部门要按照有利于转变政府职能,有利于降低服务成本,有利于提升服务质量水平和资金效益的原则,在充分听取社会各界意见基础上,研究制定政府向社会力量购买服务的指导性目录,明确政府购买的服务种类、性质和内容,并在总结试点经验基础上,及时进行动态调整。

(四)购买机制

各地要按照公开、公平、公正原则,建立健全政府向社会力量购买服务机制,及时、充分向社会公布购买的服务项目、内容以及对承接主体的要求和绩效评价标准等信息,建立健全项目申报、预算编报、组织采购、项目监管、绩效评价的规范化流程。购买工作应按照政府采购法的有关规定,采用公开招标、邀请招标、竞争性谈判、单一来源、询价等方式确定承接主体,严禁转包行为。购买主体要按照合同管理要求，与承接主体签订合同，明确所购买服务的范围、标的、数量、质量要求，以及服务期限、资金支付方式、权利义务和违约责任等，按照合同要求支付资金，并加强对服务提供全过程的跟踪监管和对服务成果的检查验收。承接主体要严格履行合同义务，按时完成服务项目任务，保证服务数量、质量和效果。

（五）资金管理

政府向社会力量购买服务所需资金在既有财政预算安排中统筹考虑。随着政府提供公共服务的发展所需增加的资金，应按照预算管理要求列入财政预算。要严格资金管理，确保公开、透明、规范、有效。

（六）购买服务的绩效管理

加强政府向社会力量购买服务的绩效管理，严格绩效评价机制。建立健全由购买主体、服务对象及第三方组成的综合性评审机制，对购买服务项目数量、质量和资金使用绩效等进行考核评价。评价结果向社会公布，并作为以后年度编制政府向社会力量购买服务预算和选择政府购买服务承接主体的重要参考依据。

四、公共事业管理社会化

公共事业管理社会化就是鼓励、引导所有的社会主体参与到公共事业管理中，核心内容就是参与到公共物品和相关准公共物品的供给。这些社会主体包括事业单位、社会团体、民办非企业单位、基金会，甚至境外非政府组织。

传统的公共事业管理体制中，科技、医疗卫生、文化、教育等都由政府一手操办。这些事业单位隶属于各个政府职能部门，其人、财、物也都由政府部门直接管理。这种单一体制既扩大了政府的事业职能，增加了国家的财政负担，同时又造成了各项公共事业的行政性垄断，抑制了社会办事业的积极性和创造性，阻碍了各项事业的健康发展。为了改变现状、打破垄断，必须鼓励多元主体参与公共事业，逐步建立公共事业社会办的新格局。公共事业管理社会化的改革实践表明，允许、鼓励各类社会组织参与到公共事业管理中，既拓宽了事业单位和各类社会组织参与公共服务供给的空间，而且提升了公众对各项公共服务需求供给的满意度。

公共事业社会化主要包括三个方面的内容：第一，组织的社会化。改变公共事业组织依附政府的状态，成为自我管理、自我约束独立的法人实体，回归其非营利、非政府、公益服务性的本质属性。第二，服务社会化。打破条块分割、部门所有的限制,按照消费引导生产的原则,依据需求面向社会、面向公众的原则来生产和提供事业服务的供给。第三,资源配置社会化。改变过去单一地利用行政手段配置事业资源的状况,增加利用市场来配置事业资源的手段,实质就是要通过竞争提高公共服务的供给效率和服务质量。通过将社会资本引入公共事业管理的领域,降低投资者的风险和让他们与政府合作,这些方式可以激励社会资本进入公共服务项目投资。

五、公共事业管理的信息化

信息是数据经过加工处理后得到的结果。① 信息化就是利用电子信息技术,实现信息资源高度共享,发掘社会智能潜力,推动经济和社会优质发展。② 在管理领域里,信息化为管理者提供了一种高速度、高质量的信息收集、处理、分配、反馈的方法。

当今时代是一个技术变革与社会创新的时代。互联网的飞速发展改变了政府、市场与社会的面貌,各个领域都要运用"互联网+"的思维模式,争取在新时代里占有一席之地,"互联网+公共事业"将是公共事业管理的必经之路。

信息化的发展对公共事业管理的影响主要表现在两个方面:一方面是指以应用信息技术为主要标志的管理技术装备上的现代化,开发出了适应公共事业组织特点的财务管理系统、人力资源管理系统、办公自动化系统,许多公共事业管理主体在互联网上建立了网站,并通过网络把自己与世界联系起来;另一方面是对组织管理体系和运作模式的挑战,信息技术的发展使得企业组织更加扁平化、更少管理层次,也会导致公共事业组织之间的分工更加细密、协作更加灵活。

第二节　公共事业管理体制现代化

现代事业制度是相对于我国计划经济条件下的传统事业制度而言的。但是,对于什么是现代事业制度,如何建立现代事业制度,迄今为止并没有现成的理论解释,也没有标准的制度模型。建立适合我国国情的现代事业制度,是一项重大的管理理论和制度创新,需要理论界与实践者共同来创造。我们认为,我国的现代事业制度是社会主义市场经济条件下,符合现代事业组织自身发展

---

① 参见周三多、陈传明、鲁明泓编著:《管理学——原理与方法》(第五版),复旦大学出版社 2010 年版,第 469 页。

② 参见李晓东:《信息化与经济发展》,中国发展出版社 2000 年版,第 19 页。

规律的一整套内部管理制度体系。它既不同于传统的事业管理制度，也不能完全照搬外国的事业管理模式，而是符合中国国情的新型事业管理体制。

一、建立健全法人治理结构

法人治理结构是现代组织的基石。法人有两个本质特征：一是组织性或称团体性，二是独立人格。组织性说明法人有别于自然人，它是团体或组织，而不是个人。独立人格是说法人具有独立民事主体资格，享有独立的民事权利能力和行为能力，并且独立承担民事义务 。简言之，法人即人格化的组织团体。

（一）非营利法人的含义与特征

《中华人民共和国民法典》第五十七条规定："法人是具有民事权利能力和民事行为能力，依法独立享有民事权利和承担民事义务的组织。"第八十七条规定："为公益目的或者其他非营利目的成立，不向出资人、设立人或者会员分配所取得利润的法人，为非营利法人。非营利法人包括事业单位、社会团体、基金会和社会服务机构等。"

从上述规定可以看出非营利法人具有以下特征：第一，依法成立。法人有自己的名称、组织机构、住所、财产或者经费。法人成立的具体条件和程序，依照法律、行政法规的规定。第二，设立法人，法律、行政法规规定须经有关机关批准的，依照其规定。第三，法人的民事权利能力和民事行为能力，从法人成立时产生，到法人终止时消灭。第四，法人以其全部财产独立承担民事责任。第五，依照法律或者法人章程的规定，代表法人从事民事活动的负责人，为法人的法定代表人。法定代表人以法人名义从事的民事活动，其法律后果由法人承受。法人章程或者法人权力机构对法定代表人代表权的限制，不得对抗善意相对人。

（二）建立健全事业单位法人治理结构的要求和原则

2011 年 3 月 23 日发布的《中共中央、国务院关于分类推进事业单位改革的指导意见》（以下简称《指导意见》）中，明确提出了建立健全法人治理结构的改革要求。《指导意见》指出："面向社会提供公益服务的事业单位，探索建立理事会、董事会、管委会等多种形式的治理结构。""不宜建立法人治理结构的事业单位，要继续完善现行管理模式。"

《指导意见》下发的同时，国务院办公厅印发《关于建立和完善事业单位法人治理结构的意见》（以下简称《建立事业法人意见》），提出了建立和完善事业单位法人治理结构的基本原则：坚持解放思想，着力创新事业单位管理体制和运行机制；坚持政事分开和管办分离，落实事业单位法人治理自主权；坚持强化事业单位的公益属性,加强对事业单位的监管;坚持从实际出发,试点先行;坚持正确的政治方向和党管干部的原则,加强和改善党对事业单位的领导。

建立和完善事业单位法人治理结构的总体要求是:要把建立和完善以决策层及其领导下的管理层为主要架构的事业单位法人治理结构,作为转变政府职能、创新事业单位体制机制的重要内容和实现管办分离的重要途径。要明确事业单位决策层的决策地位,把行政主管部门对事业单位的具体管理职责交给决策层,进一步激发事业单位活力。要吸收事业单位外部人员参加决策层,扩大参与事业单位决策和监督的人员范围,进一步规范事业单位的行为,确保公益目标的实现。要明确决策层和管理层的职责权限和运行规则,进一步完善事业单位的激励约束机制,提高运行效率。

(三)事业单位法人治理结构

《建立事业法人意见》对建立健全事业单位法人治理结构工作提出了非常具体的意见。这个意见要求在事业单位中建立的法人是:实现了主办者和董事会、监事会、经理人之间通过建立委托代理关系、决策执行关系、监督制衡关系,实现自立门户、财产或经费自主,责任自担的独立法人(见图9-1)。显然这样的体制是完全不同于层级节制的行政科层体制,建立事业单位的法人治理结构,就可以将事业单位改造为事业法人,真正实现"政事分开、管办分离"。

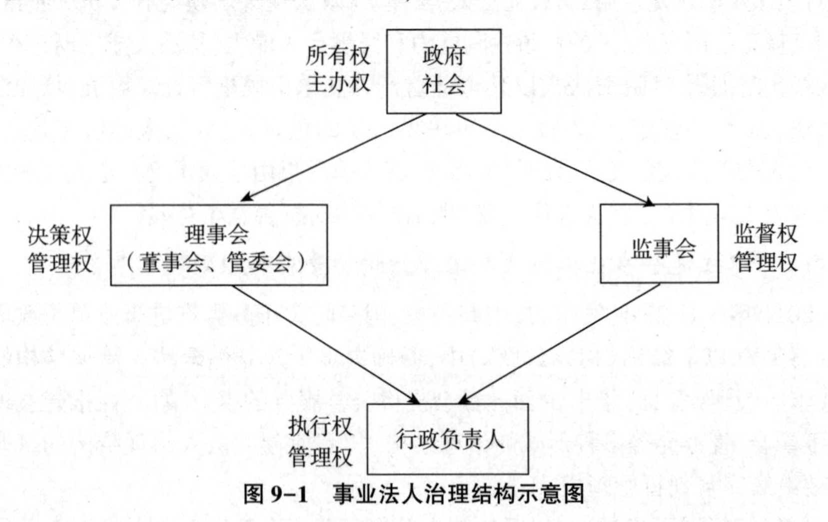

图9-1 事业法人治理结构示意图

需要特别说明的是,并不是所有的事业单位都要建立法人治理结构的。建立法人治理结构主要是公益类事业单位。按照分类改革的原则,在三类事业单位中,主要承担行政职能的事业单位将逐步转为行政机构或将行政职能划归行政机构,主要从事生产经营活动的事业单位将逐步转为企业,最后只有主要从事公益服务的事业单位是事业单位的主体部分,事业单位改革重心也在这类事业单位。公益类事业单位涉及科技、教育、文化、医药卫生和城市公用事业等众多领域,又按照能否由市场配置资源划分为两类,即不宜由市场配置资源的公益一类和可以部分由市场配置资源的公益二类。在实际工作中,公益类事业单位之间的差异还是非常明显的。比如同属公益一类的事业单位,教育领域义务教育阶段的中小学与各级政府的政研室、党史办就几乎没有可比性。所以,2018年2月28日党的十九届三中全会通过的《中共中央关于深化党和国家机构改革的决定》再次明确,"管办分离"是向社会提供公益服务的事业单位的改革重点,建立法人治理结构也主要是这类事业单位的改革任务。

二、公共事业管理机制

管理机制是指管理系统的结构及其运行机理。管理机制本质上是管理系统的内在联系、功能及运行原理,是决定管理功效的核心问题。公共事业管理机制是指公共事业管理系统的结构和运行机理。改革开放以来,我国公共事业管理的体制机制改革不断推进,公共事业管理的主体和方式逐步多样化,初步形成了政府主导、社会参与、公办民办并举的公共事业管理机制。

(一)政府主导

从我国政府与社会的关系来看,政府在社会运行和发展中处于整合中心的地位。在我国公共事业现代化的推进过程中,政府是主导方面,只有政府下决心转变职能,规范和调整好政府与事业单位及各类社会组织的关系,承担起规划、实施、协调和监管等职责,这个过程才能顺利进行。具体来说,政府在公共事业管理体制改革中的主导作用,主要体现在制定总体规划、推进事业单位改革、培育市场和社会动员以及建立和完善监管制度等方面。

公共事业管理是一个复杂的系统工程,我国在完善中国特色社会主义市场经济体制的过程中,需要改革和建设并进。要科学规划、统筹兼顾、重点突破、稳步推进。政府主要是制定改革发展的战略规划,包括确定改革的方向、指导原则和基本思路。公共事业管理的改革从属于政治体制改革中的行政体制改革以及社会体制改革。也就是说,在经济体制、政治体制和社会体制改革背景下,才能推进事业单位的改革,促进各类社会组织的发展。在依法治国的要求下,改革必须是顶层设计,将自上而下的战略规划与自下而上的改革实践结合,将事业单位改革、社会组织的发展和宏观的社会主义市场体制完善、政府职能转变、公共服务体制建设结合起来。

(二)社会参与

公共事业管理涉及面非常广,涉及的公共物品和公共服务的内容也非常多,完全靠政府提供是不可能的,中外经验都表明必须充分引导社会参与。社会参与可以优化服务,提高政府效能,激发市场活力和社会创造力。现在看要做到社会参与,就必须推进行政体制改革,做到政事分开、政社分开。

政事分开就是政府和事业单位分开。"深化事业单位改革,强化公益属性,推进政事分开、事企分开、管办分离"①,这是当前事业单位改革的重点。要加快事业单位分类改革,加大政府购买公共服务力度,推动公办事业单位与主管部门理顺关系和去行政化,创造条件,逐步取消学校、科研院所、医院等单位的行政级别。建立事业单位法人治理结构,推进有条件的事业单位转为企业或社会组织。②

政社分开就是政府和社会组织分开。要激发社会组织活力。正确处理政府和社会关系,要加快实施政社分开,推进社会组织明确权责、依法自治、发挥作用。适合由社会组织提供的公共服务和解决的事项,交由社会组织承担。支持和发展志愿服务组织。限期实现行业协会商会与行政机关真正脱钩,重点培育和优先发展行业协会商会类、科技类、公益慈善类、城乡社区服务类社会组织,成立时直接依法申请登记。加强对社会组织和在华境外非政府组织的管理,引导它们依法开展活动。③

(三)公办民办并举

政府和社会资本合作模式是公共服务供给机制的重大创新,公办民办并举即政府采取竞争性方式择优选择具有投资、运营管理能力的社会资本,双方按照平等协商原则订立合同,明确责权利关系,由社会资本提供公共服务,政府依据公共服务绩效评价结果向社会资本支付相应对价,保证社会资本获得合理收益。政府和社会资本合作模式有利于充分发挥市场机制作用,提升公共服务的供给质量和效率,实现公共利益最大化。

公办民办并举也是公共服务提供方式的创新。坚持普惠制、保基本、均等化、可持续方向,从解决人民最关心最直接最现实的利益问题入手,增强政府职责,提高公共服务共建能力和共享水平。尤其是要加强义务教育、就业服务、社

① 习近平:《决胜全面建成小康社会 夺取新时代中国特色社会主义伟大胜利——在中国共产党第十九次全国代表大会上的报告》,人民出版社 2017 年版,第 60 页。

② 参见《中共中央关于全面深化改革若干重大问题的决定》,2013 年 11 月 12 日。

③ 同上。

会保障、基本医疗和公共卫生、公共文化、环境保护等基本公共服务，努力实现全覆盖。这些领域“能由政府购买服务提供的，政府不再直接承办；能由政府和社会资本合作提供的，广泛吸引社会资本参与”①。

正是为了加快社会事业改革，实施公办民办并举，国务院有关出台了一系列规范文件，如2014年12月15日《财政部、民政部、工商总局关于印发〈政府购买服务管理办法（暂行）〉的通知》，2015年5月19日《国务院办公厅转发财政部、发展改革委、人民银行关于在公共服务领域推广政府和社会资本合作模式指导意见的通知》，2015年8月10日《国务院办公厅关于印发整合建立统一的公共资源交易平台工作方案的通知》等。

三、现代公共事业监管体制

从其他国家公共服务改革的经验来看，监管是否有效到位是改革能否成功的关键。随着以政事分开、政社分开和管办分离为基本原则的公共事业管理改革的推行，政府在公共事业管理方面的角色正在由主办、主管和运营向规划、协调和监管转变。现代公共事业的监管体制就是政府监管、行业监管和社会监管三位一体的监管体制。

（一）政府监管

政府监管（regulation，也可以译为政府规制或管制）是指政府机关为矫正市场失灵，依据法律法规对微观经济活动进行的干预和控制活动。

政府监管的实施涉及监管主体的地位、权力配置、监管能力等一系列问题。党的十八届三中全会做出《中共中央关于全面深化改革若干重大问题的决定》明确提出，建立“完善决策权、执行权、监督权既相互制约又相互协调的行政运行机制”。传统行政体制中，政府自己制定规矩自己执行的现象普遍存在，不仅大大降低了政府监管的有效性，还容易滋生部门利益、产生腐败。现代公共事业管理体制就是要通过适当分权，分解决策权、执行权、监督权，使决策职能、执行职能、监督职能由不同部门相对独立行使，努力形成不同性质的权力既相互制约、相互把关，又分工负责、相互协调的权力结构。做到决策更加科学，执行更加高效，监督更加有力，从而保证权力依法运行，最大限度地防止权力滥用现象的发生。

政府监管权力可以从纵向与横向两个维度来配置。纵向监管是指中央政府设置垂直管理机构，我们通常称之为垂直监管。比如国家市场监督管理总局等。当然，还有省垂管、市垂管等不同类型。横向监管是指各级政府设置本级

① 《中共中央关于制定国民经济和社会发展第十三个五年规划的建议》，2015年10月29日。

政府监管部门,也就是所谓属地管理。比如省监察厅、审计厅,市监察局、审计局等。一般来说,实行垂直管理有利于职能部门摆脱地方政府干预,监管力度更大;同时,也有利于整合行政执法资源,优化监管资源配置。但是,也可能导致垂管部门与地方行政工作的不协调,严重时会削弱监管效能。横向监管有利于配合地方经济发展战略,统筹监管力量,但是也会因为地方权力干预,监管力度不足。

《中共中央关于全面深化改革若干重大问题的决定》指出:"经济体制改革是全面深化改革的重点,核心问题是处理好政府和市场的关系,使市场在资源配置中起决定性作用和更好发挥政府作用。市场决定资源配置是市场经济的一般规律,健全社会主义市场经济体制必须遵循这条规律,着力解决市场体系不完善、政府干预过多和监管不到位问题。"这为中国政府监管领域的改革明确了根本性方向。一方面,很多政府监管工作直接关系到广大人民群众的切身利益;另一方面,监管工作的根本目的便是为人民服务。要促进中国政府监管工作的改革和完善,首先要合理把握政府监管的范围和方式。理顺政府与企业的关系,是保证政府监管的独立性、公正性,维护市场正常运行秩序的前提。建立现代政府监管体系,就要将监督权和管理权分离;政府应秉承平等原则,深入开展反垄断和反不正当竞争的监管;政府还要积极推进监管工作的成本——收益核算,摈弃部分得不偿失的过度监管;要建立统一协调、权威高效的政府监管机构体系,强化监管工作的实施力度,避免出现监管真空。

目前,中国很多领域的监管工作尚未有专门的法律法规,即使有也往往因条文含混不清、模糊笼统而难以做到监管有据。对此,在关键领域加速推进法律法规的精细化,是完善中国政府监管制度建设的重要着力点,配合目前正在推进的政府权力清单开列工作,减少监管部门的自由裁量权,有助于消弭在众多监管领域多发易发的寻租和索贿行为,让监管部门和被监管对象在"明"规则下正常开展其工作,避免监管工作偏离政策设计的初衷。

(二)行业监管

现代经济社会事务的监督管理日趋精细化、复杂化,部分领域的相关监管工作要求较高的专业技术性和灵活性,所以要建立多层次监督管理体系。其中来自专业人才、实践经验者的监管特别重要。行业监管主要有两个层次:一是行业主管部门的监管,二是行业组织的监管。

行业主管部门根据经济社会发展规划及专项规划发起政府和社会资本合作项目,社会资本也可根据当地经济社会发展需求建议发起。行业主管部门应制定不同领域的行业技术标准、公共产品或服务技术规范,加强对公共服务质量和价格的监管。建立政府、公众共同参与的综合性评价体系,建立事前设定绩效目标、事中进行绩效跟踪、事后进行绩效评价的全生命周期绩效管理机制,将政府付费、使用者付费与绩效评价挂钩,并将绩效评价结果作为调价的重要依据,确保实现公共利益最大化。依法充分披露项目实施相关信息,切实保障公众知情权,接受社会监督。

行业监管也应该包括行业组织的自律。事业组织的自律制度包括第三方评估制度、行业协会自律以及事业组织的内部自我约束。第三方评估制度是指由专司评估的民间机构对非营利组织进行评估的制度,这些评估机构本身也是非营利组织,它独立于政府机构和被评估对象,为了强调其独立性而被称为"第三方"。同时,要充分发挥行业自律。从某种意义上讲,行业协会对成员的监管比政府监管更为灵活,也更加有效。当然,事业组织的内部自我约束是一切外部约束起作用的基础。

行业协会是现代市场经济中广泛存在的社会自治组织,在行业的自我管理与自我约束中发挥着不可替代的作用。首先,行业协会具有互益性的特点。从行业协会的组成与组织机制来看,它是由相同行业或者相似地位的市场主体基于自主形成的个人关系资源或自愿形成的组织化团体,它的目标是促进本团体成员的共同利益,是一种组织化的"互益",是在长期交往博弈过程中形成的自我约束机制。其次,行业协会也具有有限公益性。行业协会不是完全封闭的组织,它通过发挥中介的纽带作用,将整个行业利益诉求反映给决策者,同时也配合政府公共政策的贯彻执行,从而体现出对公共利益的遵从。行业协会的普遍互益性与有限公益性特点,决定了行业协会自律功能的限度与效度。行业协会在推进所属行业的发展中发挥了重要的作用,而中国正在进行的"放管服"改革也要求行业协会加快完善,增强承接政府转移职能的能力。

(三)社会监管

社会监管在公共事业监管中占有重要地位。社会监管主要包括舆论监管、服务对象监管、群众监管等。

舆论监管主要指社会舆论的监管。现在是信息时代,新型媒体无处不在、无时不在,不仅正式的媒体,如广播、电视、报纸、网络等,出于新闻敏感会对公共事业进行监督,而且信息工具的小型化、便利化使得自媒体发达,每个人都成为信息源,都是一个监督公共事业管理的有效工具。大众媒体成为披露公共事业管理有关信息的重要渠道,由于其受众广泛、传播迅速,常常能够引起大众的普遍关注,对公共事业管理形成巨大压力,迫使有关部门采取行动。

鼓励服务对象参与到监管中来,实际就是吸引全社会力量参与到政府监管的实施工作中来,降低政府监管的成本负担,提升监管工作的效率和效果。绝大多数经济社会活动都是极为分散的,如针对公共场所吸烟、城市噪声、违规排污等问题,监管部门不可能无时无刻、无处不在地展开查处,即使不断加大查处力度,也始终难免挂一漏万。对此,应鼓励人民群众自发参与到诸如禁烟、防噪、环境保护等监管工作中来,建立覆盖全社会的防控监督机制,分摊政府难以负担的高昂监督成本,扫清监管工作难以覆盖的死角。

其实服务对象和群众在很大程度上是重合的,因为公共事业是公益性的,其服务对象就是全社会。提高监管工作的公开性和透明度,积极引入社会各方面的意见参与,强化对监管工作的外部监督和制约机制。坚持群众路线,从群众中来,到群众中去,一切为了群众,一切相信群众,是中国社会主义建设事业的重要成功经验。为此,要发挥人民群众的主人翁精神,向其发布可公开信息,接受其监督,是很多公益性的政府监管领域亟须建立起来的一项制度。这可以与体制内监督和制约机制形成互补,提高监管工作的效率,减少寻租行为的发生。

对具体领域的监管工作制定确切的制度性规定,在不失必要的灵活性前提下,列明监管的权力清单,削弱监管部门的自主裁量权,使监管工作有法可依、有规可循。建立政府、公众共同参与的综合性评价体系,建立事前设定绩效目标、事中进行绩效跟踪、事后进行绩效评价的全生命周期绩效管理机制,将政府付费、使用者付费与绩效评价挂钩,并将绩效评价结果作为调价的重要依据,确保实现公共利益最大化。依法充分披露项目实施相关信息,切实保障公众知情权,接受社会监督。

第三节　公共事业管理方法现代化

运用企业管理的理念、方法和技术改革政府,已经是一个世界性的潮流,公共事业管理在基本技术方面同样可以借鉴企业管理的一些成熟经验,比如信息管理、目标管理、绩效管理等都是成效显著的,其中信息管理是核心内容,它实际是运用于其他管理方法之中的,或者说,已经成为其他管理方法实施的技术条件。

一、信息管理方法

现代社会发展的一个重要特征是社会日益信息化,在科学技术成为生产力且高速发展的前提下,以计算机和互联网为核心的信息技术,以及包括信息服务在内的信息经济活动已经成为社会进步的重要推动力。随着信息技术的迅速发展和广泛应用,整个社会的信息化、网络化进程也在加速,特别是组织的管理活动也越来越离不开信息技术的支持。人与人之间、部门与部门之间、组织与组织之间的信息沟通更加快捷方便。计算机和互联网技术的运用根本改变了公共事业管理的理念和方法。

(一)公共事业信息管理的内涵和功能

信息管理(Information Management,IM)是指为了有效开发、利用信息资源,以信息技术为手段,对信息资源和信息活动所进行的管理,具体包括对信息资源进行计划、组织、协调和控制的活动。①

信息管理是管理活动的一种,既要对信息进行管理,也要对信息活动进行管理,所以信息管理包括信息搜集、信息加工、信息存储以及信息传递要素的合理分配。信息管理的根本目的是控制信息流向,实现信息的效用与价值。人是控制信息资源、协调信息活动的主体,而信息收集、存储、传递、处理和使用等信息活动都需要信息技术的支持。

在基于信息技术的信息管理中,信息、信息技术和人是三个最基本要素。公共事业的信息管理总体上包括信息内容管理、信息技术管理和信息人员管理三大部分。信息内容管理主要是对高层决策、中层控制、基层运作所需要的信息的管理,涉及信息收集、传递、处理、存储、使用等,与公共事业管理的所有活动密切相关。信息技术管理主要是管理信息技术和信息设备,包括选用硬件设备和软件平台。信息人员管理主要是对信息系统建设者和使用者进行管理,以提高信息收集、传递、处理和使用的效率。

公共事业信息管理的主要功能可以归结为网上信息发布、内部办公自动化、部门间协同办公、公共事务管理等。网上信息发布即建立本组织网站后,可以使之成为公众获取本组织信息以及在网上接受本组织提供的各种服务的网络平台。比如,各学校建立的网站不仅成为家长和社会公众了解学校的窗口,还是师生、家长间沟通的渠道,也是学校及其转发的各地各级政府权威信息的发布平台。内部办公自动化即可以进行文字(图像)处理以及文件传输。这是信息管理的基础内容,比如一些单位已经实现了的“无纸化办公”。但是内部办公自动化的功能绝不仅仅是把传统办公模式搬到网上,这个功能必定会推进业务流程的优化,甚至会促进政府业务部门的重组。部门间协同办公即多个政府部门实现网上联合办公,资源共享,不再需要办事人依次进入各个政府的网站

① 参见孙道银:《信息管理》,经济管理出版社2009年版,第8页。

办事,而是可以实现“一站式服务”“一网通”。公共事务管理即利用信息技术实现对公共事务和社会事务的管理,实现公共服务的提供。由于有安全认证等技术保证,所以信息技术具有安全性、可靠性、保密性、不可抵赖性等特点。网络环境下,可以实现网上虚拟政府与公众或事业单位的远距离便捷办公,如网上报名、网上审批、网上查询、网上缴费等。政府或公共服务单位还可以提供远程教育、远程医疗、远程救援等公共服务。

(二) 公共事业的信息管理系统

管理信息系统是一个基于信息技术以支持组织运营、管理和决策等职能的集成系统。这个系统包括五个重要的组成要素,这就是目标、信息技术、内容、角色和工作程序。

管理信息系统的目标就是信息系统建立的动机或实现的结果。每个信息系统都有一个或多个目标,在建立信息系统时,一般都是需求导向,即都是有几个需要解决的问题或希望优化的内容,据此制定通过信息系统所要实现的目标,然后才能在此基础上进行信息系统规划和实施。目标必须尽量明确和可衡量,在总体目标之下,必须要有更加详细的子项目或分项目的目标。这样,建立信息系统时才有具体明确的方向可循。例如,一个学校建立了教务管理系统,该系统至少有这样几个目标:一是为学校内部的各个相关部门提供信息支持,比如教材管理部门、教室管理部门、教学设备管理部门、师资管理部门、学生管理部门等,更好地进行教学管理控制;二是为学生提供自己的修课状态管理信息支持,比如学习内容、学习时间、学习地点、学习资料、修业成绩等,以增加学生自我学习管理;三是为教师提供教学状态管理信息支持,比如教学内容、教学时间、教学地点、教学进度安排、调停课申请、教学练习、教学考试、成绩录入等;四是为各级行政管理人员提供综合管理信息支持,比如按照不同层级管理人员的不同权限,提供全体教师教学状态信息,提供全体学生学习状态信息,提供学校管理部门的规章制度,提供日常教学管理活动信息等。

信息技术由硬件与用于存储、获取和传输信息的软件构成。计算机、通信设备、软件(包括操作系统和应用程序)等都属于信息技术的构成部分。在信息系统中,网络通信设备、计算机等属于基础设施部分,而软件尤其是针对业务需求的应用软件是关注的重点。

在信息系统中使用的数字内容表现为多种形式,除了常见的文本之外,还有图像、声音、视频等信息形式。文本格式的信息实现结构化处理,包括查询、传递、存储、分析和使用,都能以结构化的形式进行。图像、声音和视频在结构化处理方面存在困难,但是也有不可比拟的优点,那就是信息内容更加丰富,这一点无法由文字信息所替代。这三类信息有时被称为富媒体信息,这是相对于文本信息而言的。总之,文本信息和富媒体信息互相补充。

角色指的是信息系统相关的人员要素,是信息系统不可忽略的组成部分。信息系统的角色包括系统用户、开发人员、操作人员、信息技术管理人员等。在信息系统中,不同角色职责不同;在信息系统建设过程中,必须明确不同类型角色及其职责,以及各种角色在信息系统建设和使用的各个阶段需要参与的工作。明确的角色划分能够提高信息系统建设和使用的效率。

工作程序指的是与信息系统相关的一些人员活动,规定了信息系统相关人员如何与信息技术互动的过程。很多工作程序都由信息系统具体软件模块所规定。例如,高校教学管理的选课排课过程一般是:学生进入教学管理系统,按照专业培养方案选择所要修的课程,其中选修课程试听后确定选择;学生选课后,系统会自动根据选课学生人数组建教学班;选课系统看到任务后会通知任课教师,同时安排具体上课时间和教室,这里要保证教师不同教学任务时间不重合、教室使用时间不重合,并通知教材部门订购教材等;教学课表排定后发到各教学单位,各承担教学任务的教师核对课表,核对无误后发布执行。这个选课排课流程就是高校教学管理系统中的一个子系统的工作程序。

(三)公共事业信息管理的意义

21世纪以来,我国的信息化程度快速提高,“互联网+”已经被国家纳入发展战略,在公共事业管理领域也要加速推进信息管理。

公共事业信息管理建设是治理能力现代化的要求。实现国家治理体系和治理能力的现代化,是《中共中央关于全面深化改革若干重大问题的决定》中提出的改革目标,信息管理作为现代管理手段和方法,其管理水平当然是治理能力现代化的标志。信息管理各具体功能可以直接推进各相关方面的现代化进程。

第一,促进政府管理流程再造。信息管理可以改变甚至再造政府管理流程。传统的政府组织形式是科层制结构,科层制是严格按照职位分层、权力分等、分科设层、各司其职的组织结构及管理方式。信息技术的运用对传统的科层制体制造成了猛烈的冲击。信息技术不仅突破了传统政务中信息传递和处理的瓶颈,而且使组织中每一个成员都可能在同一时间平等享有所有信息,他们之间的信息交流也不再需要通过等级制度的安排,越来越多的问题在它出现或发生的第一时间就可以得到解决。管理的层级减少了,传统的科层组织结构由金字塔式向扁平化发展,机构的重组、政府管理流程的变革成为必然。政府管理流程的再造将可以增强政务机构处置能力,特别是应对突发事件的能力,当然也就大大提高了工作绩效。

第二,促进管理绩效提高。信息技术必然降低管理成本,提高管理绩效。传统政务条件下,管理运行费,即除管理人员的工资之外,管理机构运转所需的文具、交通、通信、水电等费用比较高。另外,由于全手工操作,工作人员不仅工作耗时费力,还难免有疏漏。信息技术的运用可以在很大程度上改变这种状况。由于有计算机和网络的辅助,管理机构可以明确责任、规范程序,工作人员只要在计算机前轻点鼠标,就可以实现限时办结、异地办理,还可以对办理结果追踪反馈,及时改进,从而大大提高管理绩效。

第三,促进政务公开和廉政建设。信息技术为公开政务提供了良好的实现条件,从而为加强廉政建设提供了技术支持。传统政务总是显得很神秘,各种腐败也因“黑箱”的存在而滋生。信息技术为各个公共服务机构公开政务提供了全面的技术保障,大大推进了廉政建设。一方面,公开所有的政策规定、办事流程,以及开通各种网上办公项目,杜绝了“暗箱操作”和办“人情事”的可能;另一方面,信息技术也为公众实时监督管理工作人员和所有管理活动提供了技术平台。在信息管理条件下,各地各级公共管理机构从政策制定到执行、从人事安排到后勤保障,所有的人员和工作环节都被置于公众的监督之下,不仅工作效率可以提高,还可以让“阳光”成为公共管理机构最好的“防腐剂”。

第四,提高公众对公共服务的满意度。20 世纪 90 年代,电子政务在西方国家迅速发展的一个重要原因,就是电子政务适应了民众对于政府职能转变到“服务”的诉求。在我国,信息技术同样为建设服务型政府提供了可行的技术环境。现在众所周知的“一站式服务”“一网通办”等服务形式,都是借助现代信息技术实现的。信息管理通过这些现代工作方式方法的改变,体现了“公共服务”的主要特征。提高公众对公共服务的满意度需要政务公开、公众参与、社会监督,以及回应公众需求。信息管理条件下,大量、真实的民众意愿的及时反映,管理工作效果的实时反馈,实际就使管理工作人员及其工作时时处处置于民众的监督之下,这样必然会提高公众对公共服务的满意度。

二、目标管理方法

目标管理(Management by Objective, MBO)是 1954 年由美国管理学家彼得·德鲁克在其著作《管理实践》(*The Practice of Management*)中率先提出的管理理念。第二次世界大战结束后,西方经济由恢复时期转向迅速发展时期,企业需要采用新的管理方法调动员工积极性以提高竞争能力,目标管理的理念在这个特殊的时代背景下产生,立即在美国国内被广泛应用且成效显著,很快为日本、西欧国家的企业所仿效,并成为管理界公认的经典理论之一。在20世纪70年代后期的新公共管理运动兴起时,德鲁克又将这一管理方法引入行政管理领域。

(一) 目标管理的一般内涵

所谓目标管理,是指组织通过参与管理的方式确立目标,并经过逐级分权使下层享有充分的自主权,实现自我控制和自我管理,以创造性地达到预定目标的一种新的管理理论和管理方法。目标管理的具体形式各种各样,但其基本内容是一样的。目标管理的核心是强调通过组织中的上级和下级共同参与制定具体的、可行的并且能够客观衡量的目标。它的指导思想是:在目标明确的条件下,人们能够承担责任、能够自治、愿意上进和发展。目标管理作为一种以目标为控制手段的管理系统,基本内容包括目标设定、预算、自主、反馈和奖赏几个方面。

(1)目标设定。目标是行动的先导,目标质量的高低关系到公共部门目标管理的成败。每一位行政人员应与其管理者对工作的结果达成协议,然后以书面形式将组织目标、单位目标与个人目标分别呈现出来,分清相互之间的关系并排定优先顺序。例如:制定组织的整体目标和战略;在各部门之间分配主要的目标;各部门的管理者和他们的上级一起设定本部门的具体目标;部门的所有成员参与设定各自的具体目标;管理者与下级共同商定如何实现目标和行动计划等。

(2)预算。目标的达成与资源配置相联系,通过预算以货币的形式将目标予以落实。

(3)自主。自主性就是目标执行过程中赋予组织成员适当的权力与责任,使其在执行和实施目标时,可以控制自己的行为及活动,依其自定的工作方式,主动解决问题,并对结果负责。

(4)反馈。反馈在目标管理中居于重要地位,通过信息的反馈,保证目标能如期达成或进行适当的修改,所以要定期检查目标的进展情况,并向有关单位和个人反馈。

(5)奖赏。根据激励原理,为了目标的达成,奖赏系统的设计是不可或缺的,对绩效的奖励将促进目标的成功实现。缺乏适当的奖赏,目标管理也不会成功。

(二)目标管理的特点

与传统管理方式相比,目标管理既重视人的因素,是一种民主参与、相互信任和平等的管理方式,又不忽视工作中心,通过建立环环相扣的目标层级体系逐层分解、相互配合,把个人需求与组织目标结合起来,以达到自我控制、自我激励的目的;同时,重视成果的管理,目标的制定和对目标(完成)的考核贯穿始终,通过对目标成果的评价得到奖惩的依据,并最终促使人们重视成果,完成组织绩效。所以,在目标管理制度下,监督的成分很少,而控制目标实现的能力却很强。

与一般管理方法相比,目标管理具有显著的特点:

(1)它是分权与自我控制式的管理。集权和分权的矛盾是组织的基本矛盾之一,唯恐失去控制是阻碍大胆授权的主要原因之一。推行目标管理有助于协调这一对矛盾,促使权力下放,有助于在保持有效控制的前提下,把局面搞得更有生气一些。目标管理理念认为,人们应该也能够为组织做出自己的贡献,因此它赋予每个部门、每个管理人员独特的任务和职责。为完成任务、履行职责,它将传统组织中集中于上级的权力尽量分配给下级,让下级自己做出决定,自己采取行动,自己纠正偏差。目标管理可以把客观的需要转化为个人的目标,通过自我控制取得成就。这是真正的自由。目标管理的最大好处在于它使管理人员能够控制他们自己的成绩。这种自我控制可成为更强烈的动力,推动他们尽自己最大的努力把工作做好。在目标管理体系中,每个人都可以通过比较实际结果和目标来评估自己的绩效,以便进一步改进自己的工作。因此,与那些集权的、强调上级监督和控制的管理相比,它是一种分权与自我控制式的管理。

(2)它是参与式的管理。目标的实现者同时也是目标的制定者,即上级与下级一起确定目标。首先制定总目标,然后对总目标进行分解,逐级展开,通过上下协商,制定企业各部门、各车间直至每个员工的目标;用总目标指导分目标,用分目标保证总目标,形成一个"目标—手段"链。因此,目标管理是一种参与的、民主的、自我控制的管理制度,也是一种把个人需求与组织目标结合起来的管理制度。在这一制度下,上级与下级的关系是平等的,他们相互尊重、相互依赖、相互支持,下级在承诺目标和被授权之后是自觉、自主和自治的。

(3)它是面向成果的管理。目标管理以制定目标为起点,以目标完成情况的考核为终结。工作成果是评定目标完成程度的标准,也是人事考核和奖评的依据,成为评价管理工作绩效的唯一标尺。至于实现目标的具体过程、途径和方法,上级并不过多干预。

(三) 公共事业实行目标管理的意义

目标管理作为一种"民主集中制"的参与式管理方法,突出了计划、决策、组织和控制等管理功能。它的最大优点在于能够提供有效的内心激励。目标管理通过有效的沟通环节,使广大员工参与管理,启迪其事业心、荣誉感,又通过自我控制和自主管理增强其责任感,使组织成员以目标和责任为中心,心往一块儿想,劲往一处使。在上下级的沟通和协商中,既达成对组织目标的认同,又利于改善人际关系，在总目标到分目标的层层分解和结合中形成一个休戚相关的有机整体，易于形成密切配合的团队意识，提高整体管理绩效。随着改革的深入，向下层放权的管理通过共同的目标得到调节和节制，增强了工作的预见性和计划性，使目标的完成（绩效）同客观的评价标准和奖励制度相配套，使权责清晰、奖罚分明，加强了传统管理的薄弱环节，有助于克服“大锅饭”等弊端。正因为目标管理有如此切实可行的功效，它在行政组织管理活动中日益普及。

具体而言，目标管理与其他管理方法相比具有以下几个方面的优点：

（1）目标管理对组织内易于度量和分解的目标会带来良好的绩效。对于那些在技术上具有可分性的工作，由于责任、任务明确，目标管理常常会起到立竿见影的效果；而对于技术不可分的团队工作，则难以实施目标管理。

（2）目标管理有助于改进组织结构的职责分工，由于组织目标的成果和责任力图划到一个职位或部门，容易发现授权不足与职责不清等缺陷。

（3）目标管理启发了自觉，调动了员工的积极性、主动性、创造性。目标管理强调自我控制、自我调节，将个人利益和组织利益紧密联系起来，因而提高了士气。

（4）目标管理促进了意见交流和相互了解，改善了人际关系。

三、绩效管理方法

在当代，随着政府改革的深入及其相应的公共事业管理体制改革，绩效受到了前所未有的重视，新的绩效理念被引入公共事业部门，落实于管理过程之中，形成了公共事业部门的绩效管理。

（一）绩效管理的内涵

绩效的概念在企业管理中已经比较明确，一般人们接受将“绩效”理解为“3E”的定义，即认为“绩效”包含有经济（economy）、效率（efficiency）和效益（effectiveness）三个方面的含义。

在政府管理中，“绩效”被注入了新的内涵。英国审计委员会仍然用“3E”界定政府绩效，但内涵不同：“经济是指用尽可能少的成本去购买规定的质和量的输入物品。效率是运用尽可能少的资源来提供规定的质和量的服务。效益是指政府提供的服务能够满足服务对象的需求，并实现政府自身政策和目标。”①

对于政府绩效管理，美国国家绩效评估小组的定义是比较权威的：绩效管理是

---

① Abby Ghobadian and John Ashworth, “Performance Measurement in Local Government Concept and Practice,” *International Journal of Operations and Production Management*, Vol. 14, No. 5, 1994, pp. 39-40.

"利用绩效信息协助设定统一的绩效目标,进行资源配置与优先顺序的安排,以告知管理者维持或改变既定目标计划,并且报告成功符合目标的管理过程"①。

综上所述,公共事业的绩效管理就是,为实现特定的绩效目标,对原有资源配置进行优化,并通过绩效评估不断完善计划的管理过程。也就是说,在绩效管理过程中,目标的绩效性、优化资源配置、绩效评估以及完善计划是四个重要的周而复始的环节。

(二)绩效管理的施行

绩效管理活动是一个动态的完整过程。在公共事业部门实施绩效管理活动,一般而言,大致应遵循以下几个步骤:

1. 确立绩效目标

绩效管理的首要程序就是要确立绩效目标。目标决定了实施绩效管理的有效性,尤其对公共部门来说,确立具体的目标、形成目标体系,对公共部门各项管理改革都具有重要的指导性意义。

按照公共部门目标的内容来分,公共部门的绩效管理目标包括:(1) 常规目标。常规目标通常与工作职责有关,并建立在工作分析的基础之上,通过工作分析来确定具体岗位的目标以及相关部门的整体目标。(2) 解决问题的目标。一般以解决具体问题为导向,针对公共部门内外面临的具体问题确定机构的工作目标。(3) 创新目标。即机构出现了新服务、新技术或者新情况,为及时适应这些变化而设置的目标。(4) 个人开发目标。它与员工的个人发展和专业发展相关。(5) 组织开发目标。组织开发目标是整个组织或具体部门开发的目标。确立机构整体目标是组织不断创新、开发、提高效率的基础。

按照公共部门目标的层次性来分,可分为:(1) 宏观目标。在宏观层面,其目标是对整个政府为满足社会和民众的需求所履行职能的绩效管理。(2) 中观目标。在中观层面,其目标是对政府各分支部门即特定的政府机构如何履行其被授予的职能及服务的质量等方面的管理。(3) 微观目标。在微观层面,其目标是对政府工作人员工作业绩、贡献的测评与管理。宏观、中观、微观三个层面的目标集中反映了公共部门管理与服务的内容和对象,也是公共部门不同于企业组织目标体系的根本所在。从政治民主与社会稳定到职能机构的责任,再到政府人员业绩测评,总体上构成了政府绩效管理的框架,这是公共绩效管理的目标体系和绩效测评的基本依据。

---

① 陈振明主编:《公共管理学——一种不同于传统行政学的研究途径》(第二版),中国人民大学出版社2003年版,第275页。

2. 制定绩效指标

从公共管理既要重视经济效率更要注重社会效率的基本要求出发,对公共事业部门从经济、效率、效果、公平四个方面确定指标:

(1) 经济。这一指标一般是指公共事业部门投入到管理项目中的资源水准,涉及的问题是:一个公共组织在既定的时间内,在获取一定的收益或得到一定的产出的情况下,花费了多少钱?这一指标并不关注服务对象,而是关注如何既保证生产既定公共产品的数量和质量,又消费最少的资源。经济指标通常可以用货币的形式来表示。

(2) 效率。这一指标所要评价的是一个公共组织在既定的时间和预算投入下,产生了何种公共服务结果。公共部门的效率指标通常包括服务水准的提供、活动的执行、服务与产品的数目、每项服务的单位成本等。公共事业部门的效率包含两个方面的内容:一是生产效率,二是配置效率。

(3) 效果。效果是衡量公共管理结果的另一个重要指标,它关注的问题是:通过实施管理,公共服务的情况是否有了改善。效果指标能衡量出公共服务实现既定目标的程度,因此,效果指标在公共管理中亦具有十分重要的地位。效果关注的是公共管理的目标或结果,通常是以产出与结果之间的关系进行评价的。效果可以分为两类:一是现状的改变程度,如国民受教育的状况、环境质量变化程度、交通状况改变程度等;二是行为的改变幅度,如社会犯罪行为的改善幅度等。

(4) 公正。这一指标关注的基本问题是:接受公共服务的团体或个人是否都受到公平的待遇,弱势群体是否得到了公平对待并享受到所需要的更多的服务。因此,公平指标是针对享受公共服务的团体或个人所质疑的公正性来说的,是对公共管理最重要的本质实现程度的衡量。

3. 实施绩效计划

绩效管理作为系统的战略管理,首先,应做好实施前的准备工作,主要是进行工作分析和管理流程分析。通过工作分析和管理流程分析,可确定一个部门或职位的责、权、利以及工作产出,据此制定对这个职位进行考核的关键绩效指标,按照这些关键绩效指标确定对任职者进行考核的绩效标准。其次,要建立科学合理的绩效评估指标体系。由于评估指标有鲜明的导向作用,绩效管理的有效性在很大程度上就是靠指标引导实现的,所以建立绩效评估指标体系以及遴选评估单项指标就是一件十分慎重的工作,也是绩效管理的关键环节。最后,确定绩效指标权重和确定评估指标标准。在确定评估指标标准时,应该尽可能采用定量指标,但是,由于公共事业管理的性质所限,仍然不可避免地会使用大量的定性指标,因此对这些定性指标一定要进行量化处理。

4. 进行绩效评估

绩效评估是绩效管理的最有力武器,是改进公共管理的关键一环。在绩效评估的环节,由于确定的评估主体是多元的,所以评估的动员、组织和部署工作就成为关键,同样的评估指标用不同的方式进行评估,其结果的科学性会相差很远,这是评估组织工作的意义所在。此外,评估周期的确定、评估结果效度的检测都关系到评估目的的实现。

5. 反馈评估结果

这是绩效管理与一般的绩效评估最显著的区别所在。一般的绩效评估以完成评估为此项工作的终点,而绩效管理则以反馈绩效评估结果作为新一轮计划修订、评估的开始。由于绩效管理的最终目的是提高组织绩效,所以就需要通过调控机制将结果反馈到计划,以便调整计划形成新的工作目标,再开始新的一轮绩效管理。

(三)公共事业绩效评估的意义

绩效评估运用于公共事业管理之中,有助于建立低耗、高效、公众满意的新型公共事业产品的供给机制,促进公共事业管理绩效的提高。传统的政府管理比较强调和重视投入、过程,而不重视结果,更没有相应的制度化的措施对结果予以保证,因此虽然一直都在追求行政效率,但往往导致形式主义、浪费和官僚主义。绩效管理不否认程序和规则,但一切必须以公共产品的数量和质量是否满足公众的需求来衡量,并根据结果的需要来组织、落实和协调管理,从而为减少或克服以往管理的种种弊端开辟了一个路径。

【本章小结】

公共事业管理现代化是实现国家治理体系和治理能力现代化的客观要求。公共事业管理现代化的核心内容,是管理观念的现代化、管理体制的现代化和管理方法的现代化。

公共事业管理应确立法治化、科学化、市场化和社会化的现代观念。

公共事业管理体制现代化要求所有的公共事业管理主体都建立现代法人制度,要确保实现事业单位法人的地位,按照法人治理原则,完善法人治理模式。现在中央已经明确要建立和完善政府主导、社会参与、公办民办并举的公共事业管理机制。最后,还要建立和完善由政府监管、行业监管、社会监管相结合的现代事业监管体制。

公共事业管理的方法主要包括信息管理方法、目标管理方法和绩效管理方法。其中信息管理是核心,它实际是运用于其他管理方法之中的,或者说,信息化已经成为其他管理方法实施的技术条件。

【思考题】

1. 我国公共事业管理现代化的基本内涵是什么?
2. 什么是公共事业管理市场化和社会化?
3. 现代法人制度的内容是什么?
4. 公共事业管理机制的内容是什么?
5. 如何理解信息管理方法?
6. 公共事业为什么要实行绩效管理?

【参考文献】

1. 崔运武主编:《公共事业管理概论》(第三版),复旦大学出版社 2015 年版。
2. 郭锐欣:《公用事业改革与公共服务供给》,东方出版中心 2016 年版。
3. 句华:《政府购买服务与事业单位改革衔接机制研究》,人民出版社 2017 年版。
4. 李强:《地方事业单位分类改革:缘起、方向和路径》,江苏人民出版社 2017 年版。
5. 王名、王超:《非营利组织管理》,中国人民大学出版社 2016 年版。
6. 易丽丽:《公益类事业单位与政府关系类型研究——基于四种类型典型案例改革的比较分析》,《中国行政管理》2016 年第 12 期。
7. 〔美〕珍妮特 · V. 登哈特、罗伯特 · B. 登哈特:《新公共服务:服务,而不是掌舵(第三版)》,丁煌译,中国人民大学出版社 2016 年版。

案例

山东试点事业单位法人治理结构取得成效

附录1　事业单位登记管理暂行条例

（1998年10月25日中华人民共和国国务院令第252号发布　根据2004年6月27日《国务院关于修改〈事业单位登记管理暂行条例〉的决定》修订　2004年6月27日中华人民共和国国务院令第411号公布）

第一章　总　　则

第一条　为了规范事业单位登记管理，保障事业单位的合法权益，发挥事业单位在社会主义物质文明和精神文明建设中的作用，制定本条例。

第二条　本条例所称事业单位，是指国家为了社会公益目的，由国家机关举办或者其他组织利用国有资产举办的，从事教育、科技、文化、卫生等活动的社会服务组织。

事业单位依法举办的营利性经营组织，必须实行独立核算，依照国家有关公司、企业等经营组织的法律、法规登记管理。

第三条　事业单位经县级以上各级人民政府及其有关主管部门（以下统称审批机关）批准成立后，应当依照本条例的规定登记或者备案。

事业单位应当具备法人条件。

第四条　事业单位应当遵守宪法、法律、法规和国家政策。

第五条　县级以上各级人民政府机构编制管理机关所属的事业单位登记管理机构（以下简称登记管理机关）负责实施事业单位的登记管理工作。县级以上各级人民政府机构编制管理机关应当加强对登记管理机关的事业单位登记管理工作的监督检查。

事业单位实行分级登记管理。分级登记管理的具体办法由国务院机构编制管理机关规定。

法律、行政法规对事业单位的监督管理另有规定的，依照有关法律、行政法规的规定执行。

第二章 登 记

第六条 申请事业单位法人登记,应当具备下列条件:

(一) 经审批机关批准设立;

(二) 有自己的名称、组织机构和场所;

(三) 有与其业务活动相适应的从业人员;

(四) 有与其业务活动相适应的经费来源;

(五) 能够独立承担民事责任。

第七条 申请事业单位法人登记,应当向登记管理机关提交下列文件:

(一) 登记申请书;

(二) 审批机关的批准文件;

(三) 场所使用权证明;

(四) 经费来源证明;

(五) 其他有关证明文件。

第八条 登记管理机关应当自收到登记申请书之日起30日内依照本条例的规定进行审查,作出准予登记或者不予登记的决定。准予登记的,发给《事业单位法人证书》;不予登记的,应当说明理由。

事业单位法人登记事项包括:名称、住所、宗旨和业务范围、法定代表人、经费来源(开办资金)等情况。

第九条 经登记的事业单位,凭《事业单位法人证书》刻制印章,申请开立银行账户。事业单位应当将印章式样报登记管理机关备案。

第十条 事业单位的登记事项需要变更的,应当向登记管理机关办理变更登记。

第十一条 法律规定具备法人条件、自批准设立之日起即取得法人资格的事业单位,或者法律、其他行政法规规定具备法人条件、经有关主管部门依法审核或者登记,已经取得相应的执业许可证书的事业单位,不再办理事业单位法人登记,由有关主管部门按照分级登记管理的规定向登记管理机关备案。

县级以上各级人民政府设立的直属事业单位直接向登记管理机关备案。

第十二条 事业单位备案的事项,除本条例第八条第二款所列事项外,还应当包括执业许可证明文件或者设立批准文件。

对备案的事业单位,登记管理机关应当自收到备案文件之日起30日内发给《事业单位法人证书》。

第十三条 事业单位被撤销、解散的,应当向登记管理机关办理注销登记或者注销备案。

事业单位办理注销登记前,应当在审批机关指导下成立清算组织,完成清算工作。

事业单位应当自清算结束之日起15日内,向登记管理机关办理注销登记。事业单位办理注销登记,应当提交撤销或者解散该事业单位的文件和清算报告;登记管理机关收缴《事业单位法人证书》和印章。

第十四条 事业单位的登记、备案或者变更名称、住所以及注销登记或者注销备案,由登记管理机关予以公告。

第三章 监督管理

第十五条 事业单位开展活动,按照国家有关规定取得的合法收入,必须用于符合其宗旨和业务范围的活动。

事业单位接受捐赠、资助,必须符合事业单位的宗旨和业务范围,必须根据与捐赠人、资助人约定的期限、方式和合法用途使用。

第十六条 事业单位必须执行国家有关财务、价格等管理制度,接受财税、审计部门的监督。

第十七条 事业单位应当于每年3月31日前分别向登记管理机关和审批机关报送上一年度执行本条例情况的报告。

第十八条 事业单位未按照本条例规定办理登记的,由登记管理机关责令限期补办登记手续;逾期不补办的,由登记管理机关建议对该事业单位的负责人和其他直接责任人员依法给予纪律处分。

第十九条 事业单位有下列情形之一的,由登记管理机关给予警告,责令限期改正;情节严重的,经审批机关同意,予以撤销登记,收缴《事业单位法人证书》和印章:

(一) 不按照本条例的规定办理变更登记、注销登记的;

(二) 涂改、出租、出借《事业单位法人证书》或者出租、出借印章的;

(三) 违反规定接受、使用捐赠、资助的。

事业单位违反法律、其他法规的,由有关机关依法处理。

第二十条 登记管理机关的工作人员在事业单位登记管理工作中滥用职权、玩忽职守、徇私舞弊构成犯罪的,依法追究刑事责任;尚不构成犯罪的,依法给予行政处分。

第四章 附 则

第二十一条 《事业单位法人证书》的式样由国务院机构编制管理机关制定。

第二十二条 本条例实行前已经成立的事业单位,应当自本条例实行之日起1年内依照本条例有关规定办理登记或者备案手续。

第二十三条 本条例自发布之日起施行。

附录2 民办非企业单位登记管理暂行条例

（1998年10月25日中华人民共和国国务院令第251号发布）

第一章 总 则

第一条 为了规范民办非企业单位的登记管理，保障民办非企业单位的合法权益，促进社会主义物质文明、精神文明建设，制定本条例。

第二条 本条例所称民办非企业单位，是指企业事业单位、社会团体和其他社会力量以及公民个人利用非国有资产举办的，从事非营利性社会服务活动的社会组织。

第三条 成立民办非企业单位，应当经其业务主管单位审查同意，并依照本条例的规定登记。

第四条 民办非企业单位应当遵守宪法、法律、法规和国家政策，不得反对宪法确定的基本原则，不得危害国家的统一、安全和民族的团结，不得损害国家利益、社会公共利益以及其他社会组织和公民的合法权益，不得违背社会道德风尚。民办非企业单位不得从事营利性经营活动。

第五条 国务院民政部门和县级以上地方各级人民政府民政部门是本级人民政府的民办非企业单位登记管理机关（以下简称登记管理机关）。

国务院有关部门和县级以上地方各级人民政府的有关部门、国务院或者县级以上地方各 级人民政府授权的组织，是有关行业、业务范围内民办非企业单位的业务主管单位（以下简称业务主管单位）。

法律、行政法规对民办非企业单位的监督管理另有规定的，依照有关法律、行政法规的规定执行。

第二章 管 辖

第六条 登记管理机关负责同级业务主管单位审查同意的民办非企业单位的登记管理。

第七条　登记管理机关、业务主管单位与其管辖的民办非企业单位的住所不在一地的，可以委托民办非企业单位住所地的登记管理机关、业务主管单位负责委托范围内的监督管理工作。

第三章　登　　记

第八条　申请登记民办非企业单位，应当具备下列条件：

（一）经业务主管单位审查同意；

（二）有规范的名称、必要的组织机构；

（三）有与其业务活动相适应的从业人员；

（四）有与其业务活动相适应的合法财产；

（五）有必要的场所。民办非企业单位的名称应当符合国务院民政部门的规定，不得冠以“中国”、“全国”、“中华”等字样。

第九条　申请民办非企业单位登记，举办者应当向登记管理机关提交下列文件：

（一）登记申请书；

（二）业务主管单位的批准文件；

（三）场所使用权证明；

（四）验资报告；

（五）拟任负责人的基本情况、身份证明；

（六）章程草案。

第十条　民办非企业单位的章程应当包括下列事项：

（一）名称、住所；

（二）宗旨和业务范围；

（三）组织管理制度；

（四）法定代表人或者负责人的产生、罢免的程序；

（五）资产管理和使用的原则；

（六）章程的修改程序；

（七）终止程序和终止后资产的处理；

（八）需要由章程规定的其他事项。

第十一条　登记管理机关应当自收到成立登记申请的全部有效文件之日起60日内作出准予登记或者不予登记的决定。

有下列情形之一的，登记管理机关不予登记，并向申请人说明理由：

(一) 有根据证明申请登记的民办非企业单位的宗旨、业务范围不符合本条例第四条规定的;

(二) 在申请成立时弄虚作假的;

(三) 在同一行政区域内已有业务范围相同或者相似的民办非企业单位,没有必要成立的;

(四) 拟任负责人正在或者曾经受到剥夺政治权利的刑事处罚,或者不具有完全民事行为能力的;

(五) 有法律、行政法规禁止的其他情形的。

第十二条 准予登记的民办非企业单位,由登记管理机关登记民办非企业单位的名称、住所、宗旨和业务范围、法定代表人或者负责人、开办资金、业务主管单位,并根据其依法承担民事责任的不同方式,分别发给《民办非企业单位(法人)登记证书》、《民办非企业单位(合伙)登记证书》、《民办非企业单位(个体)登记证书》。

依照法律、其他行政法规规定,经有关主管部门依法审核或者登记,已经取得相应的执业许可证书的民办非企业单位,登记管理机关应当简化登记手续,凭有关主管部门出具的执业许可证明文件,发给相应的民办非企业单位登记证书。

第十三条 民办非企业单位不得设立分支机构。

第十四条 民办非企业单位凭登记证书申请刻制印章,开立银行账户。民办非企业单位应当将印章式样、银行账号报登记管理机关备案。

第十五条 民办非企业单位的登记事项需要变更的,应当自业务主管单位审查同意之日起 30 日内,向登记管理机关申请变更登记。民办非企业单位修改章程,应当自业务主管单位审查同意之日起 30 日内,报登记管理机关核准。

第十六条 民办非企业单位自行解散的,分立、合并的,或者由于其他原因需要注销登记的,应当向登记管理机关办理注销登记。

民办非企业单位在办理注销登记前,应当在业务主管单位和其他有关机关的指导下,成立清算组织,完成清算工作。清算期间,民办非企业单位不得开展清算以外的活动。

第十七条 民办非企业单位法定代表人或者负责人应当自完成清算之日起 15 日内,向登记管理机关办理注销登记。办理注销登记,须提交注销登记申请书、业务主管单位的审查文件和清算报告。

登记管理机关准予注销登记的,发给注销证明文件,收缴登记证书、印章和财务凭证。

第十八条　民办非企业单位成立、注销以及变更名称、住所、法定代表人或者负责人,由登记管理机关予以公告。

第四章　监督管理

第十九条　登记管理机关履行下列监督管理职责:

(一)负责民办非企业单位的成立、变更、注销登记;

(二)对民办非企业单位实施年度检查;

(三)对民办非企业单位违反本条例的问题进行监督检查,对民办非企业单位违反本条例的行为给予行政处罚。

第二十条　业务主管单位履行下列监督管理职责:

(一)负责民办非企业单位成立、变更、注销登记前的审查;

(二)监督、指导民办非企业单位遵守宪法、法律、法规和国家政策,按照章程开展活动;

(三)负责民办非企业单位年度检查的初审;

(四)协助登记管理机关和其他有关部门查处民办非企业单位的违法行为;

(五)会同有关机关指导民办非企业单位的清算事宜。业务主管单位履行前款规定的职责,不得向民办非企业单位收取费用。

第二十一条　民办非企业单位的资产来源必须合法,任何单位和个人不得侵占、私分或者挪用民办非企业单位的资产。

民办非企业单位开展章程规定的活动,按照国家有关规定取得的合法收入,必须用于章程规定的业务活动。

民办非企业单位接受捐赠、资助,必须符合章程规定的宗旨和业务范围,必须根据与捐赠人、资助人约定的期限、方式和合法用途使用。民办非企业单位应当向业务主管单位报告接受、使用捐赠、资助的有关情况,并应当将有关情况以适当方式向社会公布。

第二十二条　民办非企业单位必须执行国家规定的财务管理制度,接受财政部门的监督;资产来源属于国家资助或者社会捐赠、资助的,还应当接受审计机关的监督。

民办非企业单位变更法定代表人或者负责人,登记管理机关、业务主管单位应当组织对其进行财务审计。

第二十三条　民办非企业单位应当于每年3月31日前向业务主管单位报

送上一年度的工作报告,经业务主管单位初审同意后,于5月31日前报送登记管理机关,接受年度检查。工作报告内容包括:本民办非企业单位遵守法律法规和国家政策的情况、依照本条例履行登记手续的情况、按照章程开展活动的情况、人员和机构变动的情况以及财务管理的情况。

对于依照本条例第十二条第二款的规定发给登记证书的民办非企业单位,登记管理机关对其应当简化年度检查的内容。

第五章　罚　　则

第二十四条　民办非企业单位在申请登记时弄虚作假,骗取登记的,或者业务主管单位撤销批准的,由登记管理机关予以撤销登记。

第二十五条　民办非企业单位有下列情形之一的,由登记管理机关予以警告,责令改正,可以限期停止活动;情节严重的,予以撤销登记;构成犯罪的,依法追究刑事责任:

(一)涂改、出租、出借民办非企业单位登记证书,或者出租、出借民办非企业单位印章的;

(二)超出其章程规定的宗旨和业务范围进行活动的;

(三)拒不接受或者不按照规定接受监督检查的;

(四)不按照规定办理变更登记的;

(五)设立分支机构的;

(六)从事营利性的经营活动的;

(七)侵占、私分、挪用民办非企业单位的资产或者所接受的捐赠、资助的;

(八)违反国家有关规定收取费用、筹集资金或者接受使用捐赠、资助的。

前款规定的行为有违法经营额或者违法所得的,予以没收,可以并处违法经营额1倍以上3倍以下或者违法所得3倍以上5倍以下的罚款。

第二十六条　民办非企业单位的活动违反其他法律、法规的,由有关国家机关依法处理;有关国家机关认为应当撤销登记的,由登记管理机关撤销登记。

第二十七条　未经登记,擅自以民办非企业单位名义进行活动的,或者被撤销登记的民办非企业单位继续以民办非企业单位名义进行活动的,由登记管理机关予以取缔,没收非法财产;构成犯罪的,依法追究刑事责任;尚不构成犯罪的,依法给予治安管理处罚。

第二十八条　民办非企业单位被限期停止活动的,由登记管理机关封存其登记证书、印章和财务凭证。

民办非企业单位被撤销登记的，由登记管理机关收缴登记证书和印章。

第二十九条　登记管理机关、业务主管单位的工作人员滥用职权、徇私舞弊、玩忽职守构成犯罪的，依法追究刑事责任；尚不构成犯罪的，依法给予行政处分。

第六章　附　　则

第三十条　民办非企业单位登记证书的式样由国务院民政部门制定。对民办非企业单位进行年度检查不得收取费用。

第三十一条　本条例施行前已经成立的民办非企业单位，应当自本条例实施之日起1年内依照本条例有关规定申请登记。

第三十二条　本条例自发布之日起施行。

附录3　社会团体登记管理条例

（1998年10月25日中华人民共和国国务院令第250号发布　根据2016年2月6日《国务院关于修改部分行政法规的决定》修订　2016年2月6日中华人民共和国国务院令第666号公布）

第一章　总　　则

第一条　为了保障公民的结社自由，维护社会团体的合法权益，加强对社会团体的登记管理，促进社会主义物质文明、精神文明建设，制定本条例。

第二条　本条例所称社会团体，是指中国公民自愿组成，为实现会员共同意愿，按照其章程开展活动的非营利性社会组织。

国家机关以外的组织可以作为单位会员加入社会团体。

第三条　成立社会团体，应当经其业务主管单位审查同意，并依照本条例的规定进行登记。

社会团体应当具备法人条件。

下列团体不属于本条例规定登记的范围：

（一）参加中国人民政治协商会议的人民团体；

（二）由国务院机构编制管理机关核定，并经国务院批准免于登记的团体；

（三）机关、团体、企业事业单位内部经本单位批准成立、在本单位内部活动的团体。

第四条　社会团体必须遵守宪法、法律、法规和国家政策，不得反对宪法确定的基本原则，不得危害国家的统一、安全和民族的团结，不得损害国家利益、社会公共利益以及其他组织和公民的合法权益，不得违背社会道德风尚。

社会团体不得从事营利性经营活动。

第五条　国家保护社会团体依照法律、法规及其章程开展活动，任何组织和个人不得非法干涉。

第六条　国务院民政部门和县级以上地方各级人民政府民政部门是本级人民政府的社会团体登记管理机关（以下简称登记管理机关）。

国务院有关部门和县级以上地方各级人民政府有关部门、国务院或者县级以上地方各级人民政府授权的组织，是有关行业、学科或者业务范围内社会团体的业务主管单位（以下简称业务主管单位）。

法律、行政法规对社会团体的监督管理另有规定的，依照有关法律、行政法规的规定执行。

第二章　管辖

第七条　全国性的社会团体，由国务院的登记管理机关负责登记管理；地方性的社会团体，由所在地人民政府的登记管理机关负责登记管理；跨行政区域的社会团体，由所跨行政区域的共同上一级人民政府的登记管理机关负责登记管理。

第八条　登记管理机关、业务主管单位与其管辖的社会团体的住所不在一地的，可以委托社会团体住所地的登记管理机关、业务主管单位负责委托范围内的监督管理工作。

第三章　成立登记

第九条　申请成立社会团体，应当经其业务主管单位审查同意，由发起人向登记管理机关申请登记。

筹备期间不得开展筹备以外的活动。

第十条　成立社会团体，应当具备下列条件：

（一）有 50 个以上的个人会员或者 30 个以上的单位会员；个人会员、单位会员混合组成的，会员总数不得少于 50 个；

（二）有规范的名称和相应的组织机构；

（三）有固定的住所；

（四）有与其业务活动相适应的专职工作人员；

（五）有合法的资产和经费来源，全国性的社会团体有 10 万元以上活动资金，地方性的社会团体和跨行政区域的社会团体有 3 万元以上活动资金；

（六）有独立承担民事责任的能力。

社会团体的名称应当符合法律、法规的规定，不得违背社会道德风尚。社会团体的名称应当与其业务范围、成员分布、活动地域相一致，准确反映其特征。全国性的社会团体的名称冠以“中国”、“全国”、“中华”等字样的，应当按照国家有关规定经过批准,地方性的社会团体的名称不得冠以“中国”、“全国”、“中华”等字样。

第十一条 申请登记社会团体,发起人应当向登记管理机关提交下列文件:

(一)登记申请书;

(二)业务主管单位的批准文件;

(三)验资报告、场所使用权证明;

(四)发起人和拟任负责人的基本情况、身份证明;

(五)章程草案。

第十二条 登记管理机关应当自收到本条例第十一条所列全部有效文件之日起60日内,作出准予或者不予登记的决定。准予登记的,发给《社会团体法人登记证书》;不予登记的,应当向发起人说明理由。

社会团体登记事项包括:名称、住所、宗旨、业务范围、活动地域、法定代表人、活动资金和业务主管单位。

社会团体的法定代表人,不得同时担任其他社会团体的法定代表人。

第十三条 有下列情形之一的,登记管理机关不予登记:

(一)有根据证明申请登记的社会团体的宗旨、业务范围不符合本条例第四条的规定的;

(二)在同一行政区域内已有业务范围相同或者相似的社会团体,没有必要成立的;

(三)发起人、拟任负责人正在或者曾经受到剥夺政治权利的刑事处罚,或者不具有完全民事行为能力的;

(四)在申请登记时弄虚作假的;

(五)有法律、行政法规禁止的其他情形的。

第十四条 社会团体的章程应当包括下列事项:

(一)名称、住所;

(二)宗旨、业务范围和活动地域;

(三)会员资格及其权利、义务;

(四)民主的组织管理制度,执行机构的产生程序;

(五)负责人的条件和产生、罢免的程序;

(六)资产管理和使用的原则;

(七)章程的修改程序;

(八)终止程序和终止后资产的处理;

（九）应当由章程规定的其他事项。

第十五条 依照法律规定，自批准成立之日起即具有法人资格的社会团体，应当自批准成立之日起60日内向登记管理机关提交批准文件，申领《社会团体法人登记证书》。登记管理机关自收到文件之日起30日内发给《社会团体法人登记证书》。

第十六条 社会团体凭《社会团体法人登记证书》申请刻制印章，开立银行账户。社会团体应当将印章式样和银行账号报登记管理机关备案。

第十七条 社会团体的分支机构、代表机构是社会团体的组成部分，不具有法人资格，应当按照其所属于的社会团体的章程所规定的宗旨和业务范围，在该社会团体授权的范围内开展活动、发展会员。社会团体的分支机构不得再设立分支机构。

社会团体不得设立地域性的分支机构。

第四章 变更登记、注销登记

第十八条 社会团体的登记事项需要变更的，应当自业务主管单位审查同意之日起30日内，向登记管理机关申请变更登记。

社会团体修改章程，应当自业务主管单位审查同意之日起30日内，报登记管理机关核准。

第十九条 社会团体有下列情形之一的，应当在业务主管单位审查同意后，向登记管理机关申请注销登记：

（一）完成社会团体章程规定的宗旨的；

（二）自行解散的；

（三）分立、合并的；

（四）由于其他原因终止的。

第二十条 社会团体在办理注销登记前，应当在业务主管单位及其他有关机关的指导下，成立清算组织，完成清算工作。清算期间，社会团体不得开展清算以外的活动。

第二十一条 社会团体应当自清算结束之日起15日内向登记管理机关办理注销登记。办理注销登记，应当提交法定代表人签署的注销登记申请书、业务主管单位的审查文件和清算报告书。

登记管理机关准予注销登记的，发给注销证明文件，收缴该社会团体的登记证书、印章和财务凭证。

第二十二条 社会团体处分注销后的剩余财产,按照国家有关规定办理。

第二十三条 社会团体成立、注销或者变更名称、住所、法定代表人,由登记管理机关予以公告。

第五章 监督管理

第二十四条 登记管理机关履行下列监督管理职责:

(一)负责社会团体的成立、变更、注销的登记;

(二)对社会团体实施年度检查;

(三)对社会团体违反本条例的问题进行监督检查,对社会团体违反本条例的行为给予行政处罚。

第二十五条 业务主管单位履行下列监督管理职责:

(一)负责社会团体成立登记、变更登记、注销登记前的审查;

(二)监督、指导社会团体遵守宪法、法律、法规和国家政策,依据其章程开展活动;

(三)负责社会团体年度检查的初审;

(四)协助登记管理机关和其他有关部门查处社会团体的违法行为;

(五)会同有关机关指导社会团体的清算事宜。

业务主管单位履行前款规定的职责,不得向社会团体收取费用。

第二十六条 社会团体的资产来源必须合法,任何单位和个人不得侵占、私分或者挪用社会团体的资产。

社会团体的经费,以及开展章程规定的活动按照国家有关规定所取得的合法收入,必须用于章程规定的业务活动,不得在会员中分配。

社会团体接受捐赠、资助,必须符合章程规定的宗旨和业务范围,必须根据与捐赠人、资助人约定的期限、方式和合法用途使用。社会团体应当向业务主管单位报告接受、使用捐赠、资助的有关情况,并应当将有关情况以适当方式向社会公布。

社会团体专职工作人员的工资和保险福利待遇,参照国家对事业单位的有关规定执行。

第二十七条 社会团体必须执行国家规定的财务管理制度,接受财政部门的监督;资产来源属于国家拨款或者社会捐赠、资助的,还应当接受审计机关的监督。

社会团体在换届或者更换法定代表人之前,登记管理机关、业务主管单位应当组织对其进行财务审计。

第二十八条 社会团体应当于每年3月31日前向业务主管单位报送上一年度的工作报告，经业务主管单位初审同意后，于5月31日前报送登记管理机关，接受年度检查。工作报告的内容包括：本社会团体遵守法律法规和国家政策的情况、依照本条例履行登记手续的情况、按照章程开展活动的情况、人员和机构变动的情况以及财务管理的情况。

对于依照本条例第十五条的规定发给《社会团体法人登记证书》的社会团体，登记管理机关对其应当简化年度检查的内容。

第六章 罚 则

第二十九条 社会团体在申请登记时弄虚作假，骗取登记的，或者自取得《社会团体法人登记证书》之日起1年未开展活动的，由登记管理机关予以撤销登记。

第三十条 社会团体有下列情形之一的，由登记管理机关给予警告，责令改正，可以限期停止活动，并可以责令撤换直接负责的主管人员；情节严重的，予以撤销登记；构成犯罪的，依法追究刑事责任：

(一)涂改、出租、出借《社会团体法人登记证书》，或者出租、出借社会团体印章的；

(二)超出章程规定的宗旨和业务范围进行活动的；

(三)拒不接受或者不按照规定接受监督检查的；

(四)不按照规定办理变更登记的；

(五)违反规定设立分支机构、代表机构，或者对分支机构、代表机构疏于管理，造成严重后果的；

(六)从事营利性的经营活动的；

(七)侵占、私分、挪用社会团体资产或者所接受的捐赠、资助的；

(八)违反国家有关规定收取费用、筹集资金或者接受、使用捐赠、资助的。

前款规定的行为有违法经营额或者违法所得的，予以没收，可以并处违法经营额1倍以上3倍以下或者违法所得3倍以上5倍以下的罚款。

第三十一条 社会团体的活动违反其他法律、法规的，由有关国家机关依法处理；有关国家机关认为应当撤销登记的，由登记管理机关撤销登记。

第三十二条 筹备期间开展筹备以外的活动，或者未经登记，擅自以社会团体名义进行活动，以及被撤销登记的社会团体继续以社会团体名义进行活动的,由登记管理机关予以取缔,没收非法财产;构成犯罪的,依法追究刑事责任;尚不构成犯罪的,依法给予治安管理处罚。

第三十三条 社会团体被责令限期停止活动的,由登记管理机关封存《社会团体法人登记证书》、印章和财务凭证。

社会团体被撤销登记的,由登记管理机关收缴《社会团体法人登记证书》和印章。

第三十四条 登记管理机关、业务主管单位的工作人员滥用职权、徇私舞弊、玩忽职守构成犯罪的,依法追究刑事责任;尚不构成犯罪的,依法给予行政处分。

第七章 附 则

第三十五条 《社会团体法人登记证书》的式样由国务院民政部门制定。

对社会团体进行年度检查不得收取费用。

第三十六条 本条例施行前已经成立的社会团体,应当自本条例施行之日起1年内依照本条例有关规定申请重新登记。

第三十七条 本条例自发布之日起施行。1989年10月25日国务院发布的《社会团体登记管理条例》同时废止。

附录4　基金会管理条例

（2004年3月8日中华人民共和国国务院令第400号公布）

第一章　总　　则

第一条　为了规范基金会的组织和活动，维护基金会、捐赠人和受益人的合法权益，促进社会力量参与公益事业，制定本条例。

第二条　本条例所称基金会，是指利用自然人、法人或者其他组织捐赠的财产，以从事公益事业为目的，按照本条例的规定成立的非营利性法人。

第三条　基金会分为面向公众募捐的基金会（以下简称公募基金会）和不得面向公众募捐的基金会（以下简称非公募基金会）。公募基金会按照募捐的地域范围，分为全国性公募基金会和地方性公募基金会。

第四条　基金会必须遵守宪法、法律、法规、规章和国家政策，不得危害国家安全、统一和民族团结，不得违背社会公德。

第五条　基金会依照章程从事公益活动，应当遵循公开、透明的原则。

第六条　国务院民政部门和省、自治区、直辖市人民政府民政部门是基金会的登记管理机关。

国务院民政部门负责下列基金会、基金会代表机构的登记管理工作：

（一）全国性公募基金会；

（二）拟由非内地居民担任法定代表人的基金会；

（三）原始基金超过2000万元，发起人向国务院民政部门提出设立申请的非公募基金会；

（四）境外基金会在中国内地设立的代表机构。

省、自治区、直辖市人民政府民政部门负责本行政区域内地方性公募基金会和不属于前款规定情况的非公募基金会的登记管理工作。

第七条　国务院有关部门或者国务院授权的组织，是国务院民政部门登记的基金会、境外基金会代表机构的业务主管单位。

省、自治区、直辖市人民政府有关部门或者省、自治区、直辖市人民政府授权的组织,是省、自治区、直辖市人民政府民政部门登记的基金会的业务主管单位。

第二章 设立、变更和注销

第八条 设立基金会,应当具备下列条件:

(一) 为特定的公益目的而设立;

(二) 全国性公募基金会的原始基金不低于800万元人民币,地方性公募基金会的原始基金不低于400万元人民币,非公募基金会的原始基金不低于200万元人民币;原始基金必须为到账货币资金;

(三) 有规范的名称、章程、组织机构以及与其开展活动相适应的专职工作人员;

(四) 有固定的住所;

(五) 能够独立承担民事责任。

第九条 申请设立基金会,申请人应当向登记管理机关提交下列文件:

(一) 申请书;

(二) 章程草案;

(三) 验资证明和住所证明;

(四) 理事名单、身份证明以及拟任理事长、副理事长、秘书长简历;

(五) 业务主管单位同意设立的文件。

第十条 基金会章程必须明确基金会的公益性质,不得规定使特定自然人、法人或者其他组织受益的内容。

基金会章程应当载明下列事项:

(一) 名称及住所;

(二) 设立宗旨和公益活动的业务范围;

(三) 原始基金数额;

(四) 理事会的组成、职权和议事规则,理事的资格、产生程序和任期;

(五) 法定代表人的职责;

(六) 监事的职责、资格、产生程序和任期;

(七) 财务会计报告的编制、审定制度;

(八) 财产的管理、使用制度;

(九) 基金会的终止条件、程序和终止后财产的处理。

第十一条 登记管理机关应当自收到本条例第九条所列全部有效文件之

日起60日内,作出准予或者不予登记的决定。准予登记的,发给《基金会法人登记证书》;不予登记的,应当书面说明理由。

基金会设立登记的事项包括:名称、住所、类型、宗旨、公益活动的业务范围、原始基金数额和法定代表人。

第十二条 基金会拟设立分支机构、代表机构的,应当向原登记管理机关提出登记申请,并提交拟设机构的名称、住所和负责人等情况的文件。

登记管理机关应当自收到前款所列全部有效文件之日起60日内作出准予或者不予登记的决定。准予登记的,发给《基金会分支(代表)机构登记证书》;不予登记的,应当书面说明理由。

基金会分支机构、基金会代表机构设立登记的事项包括:名称、住所、公益活动的业务范围和负责人。

基金会分支机构、基金会代表机构依据基金会的授权开展活动,不具有法人资格。

第十三条 境外基金会在中国内地设立代表机构,应当经有关业务主管单位同意后,向登记管理机关提交下列文件:

(一) 申请书;

(二) 基金会在境外依法登记成立的证明和基金会章程;

(三) 拟设代表机构负责人身份证明及简历;

(四) 住所证明;

(五) 业务主管单位同意在中国内地设立代表机构的文件。

登记管理机关应当自收到前款所列全部有效文件之日起60日内,作出准予或者不予登记的决定。准予登记的,发给《境外基金会代表机构登记证书》;不予登记的,应当书面说明理由。

境外基金会代表机构设立登记的事项包括:名称、住所、公益活动的业务范围和负责人。

境外基金会代表机构应当从事符合中国公益事业性质的公益活动。境外基金会对其在中国内地代表机构的民事行为,依照中国法律承担民事责任。

第十四条 基金会、境外基金会代表机构依照本条例登记后,应当依法办理税务登记。

基金会、境外基金会代表机构,凭登记证书依法申请组织机构代码、刻制印章、开立银行账户。

基金会、境外基金会代表机构应当将组织机构代码、印章式样、银行账号以及税务登记证件复印件报登记管理机关备案。

第十五条 基金会、基金会分支机构、基金会代表机构和境外基金会代表机构的登记事项需要变更的,应当向登记管理机关申请变更登记。

基金会修改章程,应当征得其业务主管单位的同意,并报登记管理机关核准。

第十六条 基金会、境外基金会代表机构有下列情形之一的,应当向登记管理机关申请注销登记:

(一) 按照章程规定终止的;

(二) 无法按照章程规定的宗旨继续从事公益活动的;

(三) 由于其他原因终止的。

第十七条 基金会撤销其分支机构、代表机构的,应当向登记管理机关办理分支机构、代表机构的注销登记。

基金会注销的,其分支机构、代表机构同时注销。

第十八条 基金会在办理注销登记前,应当在登记管理机关、业务主管单位的指导下成立清算组织,完成清算工作。

基金会应当自清算结束之日起 15 日内向登记管理机关办理注销登记;在清算期间不得开展清算以外的活动。

第十九条 基金会、基金会分支机构、基金会代表机构以及境外基金会代表机构的设立、变更、注销登记,由登记管理机关向社会公告。

第三章　组织机构

第二十条 基金会设理事会,理事为 5 人至 25 人,理事任期由章程规定,但每届任期不得超过 5 年。理事任期届满,连选可以连任。

用私人财产设立的非公募基金会,相互间有近亲属关系的基金会理事,总数不得超过理事总人数的三分之一;其他基金会,具有近亲属关系的不得同时在理事会任职。

在基金会领取报酬的理事不得超过理事总人数的三分之一。

理事会设理事长、副理事长和秘书长,从理事中选举产生,理事长是基金会的法定代表人。

第二十一条 理事会是基金会的决策机构,依法行使章程规定的职权。

理事会每年至少召开 2 次会议。理事会会议须有三分之二以上理事出席方能召开;理事会决议须经出席理事过半数通过方为有效。

下列重要事项的决议,须经出席理事表决,三分之二以上通过方为有效:

（一）章程的修改；

（二）选举或者罢免理事长、副理事长、秘书长；

（三）章程规定的重大募捐、投资活动；

（四）基金会的分立、合并。

理事会会议应当制作会议记录，并由出席理事审阅、签名。

第二十二条　基金会设监事。监事任期与理事任期相同。理事、理事的近亲属和基金会财会人员不得兼任监事。

监事依照章程规定的程序检查基金会财务和会计资料，监督理事会遵守法律和章程的情况。

监事列席理事会会议，有权向理事会提出质询和建议，并应当向登记管理机关、业务主管单位以及税务、会计主管部门反映情况。

第二十三条　基金会理事长、副理事长和秘书长不得由现职国家工作人员兼任。基金会的法定代表人，不得同时担任其他组织的法定代表人。公募基金会和原始基金来自中国内地的非公募基金会的法定代表人，应当由内地居民担任。

因犯罪被判处管制、拘役或者有期徒刑，刑期执行完毕之日起未逾 5 年的，因犯罪被判处剥夺政治权利正在执行期间或者曾经被判处剥夺政治权利的，以及曾在因违法被撤销登记的基金会担任理事长、副理事长或者秘书长，且对该基金会的违法行为负有个人责任，自该基金会被撤销之日起未逾 5 年的，不得担任基金会的理事长、副理事长或者秘书长。

基金会理事遇有个人利益与基金会利益关联时，不得参与相关事宜的决策；基金会理事、监事及其近亲属不得与其所在的基金会有任何交易行为。

监事和未在基金会担任专职工作的理事不得从基金会获取报酬。

第二十四条　担任基金会理事长、副理事长或者秘书长的香港居民、澳门居民、台湾居民、外国人以及境外基金会代表机构的负责人，每年在中国内地居留时间不得少于 3 个月。

第四章　财产的管理和使用

第二十五条　基金会组织募捐、接受捐赠，应当符合章程规定的宗旨和公益活动的业务范围。境外基金会代表机构不得在中国境内组织募捐、接受捐赠。

公募基金会组织募捐，应当向社会公布募得资金后拟开展的公益活动和资金的详细使用计划。

第二十六条　基金会及其捐赠人、受益人依照法律、行政法规的规定享受税收优惠。

第二十七条 基金会的财产及其他收入受法律保护,任何单位和个人不得私分、侵占、挪用。

基金会应当根据章程规定的宗旨和公益活动的业务范围使用其财产;捐赠协议明确了具体使用方式的捐赠,根据捐赠协议的约定使用。

接受捐赠的物资无法用于符合其宗旨的用途时,基金会可以依法拍卖或者变卖,所得收入用于捐赠目的。

第二十八条 基金会应当按照合法、安全、有效的原则实现基金的保值、增值。

第二十九条 公募基金会每年用于从事章程规定的公益事业支出,不得低于上一年总收入的70%;非公募基金会每年用于从事章程规定的公益事业支出,不得低于上一年基金余额的8%。

基金会工作人员工资福利和行政办公支出不得超过当年总支出的10%。

第三十条 基金会开展公益资助项目,应当向社会公布所开展的公益资助项目种类以及申请、评审程序。

第三十一条 基金会可以与受助人签订协议,约定资助方式、资助数额以及资金用途和使用方式。

基金会有权对资助的使用情况进行监督。受助人未按协议约定使用资助或者有其他违反协议情形的,基金会有权解除资助协议。

第三十二条 基金会应当执行国家统一的会计制度,依法进行会计核算、建立健全内部会计监督制度。

第三十三条 基金会注销后的剩余财产应当按照章程的规定用于公益目的;无法按照章程规定处理的,由登记管理机关组织捐赠给与该基金会性质、宗旨相同的社会公益组织,并向社会公告。

第五章 监督管理

第三十四条 基金会登记管理机关履行下列监督管理职责:

(一) 对基金会、境外基金会代表机构实施年度检查;

(二) 对基金会、境外基金会代表机构依照本条例及其章程开展活动的情况进行日常监督管理;

(三) 对基金会、境外基金会代表机构违反本条例的行为依法进行处罚。

第三十五条 基金会业务主管单位履行下列监督管理职责:

(一) 指导、监督基金会、境外基金会代表机构依据法律和章程开展公益活动；

（二）负责基金会、境外基金会代表机构年度检查的初审；

（三）配合登记管理机关、其他执法部门查处基金会、境外基金会代表机构的违法行为。

第三十六条 基金会、境外基金会代表机构应当于每年 3 月 31 日前向登记管理机关报送上一年度工作报告，接受年度检查。年度工作报告在报送登记管理机关前应当经业务主管单位审查同意。

年度工作报告应当包括：财务会计报告、注册会计师审计报告，开展募捐、接受捐赠、提供资助等活动的情况以及人员和机构的变动情况等。

第三十七条 基金会应当接受税务、会计主管部门依法实施的税务监督和会计监督。

基金会在换届和更换法定代表人之前，应当进行财务审计。

第三十八条 基金会、境外基金会代表机构应当在通过登记管理机关的年度检查后，将年度工作报告在登记管理机关指定的媒体上公布，接受社会公众的查询、监督。

第三十九条 捐赠人有权向基金会查询捐赠财产的使用、管理情况，并提出意见和建议。对于捐赠人的查询，基金会应当及时如实答复。

基金会违反捐赠协议使用捐赠财产的，捐赠人有权要求基金会遵守捐赠协议或者向人民法院申请撤销捐赠行为、解除捐赠协议。

第六章 法律责任

第四十条 未经登记或者被撤销登记后以基金会、基金会分支机构、基金会代表机构或者境外基金会代表机构名义开展活动的，由登记管理机关予以取缔，没收非法财产并向社会公告。

第四十一条 基金会、基金会分支机构、基金会代表机构或者境外基金会代表机构有下列情形之一的，登记管理机关应当撤销登记：

（一）在申请登记时弄虚作假骗取登记的，或者自取得登记证书之日起 12 个月内未按章程规定开展活动的；

（二）符合注销条件，不按照本条例的规定办理注销登记仍继续开展活动的。

第四十二条 基金会、基金会分支机构、基金会代表机构或者境外基金会代表机构有下列情形之一的，由登记管理机关给予警告、责令停止活动；情节严重的，可以撤销登记：

(一) 未按照章程规定的宗旨和公益活动的业务范围进行活动的;

(二) 在填制会计凭证、登记会计账簿、编制财务会计报告中弄虚作假的;

(三) 不按照规定办理变更登记的;

(四) 未按照本条例的规定完成公益事业支出额度的;

(五) 未按照本条例的规定接受年度检查,或者年度检查不合格的;

(六) 不履行信息公布义务或者公布虚假信息的。

基金会、境外基金会代表机构有前款所列行为的,登记管理机关应当提请税务机关责令补交违法行为存续期间所享受的税收减免。

第四十三条 基金会理事会违反本条例和章程规定决策不当,致使基金会遭受财产损失的,参与决策的理事应当承担相应的赔偿责任。

基金会理事、监事以及专职工作人员私分、侵占、挪用基金会财产的,应当退还非法占用的财产;构成犯罪的,依法追究刑事责任。

第四十四条 基金会、境外基金会代表机构被责令停止活动的,由登记管理机关封存其登记证书、印章和财务凭证。

第四十五条 登记管理机关、业务主管单位工作人员滥用职权、玩忽职守、徇私舞弊,构成犯罪的,依法追究刑事责任;尚不构成犯罪的,依法给予行政处分或者纪律处分。

第七章　附　　则

第四十六条 本条例所称境外基金会,是指在外国以及中华人民共和国香港特别行政区、澳门特别行政区和台湾地区合法成立的基金会。

第四十七条 基金会设立申请书、基金会年度工作报告的格式以及基金会章程范本,由国务院民政部门制订。

第四十八条 本条例自 2004 年 6 月 1 日起施行,1988 年 9 月 27 日国务院发布的《基金会管理办法》同时废止。

本条例施行前已经设立的基金会、境外基金会代表机构,应当自本条例施行之日起 6 个月内,按照本条例的规定申请换发登记证书。

附录5　中华人民共和国慈善法

（2016年3月16日第十二届全国人民代表大会第四次会议通过 根据2023年12月29日第十四届全国人民代表大会常务委员会第七次会议《关于修改〈中华人民共和国慈善法〉的决定》修正）

目　录

第一章　总　　则

第一条　为了发展慈善事业，弘扬慈善文化，规范慈善活动，保护慈善组织、捐赠人、志愿者、受益人等慈善活动参与者的合法权益，促进社会进步，共享发展成果，制定本法。

第二条　自然人、法人和其他组织开展慈善活动以及与慈善有关的活动，适用本法。其他法律有特别规定的，依照其规定。

第三条　本法所称慈善活动，是指自然人、法人和其他组织以捐赠财产或

者提供服务等方式,自愿开展的下列公益活动:

(一)扶贫、济困;

(二)扶老、救孤、恤病、助残、优抚;

(三)救助自然灾害、事故灾难和公共卫生事件等突发事件造成的损害;

(四)促进教育、科学、文化、卫生、体育等事业的发展;

(五)防治污染和其他公害,保护和改善生态环境;

(六)符合本法规定的其他公益活动。

第四条 慈善工作坚持中国共产党的领导。

开展慈善活动,应当遵循合法、自愿、诚信、非营利的原则,不得违背社会公德,不得危害国家安全、损害社会公共利益和他人合法权益。

第五条 国家鼓励和支持自然人、法人和非法人组织践行社会主义核心价值观,弘扬中华民族传统美德,依法开展慈善活动。

第六条 县级以上人民政府应当统筹、协调、督促和指导有关部门在各自职责范围内做好慈善事业的扶持发展和规范管理工作。

国务院民政部门主管全国慈善工作,县级以上地方各级人民政府民政部门主管本行政区域内的慈善工作;县级以上人民政府有关部门依照本法和其他有关法律法规,在各自的职责范围内做好相关工作,加强对慈善活动的监督、管理和服务;慈善组织有业务主管单位的,业务主管单位应当对其进行指导、监督。

第七条 每年9月5日为“中华慈善日”。

第二章 慈善组织

第八条 本法所称慈善组织,是指依法成立、符合本法规定,以面向社会开展慈善活动为宗旨的非营利性组织。

慈善组织可以采取基金会、社会团体、社会服务机构等组织形式。

第九条 慈善组织应当符合下列条件:

(一)以开展慈善活动为宗旨;

(二)不以营利为目的;

(三)有自己的名称和住所;

(四)有组织章程;

(五)有必要的财产;

(六)有符合条件的组织机构和负责人;

(七)法律、行政法规规定的其他条件。

第十条 设立慈善组织，应当向县级以上人民政府民政部门申请登记，民政部门应当自受理申请之日起三十日内作出决定。符合本法规定条件的，准予登记并向社会公告；不符合本法规定条件的，不予登记并书面说明理由。

已经设立的基金会、社会团体、社会服务机构等非营利性组织，可以向办理其登记的民政部门申请认定为慈善组织，民政部门应当自受理申请之日起二十日内作出决定。符合慈善组织条件的，予以认定并向社会公告；不符合慈善组织条件的，不予认定并书面说明理由。

有特殊情况需要延长登记或者认定期限的，报经国务院民政部门批准，可以适当延长，但延长的期限不得超过六十日。

第十一条 慈善组织的章程，应当符合法律法规的规定，并载明下列事项：

（一）名称和住所；

（二）组织形式；

（三）宗旨和活动范围；

（四）财产来源及构成；

（五）决策、执行机构的组成及职责；

（六）内部监督机制；

（七）财产管理使用制度；

（八）项目管理制度；

（九）终止情形及终止后的清算办法；

（十）其他重要事项。

第十二条 慈善组织应当根据法律法规以及章程的规定，建立健全内部治理结构，明确决策、执行、监督等方面的职责权限，开展慈善活动。

慈善组织应当执行国家统一的会计制度，依法进行会计核算，建立健全会计监督制度，并接受政府有关部门的监督管理。

第十三条 慈善组织应当每年向办理其登记的民政部门报送年度工作报告和财务会计报告。报告应当包括年度开展募捐和接受捐赠、慈善财产的管理使用、慈善项目实施、募捐成本、慈善组织工作人员工资福利以及与境外组织或者个人开展合作等情况。

第十四条 慈善组织的发起人、主要捐赠人以及管理人员，不得利用其关联关系损害慈善组织、受益人的利益和社会公共利益。

慈善组织的发起人、主要捐赠人以及管理人员与慈善组织发生交易行为的，不得参与慈善组织有关该交易行为的决策，有关交易情况应当向社会公开。

第十五条 慈善组织不得从事、资助危害国家安全和社会公共利益的活动,不得接受附加违反法律法规和违背社会公德条件的捐赠,不得对受益人附加违反法律法规和违背社会公德的条件。

第十六条 有下列情形之一的,不得担任慈善组织的负责人:

(一)无民事行为能力或者限制民事行为能力的;

(二)因故意犯罪被判处刑罚,自刑罚执行完毕之日起未逾五年的;

(三)在被吊销登记证书或者被取缔的组织担任负责人,自该组织被吊销登记证书或者被取缔之日起未逾五年的;

(四)法律、行政法规规定的其他情形。

第十七条 慈善组织有下列情形之一的,应当终止:

(一)出现章程规定的终止情形的;

(二)因分立、合并需要终止的;

(三)连续二年未从事慈善活动的;

(四)依法被撤销登记或者吊销登记证书的;

(五)法律、行政法规规定应当终止的其他情形。

第十八条 慈善组织终止,应当进行清算。

慈善组织的决策机构应当在本法第十七条规定的终止情形出现之日起三十日内成立清算组进行清算,并向社会公告。不成立清算组或者清算组不履行职责的,办理其登记的民政部门可以申请人民法院指定有关人员组成清算组进行清算。

慈善组织清算后的剩余财产,应当按照慈善组织章程的规定转给宗旨相同或者相近的慈善组织;章程未规定的,由办理其登记的民政部门主持转给宗旨相同或者相近的慈善组织,并向社会公告。

慈善组织清算结束后,应当向办理其登记的民政部门办理注销登记,并由民政部门向社会公告。

第十九条 慈善组织依法成立行业组织。

慈善行业组织应当反映行业诉求,推动行业交流,提高慈善行业公信力,促进慈善事业发展。

第二十条 慈善组织的组织形式、登记管理的具体办法由国务院制定。

第三章 慈善募捐

第二十一条 本法所称慈善募捐,是指慈善组织基于慈善宗旨募集财产的活动。

慈善募捐,包括面向社会公众的公开募捐和面向特定对象的定向募捐。

第二十二条　慈善组织开展公开募捐,应当取得公开募捐资格。依法登记满一年的慈善组织,可以向办理其登记的民政部门申请公开募捐资格。民政部门应当自受理申请之日起二十日内作出决定。慈善组织符合内部治理结构健全、运作规范的条件的,发给公开募捐资格证书;不符合条件的,不发给公开募捐资格证书并书面说明理由。

其他法律、行政法规规定可以公开募捐的非营利性组织,由县级以上人民政府民政部门直接发给公开募捐资格证书。

第二十三条　开展公开募捐,可以采取下列方式:

(一)在公共场所设置募捐箱;

(二)举办面向社会公众的义演、义赛、义卖、义展、义拍、慈善晚会等;

(三)通过广播、电视、报刊、互联网等媒体发布募捐信息;

(四)其他公开募捐方式。

慈善组织采取前款第一项、第二项规定的方式开展公开募捐的,应当在办理其登记的民政部门管辖区域内进行,确有必要在办理其登记的民政部门管辖区域外进行的,应当报其开展募捐活动所在地的县级以上人民政府民政部门备案。捐赠人的捐赠行为不受地域限制。

第二十四条　开展公开募捐,应当制定募捐方案。募捐方案包括募捐目的、起止时间和地域、活动负责人姓名和办公地址、接受捐赠方式、银行账户、受益人、募得款物用途、募捐成本、剩余财产的处理等。

募捐方案应当在开展募捐活动前报慈善组织登记的民政部门备案。

第二十五条　开展公开募捐,应当在募捐活动现场或者募捐活动载体的显著位置,公布募捐组织名称、公开募捐资格证书、募捐方案、联系方式、募捐信息查询方法等。

第二十六条　不具有公开募捐资格的组织或者个人基于慈善目的,可以与具有公开募捐资格的慈善组织合作,由该慈善组织开展公开募捐,合作方不得以任何形式自行开展公开募捐。具有公开募捐资格的慈善组织应当对合作方进行评估,依法签订书面协议,在募捐方案中载明合作方的相关信息,并对合作方的相关行为进行指导和监督。

具有公开募捐资格的慈善组织负责对合作募得的款物进行管理和会计核算,将全部收支纳入其账户。

第二十七条　慈善组织通过互联网开展公开募捐的,应当在国务院民政部门指定的互联网公开募捐服务平台进行,并可以同时在其网站进行。

国务院民政部门指定的互联网公开募捐服务平台,提供公开募捐信息展示、捐赠支付、捐赠财产使用情况查询等服务;无正当理由不得拒绝为具有公开募捐资格的慈善组织提供服务,不得向其收费,不得在公开募捐信息页面插入商业广告和商业活动链接。

第二十八条 广播、电视、报刊以及网络服务提供者、电信运营商,应当对利用其平台开展公开募捐的慈善组织的登记证书、公开募捐资格证书进行验证。

第二十九条 慈善组织自登记之日起可以开展定向募捐。

慈善组织开展定向募捐,应当在发起人、理事会成员和会员等特定对象的范围内进行,并向募捐对象说明募捐目的、募得款物用途等事项。

第三十条 开展定向募捐,不得采取或者变相采取本法第二十三条规定的方式。

第三十一条 开展募捐活动,应当尊重和维护募捐对象的合法权益,保障募捐对象的知情权,不得通过虚构事实等方式欺骗、诱导募捐对象实施捐赠。

第三十二条 开展募捐活动,不得摊派或者变相摊派,不得妨碍公共秩序、企业生产经营和居民生活。

第三十三条 禁止任何组织或者个人假借慈善名义或者假冒慈善组织开展募捐活动,骗取财产。

第四章 慈善捐赠

第三十四条 本法所称慈善捐赠,是指自然人、法人和非法人组织基于慈善目的,自愿、无偿赠与财产的活动。

第三十五条 捐赠人可以通过慈善组织捐赠,也可以直接向受益人捐赠。

第三十六条 捐赠人捐赠的财产应当是其有权处分的合法财产。捐赠财产包括货币、实物、房屋、有价证券、股权、知识产权等有形和无形财产。

捐赠人捐赠的实物应当具有使用价值,符合安全、卫生、环保等标准。

捐赠人捐赠本企业产品的,应当依法承担产品质量责任和义务。

第三十七条 自然人、法人和非法人组织开展演出、比赛、销售、拍卖等经营性活动,承诺将全部或者部分所得用于慈善目的的,应当在举办活动前与慈善组织或者其他接受捐赠的人签订捐赠协议,活动结束后按照捐赠协议履行捐赠义务,并将捐赠情况向社会公开。

第三十八条 慈善组织接受捐赠,应当向捐赠人开具由财政部门统一监

(印)制的捐赠票据。捐赠票据应当载明捐赠人、捐赠财产的种类及数量、慈善组织名称和经办人姓名、票据日期等。捐赠人匿名或者放弃接受捐赠票据的,慈善组织应当做好相关记录。

第三十九条　慈善组织接受捐赠,捐赠人要求签订书面捐赠协议的,慈善组织应当与捐赠人签订书面捐赠协议。

书面捐赠协议包括捐赠人和慈善组织名称,捐赠财产的种类、数量、质量、用途、交付时间等内容。

第四十条　捐赠人与慈善组织约定捐赠财产的用途和受益人时,不得指定或者变相指定捐赠人的利害关系人作为受益人。

任何组织和个人不得利用慈善捐赠违反法律规定宣传烟草制品,不得利用慈善捐赠以任何方式宣传法律禁止宣传的产品和事项。

第四十一条　捐赠人应当按照捐赠协议履行捐赠义务。捐赠人违反捐赠协议逾期未交付捐赠财产,有下列情形之一的,慈善组织或者其他接受捐赠的人可以要求交付;捐赠人拒不交付的,慈善组织和其他接受捐赠的人可以依法向人民法院申请支付令或者提起诉讼:

(一)捐赠人通过广播、电视、报刊、互联网等媒体公开承诺捐赠的;

(二)捐赠财产用于本法第三条第一项至第三项规定的慈善活动,并签订书面捐赠协议的。

捐赠人公开承诺捐赠或者签订书面捐赠协议后经济状况显著恶化,严重影响其生产经营或者家庭生活的,经向公开承诺捐赠地或者书面捐赠协议签订地的县级以上人民政府民政部门报告并向社会公开说明情况后,可以不再履行捐赠义务。

第四十二条　捐赠人有权查询、复制其捐赠财产管理使用的有关资料,慈善组织应当及时主动向捐赠人反馈有关情况。

慈善组织违反捐赠协议约定的用途,滥用捐赠财产的,捐赠人有权要求其改正;拒不改正的,捐赠人可以向县级以上人民政府民政部门投诉、举报或者向人民法院提起诉讼。

第四十三条　国有企业实施慈善捐赠应当遵守有关国有资产管理的规定,履行批准和备案程序。

第五章　慈善信托

第四十四条　本法所称慈善信托属于公益信托,是指委托人基于慈善目的,依法将其财产委托给受托人,由受托人按照委托人意愿以受托人名义进行管理和处分,开展慈善活动的行为。

第四十五条 设立慈善信托、确定受托人和监察人,应当采取书面形式。受托人应当在慈善信托文件签订之日起七日内,将相关文件向受托人所在地县级以上人民政府民政部门备案。

未按照前款规定将相关文件报民政部门备案的,不享受税收优惠。

第四十六条 慈善信托的委托人不得指定或者变相指定其利害关系人作为受益人。

慈善信托的受托人确定受益人,应当坚持公开、公平、公正的原则,不得指定或者变相指定受托人及其工作人员的利害关系人作为受益人。

第四十七条 慈善信托的受托人,可以由委托人确定其信赖的慈善组织或者信托公司担任。

第四十八条 慈善信托的受托人违反信托义务或者难以履行职责的,委托人可以变更受托人。变更后的受托人应当自变更之日起七日内,将变更情况报原备案的民政部门重新备案。

第四十九条 慈善信托的受托人管理和处分信托财产,应当按照信托目的,恪尽职守,履行诚信、谨慎管理的义务。

慈善信托的受托人应当根据信托文件和委托人的要求,及时向委托人报告信托事务处理情况、信托财产管理使用情况。慈善信托的受托人应当每年至少一次将信托事务处理情况及财务状况向办理其备案的民政部门报告,并向社会公开。

第五十条 慈善信托的委托人根据需要,可以确定信托监察人。

信托监察人对受托人的行为进行监督,依法维护委托人和受益人的权益。信托监察人发现受托人违反信托义务或者难以履行职责的,应当向委托人报告,并有权以自己的名义向人民法院提起诉讼。

第五十一条 慈善信托的设立、信托财产的管理、信托当事人、信托的终止和清算等事项,本章未规定的,适用本法其他有关规定;本法未规定的,适用《中华人民共和国信托法》的有关规定。

第六章 慈善财产

第五十二条 慈善组织的财产包括:

(一)发起人捐赠、资助的创始财产;

（二）募集的财产；

（三）其他合法财产。

第五十三条 慈善组织的财产应当根据章程和捐赠协议的规定全部用于慈善目的，不得在发起人、捐赠人以及慈善组织成员中分配。

任何组织和个人不得私分、挪用、截留或者侵占慈善财产。

第五十四条 慈善组织对募集的财产，应当登记造册，严格管理，专款专用。

捐赠人捐赠的实物不易储存、运输或者难以直接用于慈善目的的，慈善组织可以依法拍卖或者变卖，所得收入扣除必要费用后，应当全部用于慈善目的。

第五十五条 慈善组织为实现财产保值、增值进行投资的，应当遵循合法、安全、有效的原则，投资取得的收益应当全部用于慈善目的。慈善组织的重大投资方案应当经决策机构组成人员三分之二以上同意。政府资助的财产和捐赠协议约定不得投资的财产，不得用于投资。慈善组织的负责人和工作人员不得在慈善组织投资的企业兼职或者领取报酬。

前款规定事项的具体办法，由国务院民政部门制定。

第五十六条 慈善组织开展慈善活动，应当依照法律法规和章程的规定，按照募捐方案或者捐赠协议使用捐赠财产。慈善组织确需变更募捐方案规定的捐赠财产用途的，应当报原备案的民政部门备案；确需变更捐赠协议约定的捐赠财产用途的，应当征得捐赠人同意。

第五十七条 慈善组织应当合理设计慈善项目，优化实施流程，降低运行成本，提高慈善财产使用效益。

慈善组织应当建立项目管理制度，对项目实施情况进行跟踪监督。

第五十八条 慈善项目终止后捐赠财产有剩余的，按照募捐方案或者捐赠协议处理；募捐方案未规定或者捐赠协议未约定的，慈善组织应当将剩余财产用于目的相同或者相近的其他慈善项目，并向社会公开。

第五十九条 慈善组织确定慈善受益人，应当坚持公开、公平、公正的原则，不得指定或者变相指定慈善组织管理人员的利害关系人作为受益人。

第六十条 慈善组织根据需要可以与受益人签订协议，明确双方权利义务，约定慈善财产的用途、数额和使用方式等内容。

受益人应当珍惜慈善资助，按照协议使用慈善财产。受益人未按照协议使用慈善财产或者有其他严重违反协议情形的，慈善组织有权要求其改正；受益人拒不改正的，慈善组织有权解除协议并要求受益人返还财产。

第六十一条 慈善组织应当积极开展慈善活动,遵循管理费用、募捐成本等最必要原则,厉行节约,减少不必要的开支,充分、高效运用慈善财产。具有公开募捐资格的基金会开展慈善活动的年度支出,不得低于上一年总收入的百分之七十或者前三年收入平均数额的百分之七十;年度管理费用不得超过当年总支出的百分之十;特殊情况下,年度支出和管理费用难以符合前述规定的,应当报告办理其登记的民政部门并向社会公开说明情况。

慈善组织开展慈善活动的年度支出、管理费用和募捐成本的标准由国务院民政部门会同财政、税务等部门制定。

捐赠协议对单项捐赠财产的慈善活动支出和管理费用有约定的,按照其约定。

慈善信托的年度支出和管理费用标准,由国务院民政部门会同财政、税务和金融监督管理等部门制定。

第七章　慈善服务

第六十二条 本法所称慈善服务,是指慈善组织和其他组织以及个人基于慈善目的,向社会或者他人提供的志愿无偿服务以及其他非营利服务。

慈善组织开展慈善服务,可以自己提供或者招募志愿者提供,也可以委托有服务专长的其他组织提供。

第六十三条 开展慈善服务,应当尊重受益人、志愿者的人格尊严,不得侵害受益人、志愿者的隐私。

第六十四条 开展医疗康复、教育培训等慈善服务,需要专门技能的,应当执行国家或者行业组织制定的标准和规程。

慈善组织招募志愿者参与慈善服务,需要专门技能的,应当对志愿者开展相关培训。

第六十五条 慈善组织招募志愿者参与慈善服务,应当公示与慈善服务有关的全部信息,告知服务过程中可能发生的风险。

慈善组织根据需要可以与志愿者签订协议,明确双方权利义务,约定服务的内容、方式和时间等。

第六十六条 慈善组织应当对志愿者实名登记,记录志愿者的服务时间、内容、评价等信息。根据志愿者的要求,慈善组织应当无偿、如实出具志愿服务记录证明。

第六十七条 慈善组织安排志愿者参与慈善服务,应当与志愿者的年龄、文化程度、技能和身体状况相适应。

第六十八条　志愿者接受慈善组织安排参与慈善服务的,应当服从管理,接受必要的培训。

第六十九条　慈善组织应当为志愿者参与慈善服务提供必要条件,保障志愿者的合法权益。

慈善组织安排志愿者参与可能发生人身危险的慈善服务前,应当为志愿者购买相应的人身意外伤害保险。

第八章　应急慈善

第七十条　发生重大突发事件需要迅速开展救助时,履行统一领导职责或者组织处置突发事件的人民政府应当依法建立协调机制,明确专门机构、人员,提供需求信息,及时有序引导慈善组织、志愿者等社会力量开展募捐和救助活动。

第七十一条　国家鼓励慈善组织、慈善行业组织建立应急机制,加强信息共享、协商合作,提高慈善组织运行和慈善资源使用的效率。

在发生重大突发事件时,鼓励慈善组织、志愿者等在有关人民政府的协调引导下依法开展或者参与慈善活动。

第七十二条　为应对重大突发事件开展公开募捐的,应当及时分配或者使用募得款物,在应急处置与救援阶段至少每五日公开一次募得款物的接收情况,及时公开分配、使用情况。

第七十三条　为应对重大突发事件开展公开募捐,无法在募捐活动前办理募捐方案备案的,应当在活动开始后十日内补办备案手续。

第七十四条　县级以上人民政府及其有关部门应当为捐赠款物分配送达提供便利条件。乡级人民政府、街道办事处和村民委员会、居民委员会,应当为捐赠款物分配送达、信息统计等提供力所能及的帮助。

第九章　信息公开

第七十五条　国家建立健全慈善信息统计和发布制度。

国务院民政部门建立健全统一的慈善信息平台,免费提供慈善信息发布服务。

县级以上人民政府民政部门应当在前款规定的平台及时向社会公开慈善

信息。

慈善组织和慈善信托的受托人应当在本条第二款规定的平台发布慈善信息,并对信息的真实性负责。

第七十六条 县级以上人民政府民政部门和其他有关部门应当及时向社会公开下列慈善信息:

(一)慈善组织登记事项;

(二)慈善信托备案事项;

(三)具有公开募捐资格的慈善组织名单;

(四)具有出具公益性捐赠税前扣除票据资格的慈善组织名单;

(五)对慈善活动的税收优惠、资助补贴等促进措施;

(六)向慈善组织购买服务的信息;

(七)对慈善组织、慈善信托开展检查、评估的结果;

(八)对慈善组织和其他组织以及个人的表彰、处罚结果;

(九)法律法规规定应当公开的其他信息。

第七十七条 慈善组织、慈善信托的受托人应当依法履行信息公开义务。信息公开应当真实、完整、及时。

第七十八条 慈善组织应当向社会公开组织章程和决策、执行、监督机构成员信息以及国务院民政部门要求公开的其他信息。上述信息有重大变更的,慈善组织应当及时向社会公开。

慈善组织应当每年向社会公开其年度工作报告和财务会计报告。具有公开募捐资格的慈善组织的财务会计报告须经审计。

第七十九条 具有公开募捐资格的慈善组织应当定期向社会公开其募捐情况和慈善项目实施情况。

公开募捐周期超过六个月的,至少每三个月公开一次募捐情况,公开募捐活动结束后三个月内应当全面、详细公开募捐情况。

慈善项目实施周期超过六个月的,至少每三个月公开一次项目实施情况,项目结束后三个月内应当全面、详细公开项目实施情况和募得款物使用情况。

第八十条 慈善组织开展定向募捐的,应当及时向捐赠人告知募捐情况、募得款物的管理使用情况。

第八十一条 慈善组织、慈善信托的受托人应当向受益人告知其资助标准、工作流程和工作规范等信息。

第八十二条 涉及国家秘密、商业秘密、个人隐私的信息以及捐赠人、慈善信托的委托人不同意公开的姓名、名称、住所、通讯方式等信息,不得公开。

第十章 促进措施

第八十三条 县级以上人民政府应当将慈善事业纳入国民经济和社会发展规划,制定促进慈善事业发展的政策和措施。

县级以上人民政府有关部门应当在各自职责范围内,向慈善组织、慈善信托受托人等提供慈善需求信息,为慈善活动提供指导和帮助。

第八十四条 县级以上人民政府民政部门应当建立与其他部门之间的慈善信息共享机制。

第八十五条 国家鼓励、引导、支持有意愿有能力的自然人、法人和非法人组织积极参与慈善事业。

国家对慈善事业实施税收优惠政策,具体办法由国务院财政、税务部门会同民政部门依照税收法律、行政法规的规定制定。

第八十六条 慈善组织及其取得的收入依法享受税收优惠。

第八十七条 自然人、法人和非法人组织捐赠财产用于慈善活动的,依法享受税收优惠。企业慈善捐赠支出超过法律规定的准予在计算企业所得税应纳税所得额时当年扣除的部分,允许结转以后三年内在计算应纳税所得额时扣除。

境外捐赠用于慈善活动的物资,依法减征或者免征进口关税和进口环节增值税。

第八十八条 自然人、法人和非法人组织设立慈善信托开展慈善活动的,依法享受税收优惠。

第八十九条 受益人接受慈善捐赠,依法享受税收优惠。

第九十条 慈善组织、捐赠人、受益人依法享受税收优惠的,有关部门应当及时办理相关手续。

第九十一条 捐赠人向慈善组织捐赠实物、有价证券、股权和知识产权的,依法免征权利转让的相关行政事业性费用。

第九十二条 国家对开展扶贫济困、参与重大突发事件应对、参与重大国家战略的慈善活动,实行特殊的优惠政策。

第九十三条 慈善组织开展本法第三条第一项、第二项规定的慈善活动需要慈善服务设施用地的,可以依法申请使用国有划拨土地或者农村集体建设用地。慈善服务设施用地非经法定程序不得改变用途。

第九十四条 国家为慈善事业提供金融政策支持,鼓励金融机构为慈善组织、慈善信托提供融资和结算等金融服务。

第九十五条 各级人民政府及其有关部门可以依法通过购买服务等方式,支持符合条件的慈善组织向社会提供服务,并依照有关政府采购的法律法规向社会公开相关情况。

国家鼓励在慈善领域应用现代信息技术;鼓励社会力量通过公益创投、孵化培育、人员培训、项目指导等方式,为慈善组织提供资金支持和能力建设服务。

第九十六条 国家鼓励有条件的地方设立社区慈善组织,加强社区志愿者队伍建设,发展社区慈善事业。

第九十七条 国家采取措施弘扬慈善文化,培育公民慈善意识。

学校等教育机构应当将慈善文化纳入教育教学内容。国家鼓励高等学校培养慈善专业人才,支持高等学校和科研机构开展慈善理论研究。

广播、电视、报刊、互联网等媒体应当积极开展慈善公益宣传活动,普及慈善知识,传播慈善文化。

第九十八条 国家鼓励企业事业单位和其他组织为开展慈善活动提供场所和其他便利条件。

第九十九条 经受益人同意,捐赠人对其捐赠的慈善项目可以冠名纪念,法律法规规定需要批准的,从其规定。

第一百条 国家建立慈善表彰制度,对在慈善事业发展中做出突出贡献的自然人、法人和非法人组织,由县级以上人民政府或者有关部门予以表彰。

第一百零一条 县级以上人民政府民政等有关部门将慈善捐赠、志愿服务记录等信息纳入相关主体信用记录,健全信用激励制度。

第一百零二条 国家鼓励开展慈善国际交流与合作。

慈善组织接受境外慈善捐赠、与境外组织或者个人合作开展慈善活动的,根据国家有关规定履行批准、备案程序。

第十一章　监督管理

第一百零三条 县级以上人民政府民政部门应当依法履行职责,对慈善活动进行监督检查,对慈善行业组织进行指导。

第一百零四条 县级以上人民政府民政部门对涉嫌违反本法规定的慈善组织、慈善信托的受托人,有权采取下列措施:

(一)对慈善组织、慈善信托的受托人的住所和慈善活动发生地进行现场检查；

（二）要求慈善组织、慈善信托的受托人作出说明，查阅、复制有关资料；

（三）向与慈善活动有关的单位和个人调查与监督管理有关的情况；

（四）经本级人民政府批准，可以查询慈善组织的金融账户；

（五）法律、行政法规规定的其他措施。

慈善组织、慈善信托的受托人涉嫌违反本法规定的，县级以上人民政府民政部门可以对有关负责人进行约谈，要求其说明情况、提出改进措施。

其他慈善活动参与者涉嫌违反本法规定的，县级以上人民政府民政部门可以会同有关部门调查和处理。

第一百零五条　县级以上人民政府民政部门对慈善组织、有关单位和个人进行检查或者调查时，检查人员或者调查人员不得少于二人，并应当出示合法证件和检查、调查通知书。

第一百零六条　县级以上人民政府民政部门应当建立慈善组织及其负责人、慈善信托的受托人信用记录制度，并向社会公布。

县级以上人民政府民政部门应当建立慈善组织评估制度，鼓励和支持第三方机构对慈善组织的内部治理、财务状况、项目开展情况以及信息公开等进行评估，并向社会公布评估结果。

第一百零七条　慈善行业组织应当建立健全行业规范，加强行业自律。

第一百零八条　任何单位和个人发现慈善组织、慈善信托有违法行为的，可以向县级以上人民政府民政部门、其他有关部门或者慈善行业组织投诉、举报。民政部门、其他有关部门或者慈善行业组织接到投诉、举报后，应当及时调查处理。

国家鼓励公众、媒体对慈善活动进行监督，对假借慈善名义或者假冒慈善组织骗取财产以及慈善组织、慈善信托的违法违规行为予以曝光，发挥舆论和社会监督作用。

第十二章　法律责任

第一百零九条　慈善组织有下列情形之一的，由县级以上人民政府民政部门责令限期改正，予以警告或者责令限期停止活动，并没收违法所得；情节严重的，吊销登记证书并予以公告：

（一）未按照慈善宗旨开展活动的；

（二）私分、挪用、截留或者侵占慈善财产的；

(三)接受附加违反法律法规或者违背社会公德条件的捐赠,或者对受益人附加违反法律法规或者违背社会公德的条件的。

第一百一十条 慈善组织有下列情形之一的,由县级以上人民政府民政部门责令限期改正,予以警告,并没收违法所得;逾期不改正的,责令限期停止活动并进行整改:

(一)违反本法第十四条规定造成慈善财产损失的;

(二)指定或者变相指定捐赠人、慈善组织管理人员的利害关系人作为受益人的;

(三)将不得用于投资的财产用于投资的;

(四)擅自改变捐赠财产用途的;

(五)因管理不善造成慈善财产重大损失的;

(六)开展慈善活动的年度支出、管理费用或者募捐成本违反规定的;

(七)未依法履行信息公开义务的;

(八)未依法报送年度工作报告、财务会计报告或者报备募捐方案的;

(九)泄露捐赠人、志愿者、受益人个人隐私以及捐赠人、慈善信托的委托人不同意公开的姓名、名称、住所、通讯方式等信息的。

慈善组织违反本法规定泄露国家秘密、商业秘密的,依照有关法律的规定予以处罚。

慈善组织有前两款规定的情形,经依法处理后一年内再出现前款规定的情形,或者有其他情节严重情形的,由县级以上人民政府民政部门吊销登记证书并予以公告。

第一百一十一条 慈善组织开展募捐活动有下列情形之一的,由县级以上人民政府民政部门予以警告,责令停止募捐活动;责令退还违法募集的财产,无法退还的,由民政部门予以收缴,转给其他慈善组织用于慈善目的;情节严重的,吊销公开募捐资格证书或者登记证书并予以公告,公开募捐资格证书被吊销的,五年内不得再次申请:

(一)通过虚构事实等方式欺骗、诱导募捐对象实施捐赠的;

(二)向单位或者个人摊派或者变相摊派的;

(三)妨碍公共秩序、企业生产经营或者居民生活的;

(四)与不具有公开募捐资格的组织或者个人合作,违反本法第二十六条规定的;

(五)通过互联网开展公开募捐,违反本法第二十七条规定的;

(六)为应对重大突发事件开展公开募捐,不及时分配、使用募得款物的。

第一百一十二条　慈善组织有本法第一百零九条、第一百一十条、第一百一十一条规定情形的,由县级以上人民政府民政部门对直接负责的主管人员和其他直接责任人员处二万元以上二十万元以下罚款,并没收违法所得;情节严重的,禁止其一年至五年内担任慈善组织的管理人员。

第一百一十三条　不具有公开募捐资格的组织或者个人擅自开展公开募捐的,由县级以上人民政府民政部门予以警告,责令停止募捐活动;责令退还违法募集的财产,无法退还的,由民政部门予以收缴,转给慈善组织用于慈善目的;情节严重的,对有关组织或者个人处二万元以上二十万元以下罚款。

自然人、法人或者非法人组织假借慈善名义或者假冒慈善组织骗取财产的,由公安机关依法查处。

第一百一十四条　互联网公开募捐服务平台违反本法第二十七条规定的,由省级以上人民政府民政部门责令限期改正;逾期不改正的,由国务院民政部门取消指定。

未经指定的互联网信息服务提供者擅自提供互联网公开募捐服务的,由县级以上人民政府民政部门责令限期改正;逾期不改正的,由县级以上人民政府民政部门会同网信、工业和信息化部门依法进行处理。

广播、电视、报刊以及网络服务提供者、电信运营商未依法履行验证义务的,由其主管部门责令限期改正,予以警告;逾期不改正的,予以通报批评。

第一百一十五条　慈善组织不依法向捐赠人开具捐赠票据、不依法向志愿者出具志愿服务记录证明或者不及时主动向捐赠人反馈有关情况的,由县级以上人民政府民政部门予以警告,责令限期改正;逾期不改正的,责令限期停止活动。

第一百一十六条　慈善组织弄虚作假骗取税收优惠的,由税务机关依法查处;情节严重的,由县级以上人民政府民政部门吊销登记证书并予以公告。

第一百一十七条　慈善组织从事、资助危害国家安全或者社会公共利益活动的,由有关机关依法查处,由县级以上人民政府民政部门吊销登记证书并予以公告。

第一百一十八条　慈善信托的委托人、受托人有下列情形之一的,由县级以上人民政府民政部门责令限期改正,予以警告,并没收违法所得;对直接负责的主管人员和其他直接责任人员处二万元以上二十万元以下罚款:

(一)将信托财产及其收益用于非慈善目的的;

(二)指定或者变相指定委托人、受托人及其工作人员的利害关系人作为受益人的;

(三)未按照规定将信托事务处理情况及财务状况向民政部门报告的;

(四)违反慈善信托的年度支出或者管理费用标准的;

(五)未依法履行信息公开义务的。

第一百一十九条 慈善服务过程中,因慈善组织或者志愿者过错造成受益人、第三人损害的,慈善组织依法承担赔偿责任;损害是由志愿者故意或者重大过失造成的,慈善组织可以向其追偿。

志愿者在参与慈善服务过程中,因慈善组织过错受到损害的,慈善组织依法承担赔偿责任;损害是由不可抗力造成的,慈善组织应当给予适当补偿。

第一百二十条 县级以上人民政府民政部门和其他有关部门及其工作人员有下列情形之一的,由上级机关或者监察机关责令改正;依法应当给予处分的,由任免机关或者监察机关对直接负责的主管人员和其他直接责任人员给予处分:

(一)未依法履行信息公开义务的;

(二)摊派或者变相摊派捐赠任务,强行指定志愿者、慈善组织提供服务的;

(三)未依法履行监督管理职责的;

(四)违法实施行政强制措施和行政处罚的;

(五)私分、挪用、截留或者侵占慈善财产的;

(六)其他滥用职权、玩忽职守、徇私舞弊的行为。

第一百二十一条 违反本法规定,构成违反治安管理行为的,由公安机关依法给予治安管理处罚;构成犯罪的,依法追究刑事责任。

第十三章　附　　则

第一百二十二条 城乡社区组织、单位可以在本社区、单位内部开展群众性互助互济活动。

第一百二十三条 慈善组织以外的其他组织可以开展力所能及的慈善活动。

第一百二十四条 个人因疾病等原因导致家庭经济困难,向社会发布求助信息的,求助人和信息发布人应当对信息真实性负责,不得通过虚构、隐瞒事实等方式骗取救助。

从事个人求助网络服务的平台应当经国务院民政部门指定,对通过其发布的求助信息真实性进行查验,并及时、全面向社会公开相关信息。具体管理办法由国务院民政部门会同网信、工业和信息化等部门另行制定。

第一百二十五条 本法自 2016 年 9 月 1 日起施行。

教师反馈及教辅申请表

北京大学出版社本着“教材优先、学术为本”的出版宗旨，竭诚为广大高等院校师生服务。

本书配有教学课件，获取方法：

第一步，扫描右侧二维码，或直接微信搜索公众号“北大出版社社科图书”，进行关注；

第二步，点击菜单栏“教辅资源”—“在线申请”，填写相关信息后点击提交。

如果您不使用微信，请填写完整以下表格后拍照发到 ss@ pup. cn。我们会在 1—2 个工作日内将相关资料发送到您的邮箱。

书名		书号	978-7-301-	作者	
您的姓名				职称职务	
学校及院系					
您所讲授的课程名称					
授课学生类型(可多选)		□ 本科一、二年级 □ 高职、高专 □ 其他________		□ 本科三、四年级 □ 研究生	
每学期学生人数		________人		学时	
手机号码(必填)				QQ	
电子信箱(必填)					
您对本书的建议：					

我们的联系方式：

北京大学出版社社会科学编辑部

通信地址：北京市海淀区成府路 205 号，100871

电子信箱：ss@ pup. cn

电话：010-62753121 / 62765016

微信公众号：北大出版社社科图书(ss_book)

新浪微博：@ 未名社科-北大图书

网址：http://www. pup. cn